ACTAZERA

Copyright © 2021 by Giovanna Fabrizio
P.O. Box 143 St. Agnes 5097, South Australia

In copertina: composizione originale di Ceslovas Cesnakevicius

A Julian Cochran

per il dono della sua musica
e la gioiosa comunicazione,
per l'amore per la poesia e la filosofia.

GIOVANNA FABRIZIO

ACTAZERA

DIALOGO DI UN PICCIONE VIAGGIATORE

Introduzione

Se ci sarà un lettore, anche uno solo che tenterà di leggere questo testo, ritengo doveroso dargli qualche spiegazione.

Non è un saggio, ma un resoconto della mia pericolosa avventura umana durante la quale sono accorsi in mio aiuto moltissimi spiriti viventi e non.

Ci sono molte, moltissime quotazioni tratte dai libri scritti da questi spiriti e alcune di queste sono in inglese, perché questa è la lingua in cui mi hanno parlato.

Non ho inteso tradurle in italiano, perché non le avrei più riconosciute. Il lettore dovrà scusare la mescolanza di lingue, ma oggi nel 2025 e non ai primi anni del 1990, quando questo testo è stato scritto, gli sarà più accettabile e comunque più facile ottenere una traduzione all'istante.

Il lettore, o l'unico lettore dovrà anche accettare che le quotazioni entrano nel testo come altre voci, voci di esseri umani che mi hanno confortata ed aiutata, voci con le quali ho dialogato e sono indicate con il nome di volta in volta nel testo e non a piè pagina, con tutti gli altri normali dati di riferimento. Questo perché quello che ho scritto non è un saggio, appunto, ma un dialogo, un dialogo molto sofferto. Un dialogo che è iniziato durante e dopo la mia avventura, non prima. Non sono mai stata una lettrice per passione o passatempo. I libri, le loro voci sono venuti a me, quando hanno sentito il mio grande bisogno di aiuto, non prima.

Sento di essere abbastanza responsabile per capire che ci sono miliardi di tonnellate di libri al mondo per aggiungerne un altro ed è per questo che questo scritto è rimasto nel cassetto per più di trent'anni. Nell'appendice del 1999 ho detto di essermene liberata ed è stato vero. Il perché dal 2020, questo dialogo vuole lasciare il cassetto, si potrebbe spiegare solo con il destino dei libri, un destino che ho cercato di ritardare finora, ma non ci riesco più.

Adesso riprendendolo e rileggendolo, mi sono accorta che sulla trama dei miei primi cinquant'anni di vita ho tessuto un arazzo con tante voci, tanti fili spezzati e diversamente colorati, presi quali e là e che ho dovuto continuamente annodare. Questo arazzo è pienissimo di nodi. Io stessa mi meraviglio di come ho potuto tesserlo, è stato un lavoro da certosino e quando l'ho fatto non mi sono assolutamente accorta. Mi sono presa tanta libertà nel farlo, ma sono stata guidata dal desiderio di essere utile anch'io a qualcuno che potrebbe percorrere la mia stessa strada e, per questo, spero di essere perdonata. Un altro aspetto della libertà che mi sono presa riguarda le regole editoriali. Laddove sembrano consistentemente ignorate, in realtà sono state volute ed adattate per assicurare la fluidità di un discorso ibrido a molte voci.

Non ho mai pensato, sia durante la scrittura, sia negli ultimi 5 anni, quando si faceva pressante l'idea di pubblicare questo testo, di dedicarlo a qualcuno. Adesso, invece, ho sentito il bisogno di una dedica, come per chiedere alla musica di portare avanti il mio sogno di trasformazione dell'essere umano..

Giovanna Fabrizio
Adelaide, 23 Maggio 2025

PARTE PRIMA

VIAGGIANDO, VIAGGIANDO VERSO L'IMMORTALITÀ

1. Compito come Destinazione

Ogni sistema vivente, essendo espressione di quello che chiamo 'Principio di Vita', (intendendo come tale un complesso di forze operanti insieme in questo universo) ha un compito specifico da portare a termine durante la sua esistenza.

L'essere umano, ogni essere umano, in quanto sistema vivente, ha un suo proprio compito, che ne abbia coscienza o no. "... Ognuno ha il suo ufficio, il suo compito". E. Jünger-

Un compito è un compito, anche quando esso si manifesta come assenza di compito. Laddove esso non è concretamente identificabile, lì la sua ragione e il suo fine non sta nello spazio presente e immediatamente raggiungibile, ma va ricercato altrove. Chi ha coscienza del proprio compito una cosa la sa bene ed è quella che non può morire, prima di averlo portato a termine, a meno che sia proprio il morire - il morire e non la morte - il compito assegnatogli.

Che cosa sia il morire come compito lo hanno forse compreso i milioni e milioni di uomini che durante tutte le guerre della storia hanno compiuto il loro lavoro di morire. Tuttavia, per costoro c'era anche la speranza di salvarsi sempre viva accanto al morire, ma mai il compito è stato accettato in tutta la sua pienezza come nel caso di tutti quelli che si sono fatti esplodere, per un ideale, indottrinamento o altro, della cui certezza del morire come compito, nessuno può dubitare. Una volta portato a termine il proprio compito, anche il più giovane degli uomini, può sentirsi, come Nietzsche a soli trentacinque anni "come l'ultimo dei vecchi".

Io ho preso coscienza del mio compito ad una età, in cui ero già rassegnata al fatto di non averlo mai saputo riconoscere, dopo avere continuato a cercare e disfare quello che, di volta in volta, avevo fatto. Sempre alla ricerca di un qualcosa, un qualcosa che non si conosce e che però si conosce benissimo per via della forza con cui si impone, come sconosciuto.

Nietzsche conosceva bene le pene che portano non solo a capire il proprio compito, ma anche a portarlo avanti: "… Quel nascosto ed imperioso qualcosa, per cui a lungo non troviamo un nome, finché esso si rivela da ultimo come il nostro compito - questo tiranno che è dentro di noi si prende una terribile rivalsa per ogni tentativo che facciamo di evitarlo e di sfuggirgli … La malattia è ogni volta la risposta … E se poi vogliamo tornare alla salute non ci resta scelta: dobbiamo caricarci più pesantemente di quanto lo fossimo mai stati prima … come una inconsapevole gravidanza … la nostra destinazione dispone di noi".

Da quando ho preso coscienza del mio compito, la malattia, che era stata la mia vita sino a quel momento, la malattia del cercare, senza sapere cosa, è d'incanto cessata. Io ho acquistato la salute, per la prima volta, da quando sono nata, ma "… come potevo intendere la mia vita, quando non ne conoscevo quest'ultimo periodo? Forse io vissi tanti anni solo per preparami ad esso … La vita non può essere considerata una malattia perché duole". I. Svevo-

La mia 'destinazione' che 'ha disposto' di me, è stata quella di svegliarmi alla Coscienza, attraverso un lungo, quotidiano, inconsapevole e duro lavoro nel sotterraneo di me stessa e, infine, attraverso una fulminea esperienza di vita e poetica insieme, che è arrivata in aiuto, nella seconda parte della mia vita, come una equipe di esperti, a far saltare l'ultima mina per aprire finalmente l'uscita di un traforo scavato per decenni nel ventre della montagna rocciosa e buia.

L'esplosione di questa mina mi ha permesso di concludere il viaggio dentro me stessa, iniziato e proseguito inconsapevolmente, giorno dopo giorno, fino a quando la luce che mi ha colpita, attraverso lo squarcio aperto dalla mina, ha illuminato tutto il passato percorso, conferendogli senso e giustificazione e mi ha fatto "…volere questo cammino … percorso alla cieca". Nietzsche- Il mio compito a vita, che così si è rivelato, è stato quello di iniziare me stessa, inconsciamente, nel passato, e consciamente, nel presente, da quando sono uscita dal lungo tunnel scavato alla cieca.

Alla cieca sì, ma non senza una direzione.

2. Casualità e Destinazione

Una direzione, anche se inconscia, rimane pur sempre una direzione. Così è per la Vita tutta - come noi possiamo osservarla dal di dentro di essa stessa su questo pianeta - che va a tentoni, come un cieco, ma verso una direzione che ignora e che, passo, passo, conosce e convalida solo 'a posteriori'.

La direzione inconscia della Vita non è predeterminata nella specificità del concreto itinerario da seguire - gli itinerari possono essere infiniti - ma lo è solo rispetto al suo punto finale di arrivo, in rapporto al quale i passi dell'itinerario sono di volta in volta convalidati a posteriori e lo è in modo assoluto, perché questo punto coincide con il punto di partenza. Non si danno equivoci sulla finalità di ogni creazione, perché essa ritorna immancabilmente su sé stessa, disfacendo quello che ha fatto, partendo da e arrivando a: la stessa stazione.

L'itinerario - qualunque esso sia - risulterà sempre avere forma circolare, un percorso che, avanzando sempre, per altra via, ritorna indietro.

In questo senso, le teorie finalistiche ed evoluzionistiche della creazione, sono entrambe vere purché le si consideri contestualmente. Non sono opposte, ma solo complementari. In effetti:

gli opposti non esistono, esistono solo e sempre i complementari.

Gli opposti sono nati quando ogni complementare è stato considerato da solo dalla mente analitica, ma la mente conoscente abbraccia sempre tutto insieme o non può conoscere.

Alla ricerca inconscia del suo punto di partenza, la materia inerte - inerte per così dire - il precipitato finale della creazione, quella luce che, addensandosi, si è oscurata, imprigionata e fermata in un'apparente immobilità, quando il tempo è maturo, inizia il suo cammino alla rovescia. Il viaggio di ritorno alla luce inizia quando la materia, agitandosi, fremendo e vibrando, come percorsa da un orgasmo interno autoscatenatosi, si muove creando Movimento: forme nuove al di fuori e al di sopra di sé stessa. Ciò che la materia crea al di sopra di sé stessa a sua volta si muove, e muovendosi, si trasforma; e, trasformandosi, assicura il Movimento, incessantemente, nel senso e nella direzione nuova. Una direzione che è nuova, ma è continua, proprio come la linea di un cerchio, che si percorre in un'unica direzione, eppure contiene il farsi e il disfarsi, senza soluzione di continuità, così come la lancetta dell'orologio, seguendo sempre la stessa direzione segna il farsi e il disfarsi del giorno e della notte.

Pur tuttavia, la Vita, che è Movimento di tutto e anche di ciò che la materia crea al di sopra di sé stessa, percepisce la continuazione sempre come direzione nuova, in quanto viaggio di ritorno; un viaggio in cui, passo, passo, la materia riguadagna la propria, originaria immaterialità; un viaggio in cui la materia, attraverso il rogo finale di sé stessa, libera la luce dalla quale è venuta.

Questo è il teatro in cui, a chi ha visto esibirsi solo la casualità, o solo la destinazione, ora la linea del cerchio mostra come, in realtà, casualità e destinazione si esibiscono sempre insieme, strettamente insieme in un contesto unico. La casualità genera, per ciechi tentativi, gli arti - man mano più adatti - che permettono alla materia il movimento, nel senso della nuova direzione, ma fra i tanti tentativi, la destinazione convalida a posteriori solo quelli che assicurano il movimento nel senso da essa riconosciuto valido, anche se questo riconoscimento di validità è anch'esso un atto inconscio, fino ad un certo punto dell'evoluzione della Vita.

Fino a questo punto, tutto si muove alla cieca nel grande ordigno del Movimento, verme, dittatore o astronauta che sia: tutto è in movimento inconscio verso la destinazione finale, che è il Principio.

Fino a quando esiste movimento cieco, esistono solo casualità e destinazione inconscia, non ancora libero arbitrio. All'interno di un tracciato buio, che si delinea solo per l'esistenza di due cosiddetti opposti, che fissano l'ampiezza del movimento possibile tra i due, proprio come i due cordoni laterali fissano quella del fondo stradale, la casualità batte in avanti, a tentoni e sempre diagonalmente, verso uno dei due estremi, esattamente come il bastone del cieco che tasta ritmicamente la strada in avanti e rimbalza tutte le volte che la sua punta urta contro uno dei due cordoni laterali. Né la casualità, né il cieco seguono un percorso laterale, orizzontalmente stagnante verso l'uno o l'altro estremo, ma sempre un percorso diagonale in avanti.

Il cammino della casualità, anche se a zig-zag, è sempre un cammino in avanti, se per 'avanti' si intende la nuova e continua direzione, e, così camminando, essa rivela la strada della destinazione, che, pur preesistendo, non esiste fino a quando la casualità non l'ha tracciata, percorrendola. Il fortuito rivela, creandolo, il destino, che si riconosce come tale solo dopo essere stato rivelato fortuitamente.

Nel movimento cieco, il destino non esiste, se non al passato.

Come le quartine di Nostradamus, che si riescono a comprendere solo a fatti avvenuti.

3. Scrivere come Compito e non come passatempo

In questo grande movimento, dove ad ogni compito, piccolo o grande, è assegnato valore, un aspetto - o meglio una conseguenza del mio compito specifico- è, in questo momento, quello di scrivere ciò di cui, ritornando illesa da questo lungo viaggio, ho acquistato certezza. Scrivere è, dunque, il mio dovere in questo momento. Non è una scelta, non rappresenta un piacere, è solo il mio lavoro sulla strada della mia destinazione. Altro ho fatto, altro forse farò dopo di questo, ma tutto fa parte del mio unico lavoro, del compito a me assegnato.

Ad alcuni non si addice la domanda: che lavoro fai?

Intendo questi miei lavori al modo di quello inteso da Ernst Jünger quando ha creato la figura dell'<Operaio> (lavoro diretto alla trasformazione del pianeta) e, soprattutto dove fa coincidere la libertà del "tipo umano" con l'ubbidienza "alla propria mobilitazione, al proprio integrale coinvolgimento". Nel mio caso, si tratta del lavoro di un Operaio di secondo grado, appartenente a "… quella stirpe che non è soltanto il frutto di un'azione che l'ha plasmata e modellata, ma possiede anche una tendenza che le imprime una direzione … essa è già in rapporto con la metafisica che ispira tale attività, anzi con le ragioni coerenti che le danno forma". Jünger-

In altre parole, il movimento che mi muove e che io creo, muovendomi, non è più completamente cieco, ora. Ciò vuol dire che ho buttato via il bastone da cieco, quando, svegliandomi allo scoppio della mina di cui ho detto, mi sono accorta di non essere mai stata cieca, ma solo addormentata, e in questa nuova condizione di svegliata, anche quando devo camminare di notte, quel bastone non mi serve più. Adesso mi sono appropriata non solo dei miei occhi con i quali vedo bene di giorno e dai quali mi faccio aiutare anche di notte, ma anche di una lampadina tascabile, con la quale, se l'oscurità dovesse in futuro divenire troppo profonda, potrei illuminare man mano i contorni della strada. Con la sicurezza che mi dà la mia lampadina, mi terrò, ragionevolmente, in prossimità del centro, anche nel buio pesto.

Adesso cammino, passo dopo passo, sul mio destino, cioè su quel tracciato che fra tutti i possibili tracciati, sarà convalidato a posteriori e lo percorro, creandolo, non più per tentativi, ma passando consciamente sulla sua esistenza, come ricalcando un disegno già disegnato, ma invisibile nella sua interezza, bensì solo punto per punto.

Per colui, che si è svegliato, il destino esiste anche al presente.

So che ciò che scriverò non è niente di nuovo. Tutto è già stato detto e ridetto, scritto e riscritto, pensato e ripensato. "Che io abbia scritto o no non fa differenza" - ha detto Umberto Eco - pur tuttavia ha scritto ed anche continuato. Ci si potrebbe chiedere perché uno continua a scrivere, pur sapendo che non fa differenza.

E forse è il caso di chiederlo proprio ad Eco, che sicuramente avrà la risposta. Ed infatti, la sua risposta è che chi scrive, pur non inventando nulla, inventa, tuttavia, la "disposizione dei pezzi".

Ogni scrittore ha, infatti, il merito o la fortuna di disporre di un numero variabile di pezzi, ai quali ha la possibilità di accedere, per creare il proprio disegno; ma i pezzi - e il loro numero totale - sono dati 'a priori', come un mazzo di carte, di cui ogni giocatore può disporre solo di una parte, che è diversa da quella finita in mano agli altri giocatori della stessa partita. Ciò non toglie che ad un altro tavolo da gioco, nello stesso momento, o molti secoli prima o dopo, altri giocatori possano giocare con le stesse carte, ma diversamente distribuite, e produrre risultati che possono sì essere diversi, ma possono anche essere similari o completamente uguali. Ciò, nel caso della scrittura, non ha mai smesso di stupirci, ma non dovrebbe, quando conoscessimo bene l'ingranaggio del meccanismo che presiede alla scrittura.

Per quanto mi riguarda, io ho accesso a pochissimi pezzi da arrangiare nel mio disegno. Questo, perché io uso solo i pezzi in relazione ai quali ho acquistato certezza, per esperienza diretta e non per apprendimento, che non porta con sé alcuna certezza. Gioco solo le carte di cui vedo le figure e i numeri in maniera smagliante. Per la verità, con questi pezzi non ne faccio un disegno vero e proprio, perché l'intrattenere non fa parte del mio compito, ma li dispongo in un certo mio ordine, proprio come fa il giocatore di un solitario. Avrei preferito non giocare, non scrivere, tacere. Purtroppo, però, non posso tacere, perché la libertà, che io ho conquistato, riconoscendo il mio compito e la "... strana e dolorosa felicità ..." Jünger, che ho provato in questo riconoscimento, mi danno la certezza che questo lavoro va fatto e mi rendono ubbidiente al mio destino, a questo passo del mio destino.

Volere il proprio destino è il segno supremo della libertà acquisita, è la prima e principale espressione del 'Vero Libero Arbitrio'. Dal momento in cui si inizia a volere il proprio destino, la casualità scompare e sul teatro della vita si esibiscono insieme, e sempre strettamente e complementarmente insieme, destino e libero arbitrio. Con entrambi questi occhi, la Vita guarda in avanti, dal momento in cui si sveglia dal suo profondissimo sonno di sonnambula.

L'idea del destino ripugna all'uomo razionale che vi resiste, ma più vi resiste, più la rafforza. L'essenza più pura della fatalità, per l'individuo umano, si esprime proprio nella resistenza cieca che egli oppone al proprio destino che non conosce e, soprattutto, a quello che di volta in volta è l'immediato, ma il destino immancabilmente si realizza. Il buio, specialmente quello più prossimo al nostro passo che in esso dovrà avventurarsi, ci fa paura e per paura non accettiamo e resistiamo a tutto ciò che non vediamo, ma resistendo non annulliamo, solo procrastiniamo - e con dolore! – l'esperienza di ciò che deve e dovrà essere vissuto.

Non siamo educati a riconoscere i segni con cui il nostro destino si annuncia, né possiamo, rispetto ad esso, esercitare il nostro libero arbitrio, perché questo non esiste fino a quando non ci svegliamo alla Coscienza e limitatamente alla portata del nostro risveglio. Una volta svegli, invece, il destino cessa di essere tale, perché noi lo accettiamo. Tutto ciò che noi accettiamo - e solo limitatamente a ciò - ha l'effetto di convertire il destino in libero arbitrio. Esercitiamo il nostro libero arbitrio rispetto al passato, quando lo convalidiamo e trasformiamo "... <ogni così fu> in un <così volli che fosse>!" Nietzsche, e lo esercitiamo rispetto al presente, quando non solo chiediamo - come nella preghiera cristiana - ma vogliamo realmente che <così sia>.

Dunque, così sia! La coscienza del mio lavoro - come accettazione di compito e destino immediato - presiede totalmente a questa scrittura, una scrittura che è propriamente de-scrittura, nel senso che de-scrive soltanto una esperienza di conoscenza, intesa non come unica e irripetibile, ma come essenzialmente 'tipica'; una esperienza che investe un gran numero di individui e che, al di là delle particolarità di ogni caso, che vorrebbero farla sembrare ogni volta diversa, si presenta sempre uguale nei suoi tratti essenziali.

Ogni esperienza di conoscenza è essenzialmente un'esperienza visiva, perciò la scrittura è mera de-scrittura. La scrittura è comunque sempre de-scrittura. Anche ciò che si pensa di non poter descrivere, perché invenzione, anche la fantasia, è esperienza visiva ed il suo contenuto è molto più reale del giacimento di petrolio in fondo ad un pozzo ancora da trivellare. Per scoprire il petrolio occorrono solo delle sonde, ma non si scopre, non si inventa (dal latino 'invenire', venire verso, trovare) ciò che non esiste: si inventa, cioè si trova, ciò che esiste in sé, ma è nascosto ai nostri occhi, come il petrolio o un tesoro sepolto.

"… E così, a forza di correre dietro quelle immagini, io le raggiunsi. Ora so di averle inventate. Ma inventare, è una creazione, non una menzogna". I. Svevo- E siccome non si inventa dal nulla, tutto ciò che è stato creato, è stato tirato fuori da giacimenti nascosti che le sonde degli scrittori, filosofi, poeti, mistici e scienziati hanno raggiunto.

In questa de-scrittura volevo limitarmi a descrivere la conoscenza acquisita e non il suo aspetto di esperienza personale, ma dividerle completamente mi è stato impossibile, perché esse sono inseparabili e formano un tutt'uno. "… È difficile ricordarsi che cosa sia conoscenza e che cosa sia esperienza. Si confondono, si mescolano e si fondono". B.S. Rajneesh- Di questa esperienza, nella sua totalità, avrei potuto farne materia di un bellissimo romanzo, ma è tempo che noi scopriamo le nostre carte e non ci rifugiamo dietro le quinte del romanzo. D'altra parte, il romanzo ci ha già detto tutto quello che doveva dirci. Il tempo del romanzo, del grande romanzo è passato. È passato il tempo lungo su cui il romanzo si distendeva. Per quanto mi riguarda, io sono al di fuori, al di là, al di sopra del romanzo, perché ho ormai superato l'emozionalità, che è essenziale per l'arte, ma che è nube e foschia per la Coscienza.

Dopo una lunga e angosciosa ricerca per trovare una via d'uscita all'impossibilità di dividere l'esperienza personale dalla conoscenza, è arrivato il rimedio, prestato, credo, dalla chimica, di cui ho vaghissima memoria di scuola. Come fosse un gas disperso che al suo stato naturale occupa un gran volume, ho proceduto a comprimere e raffreddare la quasi totalità dell'esperienza fino al limite massimo, al limite in cui un gas diventa completamente liquido. Il processo non ha liquefatto completamente tutto, sicché particelle di questo gas sono ancora disperse nell'aria, ma sono una minima parte. L'importante è che ciò che era voluminosissimo è diventato ristrettissimo e il numero di pagine che dovrò riempire sarà, spero almeno, il minore possibile.

In effetti, attraverso questo processo, ho ottenuto solo poche gocce di liquido e di questo liquido, che però è densissimo, dovrò fare una descrizione, ben sapendo che non riuscirò a trasmettere alcuna conoscenza. D'altra parte la conoscenza non è nuova o diversa, solo il modo di apprenderla per esperienza diretta può essere diverso. La conoscenza, ottenuta in questo modo, non è oggetto di apprendimento o d'insegnamento, né tantomeno facilmente comunicabile. Questa scrittura, pertanto, sarà - se il paragone mi è permesso - come una stella fredda, le cui radiazioni invisibili faranno esplodere la luce, solo a contatto con un'atmosfera: "... esiste un'atmosfera in cui i libri irradiano immediatamente la loro sostanza". Jünger-

Solo chi conosce già, può capire.

"…The best books, he perceived, are those that tell you what you know already". G. Orwell-

Il conoscere è ricordare ciò che era stato coperto dall'oblio.
E può conoscere solo colui che è pronto per ricordare.
Ricordare è appropriarsi della propria storia.

I libri non possono aiutarci in questo senso, perché non possono sostituire la nostra esperienza diretta. C'è chi piange al pensiero di tutte le antiche biblioteche andate distrutte, ma non c'è da piangere. Su una sola distruzione ci sarebbe permesso piangere, se potessimo. Solo se la Coscienza, questo enorme recipiente di gas liquido, dovesse mai scoppiare e bruciare, avremo, ipoteticamente, diritto a piangere; ma chi non fosse cosciente non si accorgerebbe di questa distruzione e chi lo fosse brucerebbe in essa.

Pur scrivendo, liberamente e felicemente ubbidendo al mio destino, devo confessare, tuttavia, che continuamente cerco di evitare questo lavoro. Il fatto è che non si diventa operai di secondo grado improvvisamente: "il volo non s'impara a volo!" Nietzsche, ma una cosa l'ho imparata bene durante i miei molti tentativi di evasione ed è quella che fuori di questo lavoro, in questo momento, non c'è fornitura di energia per me da parte del cosmo. In qualsiasi altra direzione mi giro, su questo palcoscenico alzato verso una platea invisibile, sul quale devo vivere la mia parte, immediatamente calano sipari oscuri e tendaggi pesantissimi e si ripresenta lo spettro di quella malattia di cui ho sofferto tanto nella mia vita da addormentata: una continua insufficienza di energia vitale. Ho compreso così l'origine della malattia in generale.

Ogni malattia del sistema vivente è sempre l'effetto di un disordine energetico, un flusso irregolare e insufficiente di energia vitale nel suo intreccio elettrico. Spesso la Vita si serve della malattia del corpo, dell'anima o della mente per dirci qualcosa che non capiremmo altrimenti.

La malattia, in tutti i sistemi, a tutti i livelli, è sempre un segnale per noi da decifrare.

La Vita si serve della disgrazia e del dolore per farci capire quello che dobbiamo capire e non potremmo capire altrimenti. Il dolore è per noi l'unico linguaggio chiaro e convincente della Vita, ma la malattia colpisce tutti i sistemi viventi, quando un cambio nel loro meccanismo o il loro stesso superamento è inevitabile. Di questa malattia sono scomparsi molti sistemi, compresi gli imperi e gli dei dell'Olimpo.

4. Intuizione e Nuova Mente

L'evoluzione della Vita su questo pianeta sta raggiungendo il punto in cui il movimento cieco e la destinazione inconscia cercano il proprio superamento nel libero arbitrio al servizio di una consapevole destinazione. Di conseguenza, grandissimi cambiamenti si profilano all'orizzonte, ma nessun cambio avviene di colpo. I sistemi condannati ad essere superati si ammalano e si sgretolano invisibilmente, per poi crollare improvvisamente sotto i nostri occhi.

Ogni crollo è segno che un nuovo ordine si è nascostamente formato o vuole imperiosamente stabilirsi.

Al di sopra di tutto, condannato ad essere superato in una forma nuova è il nostro universo mentale attuale, che, pertanto, è ora gravemente ammalato.

Il superamento della nostra attuale 'forma mentis' causerà un terremoto che farà crollare tanti vecchi edifici, ma che farà anche emergere la città nuova, che sotto quei vecchi edifici sta già crescendo. La città nuova sarà una città trasparente, nella quale la menzogna non potrà più nascondersi, perché questa realtà sarà regolata da leggi naturali, di ordine superiore a quelle che adesso regolano il nostro mondo umano.

Dall'inizio della nostra civilizzazione ad oggi, abbiamo scritto e letto sempre la stessa, unica 'Storia', ma non l'abbiamo mai capita, non come individui, ma come Umanità, perché questa Storia è frantumata in una miriade di piccoli pezzi, che la riportano a noi continuamente, è vero, ma che a noi sembrano tutte storie diverse e spesso contrarie le une alle altre. Per poter capirci qualcosa ed orientarci in questo mare di storie, noi, occidentali e razionali, abbiamo utilizzato e ancora utilizziamo la nostra mente analitica e dividiamo oltre quello che, invece, deve essere riunito. Più analizziamo, più pezzi facciamo. Questa nostra mente lavora come un frullatore, riduce tutto a pezzettini, o gioca come un bambino.

Il bambino ha rotto il giocattolo per vedere cosa c'è dentro; adesso, però, che ha visto quello che c'è dentro - il Nulla! - egli può riavere il suo giocattolo intero solo se abbandona l'analisi e si fa guidare da qualcos'altro, nel ricostruirlo. L'analisi ha rappresentato un percorso obbligato, a senso unico, per la mente razionale e scientifica, solo che adesso bisogna accorgersi che questo percorso così univoco è terminato e bisogna immettersi su una nuova strada. Molti, moltissimi, si sono già accorti e sono già sulla strada giusta.

Dopo l'analisi, non sarà certo la sintesi, il mezzo di unificazione, ma qualcosa di più della sintesi: sarà l'intuizione, la quale si porrà davanti a noi e ai pezzi che la nostra analisi ha fatto, come il vertice di un cono si pone rispetto alla sua base. Esso totalizzerà in un punto solo, come aspirandoli, lungo le linee di proiezione, e condensandoli, tutti i punti che rappresentano il cerchio che costituisce la sua base. Questo perché il vertice del cono è il centro di questo cerchio e il cerchio intero, delimitato dalla sua circonferenza è solo l'emanazione del centro, che è il punto, vertice del cono. Tutto è emanazione del punto e va ricondotto ad esso. "… Keter … il vuoto primordiale. Egli creò dapprima un punto, che divenne Pensiero, ove disegnò tutte le figure". Eco-

A guidarci verso la ricostruzione del giocattolo fatto a pezzi potrà essere solo la stessa forza, che è nel punto e che teneva i pezzi insieme, facendone un'unità. In questo processo noi dovremmo semplicemente fare niente, cioè pensare niente, perché un qualsiasi nostro fare o pensare può solo ostacolare questa forza e metterla fuori campo.

Ecco perché la filosofia dovrà imboccare una nuova strada.

Henry Bergson auspicava "uno sforzo di intuizione" per il futuro della filosofia: "… Una filosofia intuitiva realizzerebbe l'unione tanto desiderata della metafisica e della scienza … L'intuizione metafisica, sebbene non si possa giungervi che a forza di conoscenze materiali, è tutt'altro che il riassunto o la sintesi di tali conoscenze: se ne distingue come l'impulso motore si distingue dal cammino percorso dal mobile, come la tensione della molla dal movimento visibile del pendolo. In questo senso la metafisica nulla ha in comune con la generalizzazione dell'esperienza; e, nondimeno, la si potrebbe definire come l'esperienza integrale".

Una filosofia che si augura di sforzarsi per divenire intuitiva proprio con questo annuncia la sua fine. Lo sforzo di intuizione è irrealizzabile, perché uno sforzo si risolve in una tensione della volontà e, quindi, in un atteggiamento mentale, e proprio questo rappresenta l'ostacolo massimo per l'intuizione. All'opposto, occorre l'abbandono, l'assenza di qualsiasi sforzo, il 'senza mente', l'apertura completa di sé, un'apertura nella quale l'intuizione possa scendere e posarsi, come in un recipiente vuoto e aperto verso l'alto. Della pioggia che cade su di noi, bisogna "… farsene penetrare …" Eco, non ripararsi da essa con un ombrello.

Bisogna diventare "una valle" - perché un fiume possa scorrervi dentro - un "grembo femminile, un vuoto, una profondità, un abisso senza fondo". Rajneesh- Ma l'abbandono non è qualcosa che si possa volere, si diventa maturi per l'abbandono e ci si apre proprio quando questa vecchia mente, per una qualche ragione, a volte per troppo dolore, cessa per un momento di funzionare e perciò diventiamo un vuoto. Non c'è colpa fino a quando non riusciamo ad abbandonarci, perché non c'è colpa nel crescere, ma solo un processo di maturazione. Il senso di colpa, che ci accompagna fin dalla nascita, ritarda ogni crescita, eppure non è consentito liberarsene se non a chi è maturo per crescere. … "Con la tempesta chiamata <spirito>, soffiai sui flutti del tuo mare; ne cacciai via tutte le nuvole, e strangolai perfino la strangolatrice chiamata <colpa>". Nietzsche-

Se, per ricevere l'acqua che cade dal cielo, abbiamo bisogno di una non-mente, è perché la 'forma mentis' attuale va definitivamente dimessa. Quando, realizzando l'abbandono, ci facciamo penetrare della conoscenza intuitiva, una nuova, più adatta forma mentale si è formata. È di questa che abbiamo bisogno, come Umanità, e questa - nel momento in cui si trova adesso la Vita, su questa nostra terra, nel suo percorso circolare - non è più soltanto una nuova mente individuale, ma è una mente collettiva. I santi, i profeti, i poeti, gli innamorati, gli eroi, i grandi scienziati e tutti

i geni isolati della Conoscenza non bastano più.

5. Una Facoltà Universitaria Internazionale delle Connessioni Intuitive

L'era degli individui è finita, e con essa anche l'era della massa. Ancora non ce ne rendiamo conto. Avanza - siamo già dentro – l'era dei Gruppi che porteranno, un giorno, forse neanche tanto lontano, ad un solo Grande Gruppo: 'Il Gruppo Umano'.

Stiamo transitando attraverso "un grande rovesciamento di paradigma ... per il quale si è creato uno straordinario vortice di forza". U. Eco- Tra Gruppo e Massa c'è la stessa differenza che passa tra "Unità' e 'Insieme di pezzi'.

Solo le Unità possono portare avanti la Vita.
Esse solo dispongono del superiore e autonomo potere di 'fare'.

Un insieme di pezzi non ha potere proprio e viene quindi pilotato da altri poteri che, di volta in volta, se ne impossessano, spesso con violenza, mandandoli, infine, verso la dissoluzione; una dissoluzione che non è la morte, perché dove esistono pezzi la morte dell'Unità, a cui i pezzi appartenevano, è già avvenuta. Solo per le Unità che muoiono come Unità, la morte è sempre al servizio della Vita. I pezzi, se non vanno spontaneamente a formare nuove unità, possono solo dissolversi, e la dissoluzione non è al servizio della Vita, ma al servizio del Nulla.

"…The group is a living unity in which all members are connected with one another, whether the connection be a natural biological… whether it be institutional … But even in the institutional group the members are emotionally bound to one another through common experience, initiations, and so forth. The formation of a group is thus dependent upon the existence of participation mistique between its members, upon unconscious projection processes … It is the nature of the group to have permanent character which is guaranteed by unconscious ties between the members … Mass association, on the other hand, are only nominal associations … an aggregation of individuals, who are not bound together emotionally and between whom no unconscious projection processes occur. The carrying away of the atomized individuals in a mass movement is a psychological process that can never form a group and has no permanent character … the mass lacks all the positive marks of the group … (which) is a natural whole … It is possessed of superior power, has a spiritual character and displays the qualities of leadership, is numinous". E. Neumann-

L'Umanità, considerata come massa, come insieme di parti, non potrà mai diventare gruppo per naturale evoluzione. Perché lo possa diventare, occorre un'interruzione, un passaggio. Occorre passare da un livello ad un altro livello, attraverso il salto di un gradino, attraverso uno stacco, una crisi. Occorre svegliarsi dal sonno. Infatti, è l'Umanità intera che si prepara, senza saperlo, ad abbandonarsi all'Intuizione, a fare l'esperienza sacra della Conoscenza e ad appropriarsi, per la prima volta, della sua 'Storia'. "L'uomo privo di storia non conosce la pace, tantomeno la pace eterna". Jünger- Se occorreranno secoli o millenni o decine di millenni, perché questo avvenga non ha importanza.

L'esperienza della Conoscenza o l'Intuizione aspirerà e condenserà tutte le storie nella Storia. Tutti i pezzi completeranno l'unico disegno possibile: il Disegno.

Solo in gruppo, tutti ci renderemo conto che "… Tutto va a posto come in un mosaico". Eco- Tutti i saperi diventeranno il Sapere.

Il mio amico Daniele, che non ha mai posseduto uno schedario di informazioni, "… schedavo tutto … e poi cercare le connessioni …" Eco, cerca le connessioni fra i pezzi del sapere, mentre, da bravo contadino coltiva il suo oliveto, e mi spiega che la Bibbia, la Piramide, i numeri, la geometria e tutto il resto diventeranno manifestazioni dello stesso e unico sapere non appena comprenderemo che la creazione descritta nella Bibbia, come ogni creazione, è pura geometria e scienza di numeri e che tutto ciò è rappresentato nella Piramide, e che il Pendolo, che, nel suo caso, non è quello di Foucault, ma un dado di ferro appeso ad un filo che lui tiene in mano, immobile, non solo gli "… dimostra la rotazione della terra…" Eco, ma gli dimostra il doppio movimento di rotazione, in senso orario e anti-orario, in alternanza per grandi cicli, e che il Diluvio Universale non è una punizione divina, ma una catastrofe di portata ciclica, conseguente a grandiosi e necessari movimenti terrestri, dovuti all'accrescimento ineguale della massa della terra all'equatore e ai poli, per effetto dell'ineguale bombardamento di energia solare. La terra - dice ancora Daniele - è nata dal Sole, è cresciuta e cresce ancora per effetto del Sole, come un gomitolo nelle mani di chi lo riavvolge e si sa che il gomitolo, per poter crescere in una forma stabile, deve essere rigirato periodicamente affinché la parte rimasta piatta, possa essere arrotondata.

Daniele attinge conoscenza dal suo corpo di terra e lo attinge attraverso impulsi elettrici che arrivano a lui da correnti sotterranee e radiazioni solari; lo attinge, perché la sua mente è costantemente in abbandono totale. La sua conoscenza è veramente illimitata e non viene espressa in parole che egli non saprebbe dire, ma in forme geometriche purissime che egli traccia e che egli solo legge benissimo.

Il problema è che Daniele è una persona semplice che dice "… cose troppo semplici". Eco- Per questo la gente non gli crede e ride, quando egli dice cose mai udite. "… La gente crede a chi vende la lozione per far ricrescere i capelli". Eco-

È per questo che, mentre scrivo, numerosi individui, per lo più isolatamente o in minuscoli gruppi, stanno non più solo progettando, - come ci informò Eco, alla fine degli anni ottanta - "… una riforma del sapere" attraverso "una facoltà di irrilevanza comparata" nella quale si attendono "… risposte e giudizi da dotti e ignoranti …", ma sembra abbiano addirittura già fondato una facoltà universitaria internazionale di 'nuova rilevanza comparata', dove si possa comparare, per esempio, la materia del Pendolo di Foucault con quella del pendolo di Daniele, e trovare che Umberto Eco, quando afferma che "… il mondo esplode in una rete, in un vortice di parentele e tutto rimanda a tutto, tutto spiega tutto", non dice niente di più e niente di diverso da quello che dice Daniele, che non ha mai letto un libro; e, viceversa, Daniele non dice niente di nuovo rispetto a quello che ha detto Eco, che ha letto tantissimi libri.

Va da sé, comunque, che Eco e Daniele non dicono niente di nuovo in assoluto: si sa che la Vita, è solo diversa, mai nuova, nei suoi modi di esprimere la stessa conoscenza.

È di questo tipo di cose che si discuterà - sempre di più - in questa facoltà universitaria internazionale di 'nuova rilevanza comparata'. Più precisamente, questa facoltà dovrebbe chiamarsi: "Facoltà Delle Connessioni Intuitive" e dovrebbe essere - e sarà certamente - l'unica facoltà veramente importante ed essenziale, per questo periodo di transizione della nostra civiltà, il quale si concluderà quando in essa, come in un laboratorio alchemico, Scienza e Dio verranno fusi insieme in un'unica colata, e la tecnica verrà trasformata "… in magia pura …Ci condurrà fino al muro del tempo e verrà trasformata nella propria essenza". Jünger-

"… E bravo il nostro Casaubon". Eco-

A parte i furbi che in questo momento sfruttano il connubio Scienza-Dio, per il loro piccolo commercio di parole parlate o scritte, moltissimi, nel mondo, si sono iscritti e frequentano in modo veramente serio questa facoltà, studiando con grande assiduità e conseguendo ottimi risultati. Di questa facoltà, tuttavia, essi non conoscono ancora il nome, dato che nessuno glie l'ha ancora dato ufficialmente, e viene chiamata con molti nomi, ma questo è poco importante: basta un'occhiata e gli studenti di tutto il mondo si riconoscono fra di loro. Il sapere che da questi loro studi risulta, come un fiume sotterraneo, sbucherà, alla fine, fuori dalla terra e la bagnerà con le sue acque feconde, le uniche acque che risulteranno feconde per il prossimo tempo della terra. Non sarà, questo, un miracolo improvviso, ma il risultato di un lungo e faticoso lavoro e il sapere non sarà nuovo in sé, perché niente è nuovo in sé, perché esso è Sé.

Perché questo accada, però, occorre che l'iscrizione a questa facoltà, si allarghi da individui isolati o piccoli gruppi a gruppi sempre più grandi, fino agli stati e unioni di stati che si fonderanno, alla fine, nel gruppo umano, quando il fiume sotterraneo del nuovo sapere sbucherà dalle viscere della terra. Questi due eventi saranno l'uno causa dell'altro: il nuovo sapere resterà nascosto fino a quando la realizzazione del gruppo umano non sarà matura e questa non sarà possibile prima che il nuovo sapere appaia alla luce. Nella realtà, tuttavia, questi due eventi maturano insieme, passo, passo, ignoti l'uno all'altro, ma intrecciati insieme, indissolubilmente, come il rovescio e il diritto di una tessitura doppia. Su questa tessitura noi vedremo il disegno solo a lavoro ultimato; ma questo viene tessuto giorno dopo giorno, sotto i nostri occhi, che tuttavia non lo vedranno, se non alla fine.

La Storia, come insieme frammentario di storie, è stata finora la tessitrice. Tessitrice inconscia, senza un apparente disegno. Il suo compito è finito, o quasi, per chi ci vede bene. Essa sta per abbandonare il suo posto al telaio, qualcos'altro prenderà questo posto per dare un senso al suo lavoro. "... poi ci rendemmo conto che alludeva, forse in modo visionario, a una direzione occulta della storia". Eco- Mentre la Storia tesseva a pieno ritmo, l'Umanità viaggiava anch'essa a pieno ritmo dentro sé stessa. Viaggiava inconsapevolmente, ma guidata dalla Storia, come dal bastone del cieco. Adesso che siamo nel vuoto dell'intermezzo, L'Umanità potrà concludere questo suo viaggio, solo se qualcosa - come nel mio caso - verrà in suo aiuto.

In questo periodo di transizione essa è caduta in una buca dalla quale non riesce a rialzarsi per concludere il suo viaggio: è caduta nella buca dell'attuale sapere e della mente razionale, proprio come un cavallo, che scalciando ripetutamente e poi rivoltandosi dentro un terreno sabbioso, si trovi improvvisamente prigioniero della buca che ha scavato involontariamente. A tirare fuori l'Umanità da questa buca, occorrerà una straordinaria e planetaria esperienza del Numinoso. Cruciale, però, diventa la domanda: riuscirà, poi, essa a completare il suo viaggio, sul filo del rasoio, sospesa tra le fiamme della follia e la luce della Conoscenza?

"... l'esperienza del Numinoso non può durare a lungo senza sconvolgere la mente". Eco-

E, d'altra parte, lo sconvolgimento della 'forma mentis' è proprio quello che il Numinoso si propone, quando irrompe dentro l'Umano, e non per distruggere soltanto, ma per edificare il nuovo edificio sul suolo demolito, o meglio, per sollevare il nuovo edificio, attraverso i fumi e la polvere di quello distrutto, come fosse un fungo bianchissimo, che si alza solenne e saldo sulla sua colonna, attraverso il marcio scuro del sottobosco che lo ha creato attraverso una rete invisibile di filamenti.

Se l'Umanità, nella fase conclusiva del suo viaggio, purtroppo ancora come somma separata di individui, riuscirà a sopportare l'inferno dello sconvolgimento mentale, e tutto dice che ci riuscirà, essa concluderà finalmente il suo viaggio e da questo ritornerà con il nuovo sapere, la mente nuova e il corpo nuovo. Giunta finalmente alla coscienza di sé, come un sistema organico, un'Unità, e non più un insieme di pezzi separati, essa si approprierà della sua Storia, dando senso alle storie, e troverà così la sua pace. Partendo da uno stato di schizofrenia, se per tale si intende uno stato psicologico profondo di divisione in pezzi, o di massa di pezzi, l'Umanità arriverà alla salute, solo perché, e quando, l'anima collettiva sarà più che matura per favorire, aiutare e dirigere dal profondo questo grande evento del cambio di guardia della forma mentale. Dalle molteplici menti, a guardia di pezzi separati del corpo, come nello schizofrenico, si passerà alla mente unica, a guardia del corpo, come un tutto organico, una Unità.

Nell'attesa di questo evento, quello che conta è il viaggio di ciascuno di noi, le particelle elementari che, in questa futura unità, saranno naturalmente, organicamente integrate. All'interno della nostra individualità, come all'interno dell'Umanità, il modello si ripete identico e, perciò, ogni vittoria riportata dentro di noi, come individui, sarà una vittoria che l'Umanità riporta entro sé stessa. E se poi l'Umanità fosse solo una particella elementare di un insieme molto più grande, la sua vittoria diventerebbe la vittoria di questo insieme. Allo stesso modo opera ogni sconfitta, ogni perdita di senso e direzione. Non è forse una sola cellula cancerogena capace di causare la malattia del corpo, che è una grande unità formata da un insieme organico di unità minori, a loro volta composte da un insieme organico di cellule di natura e compiti differenziati?

Nell'economia del Cosmo, la nostra statura cellulare non è da considerare del tutto irrilevante, perché in questa economia tutto dipende da tutto. "… Nessuna catena è più forte del più debole dei suoi anelli". K. Lorenz- E per rafforzare l'anello-uomo, ciò che occorre ora è che si arrivi a ciò che il pensiero lucido ci ha segnalato: "… sia per Heidegger che per Jünger è necessario arrivare a quel capolavoro della ragione stessa che sta nel riconoscere il punto in cui bisogna cessare di ragionare". F. Volpi-

Chi, come me e come tutti quelli che hanno già fatto questo viaggio, conosce quella terribile cosa che è il dolore della mente, di questa struttura rigida, che, come un oggetto modellato di metallo, viene sottoposta a temperature elevatissime per portarla al punto di fusione, e sciogliere così la sua antica forma per modellarne una nuova, conosce anche tutto il rischio che questo viaggio comporta ed il prezzo che bisogna pagare. Il prezzo va sempre pagato, ma non tutti pagano lo stesso prezzo, se parliamo ancora di prezzo individuale, e non può essere diversamente. Alcuni pagano con la vita, ma questo è un prezzo molto meno caro della follia. Bisogna dire, però, che molto di questo rischio viene corso perché l'individuo che compie questo viaggio, nel momento in cui lo compie, crede di essere il solo e primo fra tutti a compierlo e questo è troppo per la sua mente, che non sopporta la singolarità della sua esperienza di conoscenza.

Non ha importanza quanto sapere e quanta cultura siano già accumulati in lui, anzi, questo gli può essere di grande svantaggio! In quel momento egli non potrà capire che altri hanno già compiuto o stanno compiendo il suo stesso viaggio e che attraverso di esso egli conosce quanto altri hanno già conosciuto o conoscono allo stesso tempo. Se solo egli sapesse che si tratta di una esperienza tipica, non si lascerebbe travolgere da essa, come spesso accade, ma il male comune diventerebbe mezzo gaudio. Ed è per costoro che mi è stato assegnato il compito di questo scritto. Per costoro possono essere di aiuto esperienze personali, non romanzi.

Viaggiamo tutti da soli e alla cieca e non ci accorgiamo che siamo su un'autostrada, in compagnia di migliaia e migliaia di viaggiatori come noi, e, fra l'altro, ci aiutiamo l'un l'altro ad andare avanti. Come ha detto lo scrittore Oliver Sacks in una intervista, su questa autostrada, incontriamo moltissimi alleati ciechi.

Nonostante tutto ciò, questo viaggio resta sempre una eventualità completamente sconosciuta a chi non è arrivato a sapere di averlo già compiuto. Non si parla mai di questo viaggio, nella vita quotidiana, né si parla di esso, come di esperienza comune e tipica, anche se solo probabile, rispetto al singolo individuo. Basterebbe, invece, essere educati a questa occorrenza, e possibilmente fin dall'infanzia, e alla rivelazione che sempre l'accompagna ed essa perderebbe molto del suo carattere rischioso. Basterebbe solo sapere che noi non siamo ciechi, ma solo addormentati e sonnambuli, e i sonnambuli avanzano spinti da un meccanismo che ancora non conosciamo, ma che è certamente psichicamente più profondo di quello che spinge in avanti la vita cieca. Con la comparsa dell'uomo su questo pianeta, con l'aver prodotto l'uomo per ciechi tentativi, la Vita, dal sentirsi cieca, si riconosce, invece, addormentata e sonnambula.

Questo, naturalmente, riguarda l'educazione per il futuro. Nel frattempo, coloro che sono passati attraverso il fuoco e non sono rimasti inceneriti, ma solo "... troppo esperti, troppo rigorosi, troppo gioiosi, troppo bruciati, troppo profondi ..." Nietzsche, in una parola: coloro che sono rimasti alleggeriti da tante scorie finite carbonizzate lungo il tragitto infernale, costoro vengono utilizzati e accettano di venire utilizzati nella direzione di togliere all'esperienza il carattere eccezionale e straordinario che chi l'ha compiuta vorrebbe conferirle e di renderla, invece, comune e tipica. Più se ne parla, più l'esperienza viene generalizzata e sdrammatizzata, più la mente diventa capace di integrarla, come lo è rispetto a conoscenze già acquisite. L'importante è che si ripeta sempre di più la stessa storia. A questo fine il libro rappresenta un ottimo mezzo. Lo scopo di ogni libro, e ovviamente di questo libro, è sempre, comunque, la ripetizione.

"Se il problema è questa assenza di essere, se l'essere è ciò che si dice in molti modi, più parliamo, più essere c'è". Eco- La cosa non funziona proprio così, ma quasi. Si potrebbe riscrivere la frase in questo modo: se il problema è questa assenza di essere, più ne parliamo, più ci manteniamo sani e più probabilità abbiamo di imboccare la strada della Coscienza e, in tal modo, Essere.

E se ci fosse un motivo per piangere sui libri andati distrutti, questo potrebbe essere soltanto quello che un buon libro su questa esperienza di viaggio e di risveglio può rappresentare una pillola contro l'insanità che minaccia sempre la felice e positiva conclusione del viaggio stesso. A metà viaggio ci occorrono libri santi, quei libri che sono diretta emanazione dello Spirito, in cui l'autore è integrato come un organo lo è nel corpo, in cui l'autore ha cessato di essere un individuo. E, tuttavia, anche i libri santi, possono aiutare solo quella mente che è matura per sfuggire al pericolo di perdersi. Bisogna convincersi, purtroppo, che a volte il viaggio non riesce, nonostante l'aiuto di questi libri e che molta materia mentale in questo processo si disfa e va alla deriva, come in ogni altro processo di passaggio da uno stato ad un altro stato, in cui la perdita di una certa quantità di energia è la regola che la Vita ci ha insegnato. Prima ancora della Fisica, a scuola.

6. Libro come Sveglia

Nel complesso processo che ci porta all'esperienza-conoscenza, la funzione del libro in generale può essere paragonata alla funzione che svolge la sveglia sul nostro tavolino da notte.

Mentre noi dormiamo, il libro ha il compito di segnare e vegliare il tempo del nostro riposo e di suonare l'allarme, quando questo tempo è scaduto. Non è necessario che la sveglia si sia essa stessa svegliata, e sia, quindi, cosciente di ciò che trasmette; essa deve fare il suo lavoro, anche se è inconsapevole e medianico, come lo è per i poeti, i quali se fossero stati veramente coscienti, sarebbero stati al di sopra della poesia e non avrebbero scritto quello che hanno scritto. "... Cantare, infatti, va bene per i convalescenti; colui che è sano, può parlare. E anche se vuole canzoni, il sano, ne vorrà diverse da quelle che vuole il convalescente". Nietzsche-

Noi percepiamo il suono della sveglia, solo quando ci siamo svegliati.

Per produrre quel suono, al momento giusto, il libro ha dovuto continuare, come una sveglia, a scandire il tempo, secondo per secondo, tornando e ritornando sugli stessi numeri, ripetendo un percorso obbligato e mai nuovo per migliaia di secondi, un percorso che considerato in sé sembra perfettamente inutile.

Non è il suono della sveglia a farci svegliare, perché quel suono non esiste in sé, ma viene prodotto dal fatto stesso che noi ci svegliamo. E l'intensità del suono è rapportata alla misura in cui ci siamo realmente svegliati, quando scatta l'allarme. Noi ci svegliamo e percepiamo il suono contemporaneamente. Questo è così vero, che quando il nostro sonno è profondo, nessun suono viene prodotto alla nostra percezione: non sentiamo la sveglia che suona; non comprendiamo i libri che leggiamo e in cui c'è tutto quello che inconsapevolmente cerchiamo. "... Everything could be found in books if we were able to understand them". J. Vaysse-

E non ci sono necessari tanti libri - possa questo <suonare> per gli scrittori prolifici! Anche un solo libro può contenere tutto quello che possiamo capire, tutto quello che cerchiamo.

7. La Parola

Mi sono liberata da tempo di quel pregiudizio per cui si assume in genere che l'autore di una scrittura letteraria, abbia voluto dire qualcosa di determinato che il lettore dovrebbe capire allo stesso modo che egli ha inteso. Questa è reale assurdità. Né il narratore, né il lettore possono determinare mai, limitandolo, il contenuto del pensiero che è racchiuso nella scrittura. Il suono di questa si amplia, si armonizza, si intensifica, a seconda del gradino di coscienza, di volta in volta raggiunto da chi scrive e da chi legge. L'autore, che rilegge la sua opera, in un momento successivo alla scrittura, può comprendere molto di più di quanto egli abbia inteso dire quando scriveva; e la comprensione del lettore, così come può essere molto più ristretta e lontana dalla comprensione dell'autore, così può andare molto più in là di ogni interpretazione di senso che l'autore stesso faccia della sua opera.

Il contenuto del libro è sempre un'orchestra di suoni, ma, tra gli ascoltatori, ivi compresi gli stessi suonatori, c'è chi percepisce solo il violino, chi il sassofono, chi il violoncello, chi la tromba, chi i piatti o i tamburi, chi il clavicembalo o il clarino, chi percepisce due o tre di questi suoni insieme, chi metà di tutti i suoni orchestrali, chi i tre quarti, chi i nove decimi; ma a questi ultimi livelli dell'essere si è già vicino alla divinità, e certamente solo Dio percepisce l'interezza del suono orchestrale, come suono unico.

La parola è come una fune alla quale ci leghiamo durante una scalata: più saliamo e più la percorriamo tra le nostre mani, più vediamo intorno e perciò più conosciamo. Solo sulla vetta conosciamo l'intero contenuto della parola. Perciò non meravigliamoci più se, come scrittori, siamo incompresi e, come lettori, non percepiamo quello che altri sembrano percepire. Ci sarebbe da meravigliarsi, ma non si può, proprio per quanto si è detto, che, fra tanti altri, uno scrittore come Herman Hesse si sia meravigliato che i suoi migliori lettori del 'Lupo delle steppe' "... strangely enough perceived only half of what I intended". "... Come posso dare a ciascuno il suo! Di ciò possa io accontentarmi: a ciascuno io do il mio". Così si augura Zarathustra, divenuto più saggio rispetto al tempo in cui si sentiva risentito verso la folla del mercato: "... Ecco che se ne stanno lì ... e ridono: non mi intendono ... Forse bisogna rompergli i timpani perché imparino a udire con gli occhi?" Nietzsche-

E mi sono liberata anche di quell'altro pregiudizio secondo cui, per attribuire significato alla parola, bisogna sempre considerare il contesto nel quale è inserita: da ciò si vorrebbe far derivare un significato della parola o della frase irrimediabilmente legata a quel contesto. Si vuole insomma bloccare, congelare per sempre, la crescita naturale della parola, allo scopo di innaturalmente congelare il pensiero dell'autore. Questo è parimenti assurdo, perché il pensiero dell'autore non esiste mai in maniera definita e definitiva, né per lui, né per qualsiasi suo lettore. E perché mai, dunque, dovremmo congelarlo, congelandone la parola, come fosse acqua da cui vogliamo ricavare dei cubetti di ghiaccio, la cui forma è fissata da quella degli scomparti della vaschetta del ghiaccio.

Fra l'altro il nostro lavoro sarebbe inutile, perché i cubetti di ghiaccio ritornano ad essere acqua, non appena li usiamo per raffreddare le nostre bevande.

Il pensiero congelato non può essere utilizzato, se non scongelandolo; ma allora perché congelarlo, sottoponendolo a dolorosi irrigidimenti? Lo facciamo forse per poter raffreddare, con questo, i nostri caldi pensieri, che non riusciamo noi stessi a bere, tanto sono caldi?

Il pensiero espresso, che è come un vino rosso, va tenuto fuori non solo dal congelatore, ma anche dal frigorifero, come un tempo mi è stato insegnato. Libero da irrigidimenti, esso sta in sé, sciolto. All'interno di questa libertà, la parola non può rimanere imprigionata: essa dice quello che il suo destinatario di volta in volta comprende e, perciò, le fa dire. Il filo della parola è lungo quanto la distanza fra la nostra conoscenza e quella divina e, all'opposto, quella diabolica. Il tormento di Nietzsche era proprio quello di sapere che ogni grande maestro "… in date circostanze del tutto accidentali, può diventare con la stessa facilità una sventura o una benedizione per l'umanità".

Dunque, il libro, una volta scritto, vive di vita autonoma e diventa un sistema vivente, con un compito specifico da portare a termine: quello di segnare il tempo del nostro riposo. Esso non ha, ripeto, la possibilità di decidere il risveglio di chi lo legge. Comprendiamo il libro che leggiamo o abbiamo letto, solo quando noi lo conosciamo, quando noi "… siamo diventati quella conoscenza". G.I. Gurdjieff-

8. Compito del Libro-Sveglia

Conoscenza, Essenza e Memoria sono la stessa cosa: si è quello che si conosce e si conosce quello che si è; d'altra parte si è ciò che ci si ricorda di essere. Esattamente come quando giriamo l'interruttore in una stanza della nostra casa. Se non siamo noi a dare luce, i mobili della stanza, che pure conosciamo, rimangono per noi coperti dal buio e, quindi, dall'oblio; ma nel preciso momento in cui giriamo l'interruttore, tutto il contenuto della stanza viene reso di nuovo visibile e, in tal modo, ri-conoscibile dalla nostra memoria.

Ogni conoscere è ri-conoscere e ogni ri-conoscere è ri-vedere.
Tutta la nostra conoscenza è re-visione, visione ripetuta.

Per chi è nel mezzo di un viaggio dentro sé stesso, o vi è appena tornato, il compito del libro, cioè la sua funzione di mera

sveglia che non ci sveglia se non siamo svegli,

non è, nonostante tutto, da sottovalutare, perché esso ha una funzione di conferma e perciò stabilizzante e riassicurante, in un momento in cui la mente è ancora confusa, debole e vacillante: "… The book fascinated him, or more exactly reassured him. In a sense it told him nothing that was new, but this was part of the attraction. It said what he would have said, if it had been possible for him to set his scattered thoughts in order. It was a product of a mind similar to his own, but enormously more powerful, more systematic, less fear-ridden". Orwell-

Il libro, al nostro risveglio, ci conferma che l'ora è giusta, senza possibilità di errore e che il lavoro ci aspetta. Esso ha fatto il suo lavoro di ripetizione, mentre noi dormivamo. Dal momento in cui noi ci svegliamo, il lavoro spetta a noi farlo, ognuno nel suo proprio campo, ma, prima ancora, su sé stesso. Il lavoro su sé stesso è il primo e principale lavoro che uno svegliato deve fare, e questo può tenerlo occupato anche per tutta la sua vita: dipende dai progressi che fa, che può fare.

Dal mondo del libro, io mi divorziai in gioventù e, dopo moltissimi anni, ritornai a cercarne il conforto nel mezzo della mia esperienza del conoscere. Questo mi allievò notevolmente il dolore e mi diede quella conferma e quella riassicurazione che erano necessari nel momento di fusione della mia mente, quando un fuoco esperto scioglie ciò che deve essere rimodellato e divora, senza lasciar traccia, ciò che deve essere eliminato. Al ritorno dal nostro viaggio agli Inferi, quando il pericolo di perdere la nostra salute mentale non è ancora del tutto scongiurato, il libro ci assicura definitivamente che non siamo pazzi. "… But after reading it he knew better than before that he was not mad". Orwell- Questa sua funzione di aiutare a mantenerci sani, è davvero incommensurabile, perché, come dice ancora Orwell, "… it was not by making yourself heard but by staying sane that you carried out the human heritage".

Rimanendo sani, ripeto, noi abbiamo la possibilità di imboccare la strada della Coscienza e solo così Essere. Non attraverso le iscrizioni nella pietra, perché una catastrofe potrà polverizzarla e non attraverso la carta, perché un incendio potrà distruggerla, noi sopravviveremo.

Il sapere tramandato attraverso i libri ci aiuterà a mantenerci sani, ma confortiamoci quando pensiamo alle antiche biblioteche andate distrutte: ogni giorno intere biblioteche verranno scritte di nuovo, perché ad ogni tempo appartiene una biblioteca propria di quel tempo. Il sapere è un'erba forte, più la tagli e più rispunta e cresce vigorosa, perché quella tagliata le fa da concime. I grandi individui del passato non contano di più di quanto possano contare i ciuffi più alti di quest'erba che più viene tagliata e più rispunta al disopra del taglio. Oggi è un contadino, il mio amico Daniele, a dirmi esattamente quello che un tempo mi diceva Platone, quando mi parlava dei due sensi di rotazione della terra, o è uno scienziato a dirmi quello che un tempo mi diceva un contadino, quando mi raccomandava, colmo di tristezza, di risparmiare e rispettare le risorse della terra, che non sono inesauribili. "… La comprensione dell'essenza che richiede allo scienziato lunghi anni di ostinate ricerche, può essere raggiunta da un pastore analfabeta in una giornata di meditazione. È questione di densità di pensiero". Gurdjieff- L'importante è che "… Chi può comprendere, comprenda". Il Vangelo secondo San Matteo-

9. Libro-Autoambulanza e Libro-Ospedale

Se l'aiutare a mantenerci sani è la vera funzione del libro, che esso assolve svolgendo il suo compito di ripetizione, conosco bene, però, il senso di smarrimento, che può prendere una persona nel mezzo della sua esperienza del conoscere, quando si rivolge al libro e si vede davanti migliaia di testi, ogni testo dalle centinaia e centinaia di pagine. Dove cercare in questo marasma infinito? Tanta gente non ha nemmeno il tempo -temporale o mentale - di cercare, eppure ha bisogno di aiuto e subito.

In questo caso occorrono libri, consciamente consapevoli di doversi esprimere nel più basso numero possibile di pagine e che, come autoambulanze e non come ospedali con tanti reparti, siano attrezzate solo con il minimo per portare soccorso a chi non è destinato a morire, a questo viaggiatore che soffre di terribili attacchi di asma. Occorre soprattutto ossigeno, per farlo respirare. Una volta superato l'attacco, egli potrà affrontare tutte le biblioteche del mondo, che naturalmente dopo non gli serviranno più, con carattere di emergenza, così come un ospedale non serve più, immediatamente a chi ha superato l'attacco d'asma. Insomma, "... per rendere un servizio ad Ahasvero, non lo si condurrà nelle biblioteche, dove libro si accumula a libro - o se poi lo si volesse condurre là, ciò verrebbe fatto solo al fine di mostrargli come i libri sono rilegati ... Sarà meglio condurlo sulle vie e sulle piazze ..." Jünger, dove appunto possono arrivare le autoambulanze.

In queste, bisogna disporre e usare attrezzature molto semplici e qui, naturalmente sta la cosa più difficile, specie di questi tempi, in cui la parola, anziché essere una semplice e chiara 'parabola' è diventata un oscuro labirinto: "... effimeri linguaggi sempre più raffinati e inconcludenti ..." S. Quinzio, per volere della cultura intellettuale, anzi per il solo volere dello Spirito del nostro tempo che di quella si serve, a sua insaputa. "...In esso si gioca con le ombre delle cose, e si fa pubblicità ad un tipo di cultura alla quale è estranea ogni forza primordiale". Jünger- "... Con lo spirito del tempo non è lecito scherzare ... e navigare contro corrente è follia e noi non potremo venire a capo del nostro problema ... senza avergli reso giustizia". C.G. Jung- Alla scientificità dello spirito del tempo e al suo nichilismo, è già stata resa ampia giustizia ed è proprio questo che permette ora nuovi itinerari.

10. Questo libro come bicchiere d'acqua possibilmente indigesta

Dopo la mia esperienza, il desiderio di tacere e l'obbligo di parlare si imponevano a me con la stessa forza. Tacendo, avrei potuto rimanere in quello spazio paradisiaco, senza gravità, dove ero stata letteralmente scagliata dal dolore provato nella fiammata di me stessa. Per parlare, invece, sarei dovuta ridiscendere ancora a terra e questo, come sanno gli esperti, è la cosa più difficile a farsi. "... Quando la forza di gravità si è invertita, la terra non ci tira più giù, ma è il cielo che ci tira su". Rajneesh- Per vincere l'attrazione del cielo, e per evitare che l'estasi si risolva "... in una forma superiore di incoscienza ..." S. Aurobindo, bisogna caricarsi di pesi, il semplice peso del nostro corpo non basta più.

Feci un bellissimo sogno a quel tempo. Sognai di ascendere lungo lo spigolo innevato e ghiacciato di una piramide splendidamente bianca, luminosissima e liscia come il vetro. Il sole del mattino accendeva di luce tutti i minuscoli diamanti cristallizzati nella vitrea parete di ghiaccio e il paesaggio, man mano che ascendevo, si allargava sempre di più e si illuminava di indescrivibile splendore. Il senso di benessere e il desiderio intenso di salire mi stavano riempiendo e colmando totalmente, come un'estasi profonda, quando il mio pensiero trasalì e, scuotendosi da quell'incanto, si rivolse verso il basso, alla base della piramide, dove il compagno "umano, ancora troppo umano" Nietzsche, per sfuggire allo spirito di gravità, restava solo e abbandonato da me. Allora l'amore per lui mi caricò del peso necessario a ridiscendere, e ridiscesi.

Nel sogno, come poi nella realtà, feci allo stesso modo che si racconta in una storiella su Budda, che si rifiutò di entrare in Paradiso dicendo: "… Non posso entrare prima che tutti gli altri siano entrati prima di me. Aspetterò! A meno che ogni essere umano sia entrato, il Paradiso non fa per me". Rajneesh- Quando, in uno stato di profonda beatitudine, ci carichiamo del peso della compassione, per ridiscendere a terra, diventiamo tutti dei Budda. "… La natura di Budda è presente nelle nostre vite", (ma) "… solo quando ci risvegliamo per la prima volta alla sua esistenza dentro di noi, quando cioè la nostra saggezza soggettiva si fonde con la realtà oggettiva o verità, allora la natura di Budda emerge effettivamente dal profondo … la fusione di realtà e saggezza è di per sé illuminazione". Y. Kirimura- La buddità è stato umano, ma senza più emozione umana. Nella compassione del Budda non c'è la sofferenza del tipo a noi noto. "… Anche un Budda, un Gesù amano. Ma in quell'amore non c'è eccitamento, non c'è febbre … è uno stato dell'essere". Rajneesh-

Adesso, ridiscesa perfettamente a terra e con i piedi ben saldi e piantati al suolo, anche se non si tratta più di uno specifico suolo geografico e nazionale, ma del suolo planetario, sono pronta a dire ciò che ho conosciuto. Ahimè! In che modo dire, quando si tratta di travasare il contenuto di un oceano mobilissimo e immenso in un piccolo bicchiere di acqua potabile da offrire al viaggiatore assetato? Mi sento abbastanza responsabile per pensare di aiutare un naufrago ributtandolo nell'oceano, dal quale si è appena salvato; ma un bicchiere di acqua dolce, dopo l'arsura lasciata dalla salsedine, di sicuro non gli potrà fare male. "Le spiegazioni più semplici sono sempre le più vere". Eco- Eppure, quanto indigeste esse possono essere per chi non vi è abituato, così come l'acqua semplice risulta pesantissima da digerire a chi è abituato a dissetarsi con bevande gassate e complicate!

Questa scrittura, è, nella mia intenzione, un bicchiere di acqua che io offro a quelli che, al momento in cui la leggeranno, avranno già compiuto o staranno compiendo il mio stesso viaggio, l'esperienza tipica, ed anche a coloro che essendo maturi per questo viaggio, potrebbero subirne la fascinazione, mentre si aggirano nella Vita, incerti, confusi e alla ricerca di qualcosa che non conoscono, soffrendo di un dolore difficilmente comunicabile o rappresentabile. Agli altri quest'acqua risulterà indigesta, già al primo sorso, e perciò butteranno via il resto, e non c'è niente che si possa fare per evitarlo. In questo caso le radiazioni di questa stella fredda non troveranno l'atmosfera contro cui incendiarsi e in tal modo far luce, ma non posso più preoccuparmi, ora, del fatto che "… non basta aver capito, se gli altri si rifiutano e continuano a interrogare". Eco-

Un tempo mi preoccupavo e tanto! L'emozione mi impediva allora di capire che non c'è assolutamente altro da fare che aspettare, cioè lasciarli aspettare. "… gli uomini non sono uguali", Nietzsche, come non lo sono un coccodrillo e un uccello, pur essendo entrambi animali. Ogni uomo, e prima di lui ogni animale, ogni pianta, ogni sasso, siede su un gradino diverso della scala dell'Essere, che è infinita: "… Ecco una lunga scala sui cui gradini noi stessi ci siamo seduti e siamo saliti, che noi stessi siamo una volta stati. Ecco un 'più alto' un 'più profondo', un 'sotto di noi', uno sterminato, lungo ordinamento, una gerarchia che noi vediamo: ecco - il nostro problema!" Nietzsche-

Per passare da un gradino all'altro di questa lunga scala bisogna attendere di essere maturi. Dobbiamo sapere che siamo tutti in attesa, in un'attesa che non conosce tempo. "…Io avevo una volta uno zio, uomo di mentalità oltremodo diritta. Una volta egli mi fermò per la strada e mi chiese < Sai quale tormento infligge il diavolo alle anime nell'inferno?> Risposi di non saperlo ed egli continuò:< Le fa aspettare.> E detto ciò se ne andò". Jung- "In verità anche io ho imparato a fondo l'arte di attendere - ma soltanto di attendere me stesso … E la vera virtù dei re - quella che è loro rimasta ancora - non si chiama oggi: sapere aspettare?" Nietzsche-

Un tempo mi illudevo che fosse possibile aiutare un altro uomo a cambiare, a salire di gradino, a diventare realmente un essere umano, ad operare insomma una trasformazione dal di fuori o dal di sopra. Oggi non più, so che questo è impossibile perfino a Dio. La materia deve arrancare da sola e solo dal suo stesso fuoco deve uscire, di gradino in gradino, trasformata. Ciò che è possibile fare è solo tendere la mano a chi, salendo nel buio pesto dell'intermezzo tra i due gradini, la cerca e la vuole, perché solo se la vuole ne farà tesoro. Il pericolo più grande è, infatti, proprio tra un gradino ed un altro della scala dell'Essere: qui cade una notte profonda ed angosciosa nella quale lo Spirito rischia di perdersi, perché ciò che chiamiamo Natura e che è solo parte o momento o fase della Vita, "... per amore della sua conservazione … grettamente ed incessantemente" (sgretola) "… ciò che è superiore, più grande e più ricco". Nietzsche-

11. Tacere e parlare

Occupandosi del linguaggio psicotico che muore nel silenzio, Eugenio Borgna richiama l'enunciazione di Wittgenstein: "… Ciò di cui non si può parlare, si deve tacere". Superati i miei anni giovanili, io non resistetti più al chiasso di tutti quelli, vivi e morti, che parlavano intorno a me, facendo un rumore assordante, che per me era senza senso e senza direzione, rumore per rumore, come quello delle moderne discoteche che spaccano i timpani "… là tutti parlano e nessuno fa attenzione … Tutti parlano presso di loro, nessuno è più capace d'intendere …e tutto viene logorato a forza di parole". Nietzsche- Tutti sapevano tutto. Io non sapevo niente, perché non vedevo niente; questo fracasso, proprio come quello delle discoteche, ebbe il risultato di farmi appartare e di ridurmi al silenzio, facendomi scegliere il tacere, come sistema di vita. D'altra parte cosa potevo dire se non vedevo niente e, conseguentemente, non sapevo niente?

Per conoscere, cioè per ri-conoscere e ricordare, bisogna vedere, cioè ri-vedere; per ri-vedere, bisogna illuminare; per illuminare, bisogna accorgersi che esiste un interruttore e bisogna girarlo. Per chi non disponesse di elettricità è ovvio che non si tratterà di un interruttore, ma di un semplice fiammifero e di una qualsiasi lampada o materiale che possa bruciare. L'enunciazione di Wittgenstein potrebbe, quindi, essere riscritta in questo modo:

Di ciò che non si può vedere, si deve tacere.

Nietzsche aveva ragione a scagliarsi contro gli "operai della cultura" che parlano e parlano di cose che non vedono. Se il loro compito è quello di salvare, conservare, tramandare, che facciano solo questo! Si limitino a mettere i massi di pietra, gli uni sugli altri in una costruzione rigorosamente a secco, con l'asciuttezza silenziosa dei montanari che costruiscono un rifugio tra i pascoli alpini, e non vi mettano, invece, così tanta della loro dannosa calce critica, che alla fine i bei massi di pietra, imbrattati di quella, quasi scompaiono alla vista. "… finora peggio di tutti sono stato udito dai dotti … guardatevi anche dai dotti! Essi vi odiano: perché sono sterili!". Nietzsche-

Di solito quelli che parlano, parlano fino alla fine dei loro giorni, ma vi sono eccezioni, e fortunatamente, alcuni smettono di parlare, prima di morire, come si dice di San Tommaso. "... The writing career of Thomas came suddenly to an end on December 6, 1273. While saying mass that morning a great change came over him, and afterwards he ceased to write or dictate. Urged by his companion to complete the Summa, he replied: ‹I can do no more; such things have been revealed to me that all I have written seems as straw, and I now await the end of my life ... and died March, 7, 1274". Great books, by Encyclopaedia Britannica-

12. Obbligo di parlare

L'arte del tacere, io l'ho dovuta imparare con grande sofferenza, ma mi ci è voluta tutta la mia giovinezza per imparare quest'arte difficilissima che mi allontanava man mano dagli uomini. "... È difficile vivere con gli uomini, proprio perché tacere è così difficile". Nietzsche- Fino ai vent'anni il desiderio di avere un amico con il quale parlare è sempre stata la mia ossessione. "Ahimè, troppi abissi vi sono per tutti i solitari. Perciò essi desiderano così ardentemente un amico e la sua vetta". Nietzsche-

Ogni accadere o non accadere ha una sua ragione. L'impossibilità di ascoltare, nel chiasso assordante della discoteca culturale e l'impossibilità di appartarmi in un angolino con un amico a cui parlare o del quale stare in ascolto, divenne per me la condizione essenziale per poter poi udire meglio, nel silenzio dell'esilio che, conseguentemente, scelsi. Partendomene, mi liberai del "... paesaggio da museo" e delle sue "... forme grottesche" dove il "... feticismo storico ... è direttamente proporzionale alla mancanza di energie produttive". Jünger-

Scelsi una terra piatta e il più lontana possibile dal mio paesaggio storico e dal suo sapere chiassoso, una terra in cui nessuna bellezza del tipo a me necessario avrebbe potuto incantarmi e distrarmi dal mio proprio inconsapevole itinerario. Con l'esilio mi lasciai dietro, infatti, la sirenica bellezza delle forme che avevano assediato la mia gioventù. Troppa arte e troppa cultura furono lasciate alle mie spalle. Non senza pena, nonostante tutto. L'uomo incosciente, nato in un antico paese, ha un quotidiano e insaziabile bisogno d'arte da consumare in continuazione, anche mentre dorme, e chi se ne allontana è simile a un odierno consumatore da supermercato, che abbandona il carrello della spesa, dietro il quale ha corso su e giù tutti i giorni, come un dannato, e va vivere permanentemente nel deserto. Le crisi di astinenza possono essere terribili e per alcuni insuperabili. Il vero consumatore che soccomberebbe già alla prima di queste crisi di astinenza è colui che vive la vita completamente dis-tratto dal paesaggio culturale a sua disposizione. Al contrario, e fortunatamente, io sono stata sempre 'tratta'.

Niente è riuscito mai a dis-trarmi o a di-vertirmi. Sono sempre rimasta in attesa, senza sapere esattamente di che. Se avessi saputo, sarei stata 'at-tratta'. E su questa via a trazione unica, quello che attendevo, ma che non sapevo, è arrivato.

Evidentemente, a quelli che sono "... capaci di coltivare l'attesa" Eco, è concesso il ritorno di Ulisse, ma occorre "...

abbastanza contenuto in voi stessi per aspettare!" Nietzsche- Il ritorno di Ulisse ha rotto il mio silenzio, e quell'arte del tacere così bene appresa col mio sangue è stata, in un attimo, vanificata. Nietzsche disse: "Bisogna parlare solo quando non è lecito tacere; e solo di quello che si è superato, - ogni altra cosa è chiacchiera, <letteratura>, mancanza di disciplina".

L'esperienza del conoscere porta con sé l'obbligo di parlare. Questo credo di averlo già detto e, comunque, lo sanno tutti quelli che ci sono passati dentro: "… La mia saggezza mi ha saturato fino al disgusto; come l'ape che troppo miele ha raccolto, ho bisogno di mani che si protendano". Nietzsche- All'ape che troppo miele ha raccolto non resta che scaricarlo o morire; per essa non si dà ancora lavoro, perché prima di aver scaricato il raccolto, non è possibile per essa raccogliere ancora, né è possibile vivere senza raccogliere.

Così vedo morire centinaia di api, dopo avere invano atteso di poter scaricare il proprio miele, ai piedi dell'Ape regina, da me fatta involontariamente prigioniera e inaccessibile alle operaie.

Scaricare il mio miele o morire? No, per un operaio di secondo grado non vale la stessa cosa, perché non ha scelta: io non posso morire sino a quando non avrò scaricato il mio miele e mentre l'ape operaia, scaricato il primo miele, ritornerà sugli stessi percorsi a raccogliere lo stesso miele e cercherà di nuovo di scaricarlo, inondando così l'alveare di eccessiva produzione, io, invece, so già che scaricato il mio miele, dovrò partirmene per un viaggio in cui non sarà più necessario raccogliere e scaricare miele. Che questo possa <suonare> per quelle api che girano sempre in tondo, raccogliendo e scaricando, come forsennate, sempre lo stesso miele.

Il mio miele riguarda solo quello che ho superato e niente di più. Quello che ho visto, l'ho anche superato, solo per questo non solo mi è concesso, ma mi si fa obbligo di parlarne.

13. Senza memoria e senza storia

La mia più grande fortuna è stata di non possedere una memoria, nel senso comune della parola, e, con questo, ho evitato di cadere nella trappola dell'apprendimento culturale. È risaputo, e di questo sono piene le pagine stampate, che l'ostacolo più grande al conoscere è la cultura: "… il sapere strangola". Nietzsche, e che l'ignoranza è presupposto importante per la formazione del nuovo tipo umano: "Quanto meno questa specie d'uomo possiede di educazione nel significato usuale, tanto meglio sarà". Jünger-

Senza memoria e senza cultura, tanto meglio per me. Di quello che - poco, in realtà - avevo studiato e letto in gioventù, niente aveva mai lasciato una traccia. Ero come una spiaggia di sabbia compatta e liscia e tuttavia increspata, dove tutto quello che per gravità tentava di posarsi veniva immediatamente spinto via dal vento. Niente restava, neanche nelle increspature, che rimanevano come legate in connubio soltanto con quella forza il cui amplesso le aveva segnate, un tempo, e di cui aspettavano inconsapevolmente il ritorno, per ritrovare la memoria di sé stesse e dare il via alla Storia. Forse per questo io non mi sono mai dis-tratta, mai di-vertita e mai ho avuto pace. Ero troppo vicina al ritorno di quella forza, che togliendo il velo della dimenticanza, scopre la Storia. E stavo inconsapevolmente all'erta, vigile, in perenne attesa.

Da giovane, trascorrevo interi anni a scuola, seguendo solo un mio intimo percorso, senza mai apprendere niente. Una mia insegnante degli anni delle medie mi ripeté per un intero anno: "tu sei un tipo orientale, mi piaci molto, ma ti dovrò bocciare!" Cosa che fece. Oggi capisco che non fu lei a bocciarmi, ma fu l'Occidente: io non ero adatta ad esso. O forse lo ero, ma in un modo nuovo, un modo ancora da scoprirsi.

Di questo essere inadatta ne soffrivo: soffrivo, soprattutto, di un assillante senso di colpa per non sentirmi un individuo 'storico' e soffrivo anche, ma un po' meno, di non avere un ideale politico e di non credere in un Dio. "… Conscio di non credere, mi sentivo colpevole fra tanti che credevano". Eco- Nei confronti della storia, questo mio senso di colpa continuava a tormentarmi anche di notte attraverso un sogno ricorrente: sognavo di dover fare l'esame di storia e di accorgermi all'ultimo minuto di non aver mai aperto il libro e mi sentivo terrorizzata al pensiero di non avere più il tempo per prepararmi. D'altro canto sentivo anche, nel sogno, che fra me e quel libro c'era come un abisso che io non sarei mai riuscita a superare, per farne mio il contenuto. Esso si presentava sempre come un libro chiuso, nuovo di zecca e mai neppure aperto, mai sfogliato, con le pagine ancora legate fra di loro, come usava un tempo. Questo sogno mi ha perseguitata per almeno trent'anni.

Capisco oggi che quell'abisso era rappresentato dal viaggio che io conducevo dentro me stessa, per conoscere me stessa, e che il superamento dell'abisso con conseguente appropriazione del contenuto del libro di storia, è diventato possibile solo concludendo e ritornando da questo viaggio. Per appropriarmi della Storia - non delle storie - ho dovuto scendere fino in fondo alla profondità oscura del mio 'essere', che ci separava, e poi risalirne. È da quel momento che è nata la mia memoria e, con essa, la Storia, è da quel momento che il sogno non è più ritornato.

La Storia, la Memoria, la Conoscenza è solo ed esclusivamente nella mia esperienza.

"L'esperienza è l'unica realtà che non si possa annullare con le discussioni". Jung-

Al di fuori di essa, tutto ha bisogno di una mia verifica, un mio timbro, altrimenti non può essere accolto. La mia esperienza è consistita nel trovare l'interruttore e nel girarlo, illuminando così i mobili nella mia stanza. Tutto ciò che prima di questo accadimento veniva chiamato storia non era altro, per me, che "... frammenti e membra e orride casualità - mai un uomo!" Nietzsche-

14. Umana conversazione

Anche oggi, dopo aver letto qualche libro in più di quanti ne lessi in gioventù, niente di quello che non è mio, riesce a depositarsi, per sola sua virtù, tra le increspature del mio corpo sabbioso. La mia esperienza, ha come ripassato una mano leggera su di esse, ridestandole. Ma questo non ha cambiato niente rispetto a quello che non è mio: tutto continua ad essere risospinto verso le regioni della dimenticanza. Così, io non riesco a costruire una cultura che non sia la mia. Solo di essa sono certa. Solo i mobili della mia stanza io conosco.

Quando io divento certa, questa mia certezza verifica l'altrui scrittura la quale viene, quindi, richiamata indietro dalle regioni della dimenticanza e finalmente diventa la mia Memoria. In questo modo accorrono a me, durante questa scrittura, alcuni di quelli che hanno lavorato durante il mio sonno. Con costoro e con quelli che sono accorsi in aiuto al mio risveglio io parlo in questa scrittura, intercalando, continuamente, alla mia le loro voci. Questo libro non è esercizio intellettuale, ma reale, umana e spirituale conversazione, un vero dialogo che io conduco con vivi e morti e che essi conducono con me. E ci saranno moltissimi di cui non conosco il nome ad essere silenziosamente presenti.

Mentre così dialoghiamo, sento, come fosse una grandissima cascata, l'immenso fragore della sofferenza altrui e mia, che ha preceduto il mio risveglio e compatisco quei muratori che coprono con la loro calce critica il dolore di essere della pietra viva. Sento distintamente, in questo fragore, l'immensa sofferenza di Nietzsche, che, paradossalmente, può aiutare gli altri a rimanere sani, mentre non ha potuto aiutare sé stesso fino all'ultimo. "… A nature such as Nietzsche's had to suffer our present ills more than a generation in advance. What he had to go through alone and misunderstood, thousands suffer today". Hesse- Questo è ancora più vero oggi, mentre scrivo, a distanza di quasi settant'anni da questa affermazione.

Tuttavia, questa immensa sofferenza non riesce più ad avvolgermi e coinvolgermi, come un tempo accadeva. Avendo ormai superato la mia emozionalità, io posso solo ammirarla nella sua potente bellezza, come appunto si ammira una spumeggiante e fragorosa cascata, con occhi freddi e chiari, a cui l'immagine giunge ormai senza la passione del rumore. Così, questi miei partners per il dialogo sono esseri che niente hanno a che fare con la cultura, intesa nel senso tradizionale: il mio non è, ripeto, un rapporto di apprendimento o incontro culturale, ma è un incontro meramente umano tra viaggiatori sull'Autostrada che porta alle varie stazioni della Coscienza. "… Certo, i processi formativi di cui il tipo umano è ai nostri occhi l'esponente non hanno nulla in comune con il concetto di cultura a noi tramandato". Jünger-

15. Poesia come anticamera

Io sono venuta al mondo in stato di dormiveglia, uno stato che quella insegnante che mi bocciò definì 'orientale', ma è stato proprio il sonno leggero che mi ha permesso di svegliarmi. "… Solo ciò che sonnecchia può essere risvegliato". Jünger- La Memoria, la Storia, o la Cultura, comunque vogliamo chiamarla, è nata per me dal giorno in cui mi sono svegliata e quindi solo negli ultimi anni della mia vita. Il mio risveglio è avvenuto attraverso il superamento della poesia, ma a monte della poesia, c'è stata una repentina e quasi insostenibile visione iniziale, che, a sua volta, è stata scatenata da una sensazione fisica, segno che la via alla Coscienza è tracciata nella materia e, per noi, nel nostro stesso corpo. A svegliarsi, è stato, quindi, il mio corpo, dal profondissimo centro di sé stesso.

La poesia, quando è veramente tale, è l'anticamera della prima stanza della Coscienza, ma non dà alcuna sicurezza al poeta di varcarne la soglia. Anzi, è tutto il contrario, la poesia ci condanna a questa regione dell'anticamera e il poeta, pur essendo il più vicino di tutti a questa stanza piena di luce, è l'ultimo a saperlo e perciò non corre il rischio di chi si appresta ad entrare. "… L'artista è il portavoce dei segreti spirituali del suo tempo; involontario come ogni profeta autentico e spesso incosciente come un sonnambulo … Fintanto che noi siamo presi dalla forza creatrice, noi non vediamo e non conosciamo nulla, non ci è concesso neppure di conoscere, perché nulla è più pernicioso e pericoloso, in quel momento, della conoscenza. Per poter conoscere bisogna uscire dal processo creatore". Jung-

Uscire dal processo creatore non significa, però, divenire coscienti; bisogna salire al di sopra di esso, osservarlo da un altro livello, superando così ogni possibilità di ricaderci ancora dentro. Al di sopra della poesia, il poeta si vergognerebbe di essere considerato ancora tale. "… Mi sono stancato dei poeti, vecchi e nuovi … essi intorbidano le loro acque per farle sembrare profonde … mezzani e intruglioni, gente di mezza tacca … Davvero il loro spirito è il pavone dei pavoni e un mare di vanità! Spettatori vuole lo spirito dei poeti: fossero anche dei bufali! … e vedo venire il giorno in cui questo spirito sarà stanco di sé stesso. Ho visto già poeti trasformati, con lo sguardo rivolto contro sé stessi. Ho visto venire penitenti dello spirito: essi li hanno generati". Nietzsche-

Essere poeta è solo una forma di 'medianità'. I poeti rendono un grande servizio, ma bisogna smetterla di adorarli e renderli così ancora più vanitosi. Tutti o quasi tutti gli uomini attraversano dei momenti, nella vita, in cui sono poeti; moltissimi scrivono poesie e questo ci dà una misura della quantità di vanità che esiste al mondo e di come essa offuschi la strada per la Coscienza, la strada che proprio attraverso la Poesia vorrebbe svelarsi! "Tutti nell'adolescenza hanno scritto poesie, poi i veri poeti le hanno distrutte e i cattivi poeti le hanno pubblicate". Eco-

Perché la Poesia, che è la massima forma artistica, visiti, di sfuggita o per periodi più o meno duraturi, tutti o quasi tutti nella vita, ce lo dice Jünger: "... ciò che sul piano cosmico è la marea, per l'uomo è la poesia, una risposta a grandi lontananze". La Poesia, lontano dall'essere il vanto del poeta, come 'individuo', 'creatore', 'genio', è invece una esperienza assolutamente 'tipica'. È talmente tipica l'esperienza poetica che, oggi come oggi, è molto difficile per un poeta trovare un lettore, più di quanto lo sia mai stato in passato, tanto è stragrande il numero dei poeti e tanto è stragrande il numero di quelli che non ne vogliono più sentir parlare. Nei nostri tempi i poeti si sono ridotti a leggersi tra di loro. La crisi della poesia ci dice che per i poeti è arrivato il tempo di salire al di sopra di essa, attraverso di essa. Guai, però, a chi non è pronto per salire! La discesa attende il poeta troppo acerbo e troppo poeta. Per gli altri non c'è nessun pericolo, si tratta di suonatori ad orecchio, che giocano con gli strumenti.

Ci deve essere una ragione, c'è sicuramente una ragione per la quale la poesia è diventata una esperienza tipica e incosciente, perché non sembra lo sia stata nell'antichità a noi nota, quando "… il poeta ed il veggente della verità erano un tutt'uno". Aurobindo- E questa ragione non potrà non emergere, al momento giusto.

16. Poesia per la Vita

L'attrazione esercitata su di me dalle "grandi lontananze" è stata sempre fortissima, sin dai primissimi anni della mia adolescenza, ma superati i vent'anni, rifiutai la poesia, perché non ero riuscita sino ad allora a raggiungere e vivere un attimo di ciò che io chiamavo 'Poesia Pura': un'intuizione, un momento che non avrei mai più dimenticato. Chiedevo e non sapevo allora, posso spiegarmelo solo dopo tanti anni, di fare un'esperienza poetica cosciente che segnasse l'inizio della mia memoria e della mia cultura. Heidegger ha detto che si 'coltiva' - cultura come coltura - tutto ciò di cui siamo certi, quel 'reale' che ha un effetto su di noi e sul quale noi abbiamo un effetto. Alla 'Poesia Pura' io, quindi, chiedevo senza sapere, di darmi il mio primo 'punto certo', un punto che sarebbe stato, invece, il mio stesso corpo a darmi, molti anni dopo.

Superati i vent'anni e completato il lungo processo di volontario e graduale imprigionamento della mia anima, non mi rimase che arrotolare tutti i fogli che contenevano le mie risposte a quelle infinite lontananze. Non li distrussi, però, come per un presentimento. Li archiviai, come un qualcosa, tuttavia, al quale non sarei mai più tornata. Incominciai a costruirmi una corazza ed entrai finalmente nella vita; anzi dal quel momento in poi, la mia vita si ridusse a costruire corazze su corazze fino a quando diventai armatissima e interamente sigillata, come una spessa muraglia di acciaio resistente a qualsiasi possibile freccia infuocata. Corazzatissima, ma mai mascherata. La maschera non ha mai fatto per me. Al di dentro della muraglia d'acciaio, giacevano, sepolte ed immote come cenere spenta, la mia anima, la voglia di parlare con un amico e la poesia.

Avevo creduto di aver fatto un lavoro perfetto, ma la vita mi dimostrò, dopo almeno altri vent'anni, che nel mestiere di necroforo, avevo fallito. Io non avevo seppellito dei morti, avevo seppellito essa stessa, la Vita, e ciò che è vivo non vuole morire ed esce sempre dalla tomba in cui è stato innaturalmente rinchiuso. C'è un tempo per la Vita e un tempo per la Morte, non sta a noi decidere quando questo tempo è, perché

solo ciò che vuole ancora vivere e ciò che vuole morire lo sa.

"... Ciò che si fece perfetto, tutto quanto è maturo - vuole morire! ... Ma tutto quanto è immaturo vuole vivere: ahi!" "...e ogni volta che ho trovato un essere vivente ho anche trovato volontà di potenza". Nietzsche- Allora "... Il mio passato spaccò i suoi sepolcri, certe sofferenze, sepolte vive, si risvegliarono-: avevano dormito solo quanto basta, celate in sudari di cadaveri. Così tutto mi gridava con segni: <è tempo!>. Ma io- non sentivo: finché il mio abisso sussultò e il mio pensiero mi morse". Nietzsche-

La Vita liberò il fuoco imprigionato della Poesia, che io credevo cenere spenta, e questo si rovesciò su di me, facendo crepitare, in una repentina fiammata, tutte le mie ridicole corazze, come fossero spoglie secche della pelle di un serpente, e con il suo uncino infuocato si mise a rimestare nelle mie viscere. Sottraendomi al Nulla, nella cui gola profonda, il mio corpo già da tempo penzolava, vicinissimo a perdere l'ultimo appiglio al quale ancora era attaccato, come al bordo di un pozzo, l'uncino infuocato tracciava un disegno nel mio corpo, martoriandolo, perché fosse – più tardi - da me conosciuto. E non era poesia per la letteratura! Era poesia per la Vita!

Non è stato facile, però, per questa forza, sottrarmi a quel divoratore per eccellenza, che è il Nulla. Sono stata un campo di battaglia per due forze in lotta fra loro e, per un tempo che mi è sembrato infinito, esse mi hanno contesa e sfibrata con tutti i loro poteri diversamente distruttivi, in un tira e molla, al cui confronto tutto il resto ha cessato di spaventarmi. La morte non mi ha fatto certo più paura, dopo aver sperimentato la voracità del Nulla e il fuoco distruttore della Poesia. Ripeto: Poesia per la Vita, non per la letteratura.

17. Nausea e ancora più nausea

La paura della morte non impedisce di liberarsene e di avviarsi verso le regioni della Coscienza, né la morte stessa ha il potere di dissolvere il benché minimo granello di Coscienza, una volta che si sia formato; ma la paura del Nulla, che non è paura, ma angoscia, "angoscia originaria" M. Heidegger, sembra aprire una profondità oscura, in cui ogni luce sprofonda e svanisce: chi si è affacciato su quella voragine nera come la pece o chi ci è nato ed è vissuto sul suo orlo e a quel nero è rimasto sempre incollato, come in "una quiete incantata" Heidegger, ha la sensazione che, finché vive, può sperare di lasciare la prossimità di quella voragine, ma una volta morto, essa lo risucchierà definitivamente.

Dall'angoscia del Nulla nasce, realmente, la paura della morte.

Tuttavia questa angoscia e questa paura, che differiscono solo nell'intensità del malessere che provocano in noi, hanno in realtà uno scopo ben preciso: quello di spingerci verso la Coscienza, sempreché siamo maturi per questo. Più grande è la paura, più voliamo verso la Coscienza; ecco perché ad essa ci spinge più il Nulla che la morte. "Ogni fondo vuole spalancarsi, ma il baratro non vuole inghiottire!". Nietzsche- "… Il niente non attrae a sé, ma per essenza, respinge". Heidegger-
Ho detto che da giovane non sapevo niente, in quanto non vedevo niente. Io sapevo, invece, perché vedevo solo il 'Niente'. Dai tredici ai quindici anni feci e vissi un'analisi spietatissima del 'Tutto' e conclusi che esisteva solo il 'Nulla'. Certo, perché "… Il niente … ci viene incontro … insieme all'ente nella sua totalità che si dilegua". Heidegger- Nacqui in terra bruciata, nessun valore era stato risparmiato dagli incendiari che mi precedettero. Il Nulla non mi ha sorpresa, mentre vivevo in uno spazio di valori, riducendo quello spazio e riducendomi; no, io sono nata già in pieno territorio del Nulla e per quanto abbia cercato disperatamente, non sono

mai riuscita a trovare un valore. Il nichilismo, per me, come per Nietzsche e tanti altri, è sempre stata 'una condizione normale' e quando ho cercato la via dell'esilio dal mio paesaggio di forme "museali", in realtà io non fuggivo dal Nulla, per cercare la mia "… terra selvaggia … un'oasi di resistenza e di sopravvivenza, nel vortice del nichilismo" Jünger, ma andavo incontro ad un inasprimento di esso. Quando si è prigionieri di quel cerchio magico che circonda il buco nero in cui tutto si inabissa, e si è sempre sofferto la nausea del suo 'indescrivibile', è meglio avvicinarsi sempre di più alla zona del pericolo estremo, alla zona di massima gravità, che cercare di sottrarvisi. Non c'è possibilità di sfuggire al cerchio magico, in assenza di valori, e, perciò, "… Meglio battere i denti ancora un poco, che adorare gli idoli!" Nietzsche- "… Meglio soffrire più a lungo, anziché favorire un moto che faccia ritorno al vecchio mondo". Jünger-

Quando partii per l'esilio, avevo, come gli emigranti veri, solo il vestito che mi portavo addosso, che era la mia lingua, ed una valigia dove custodivo, come ricordo di famiglia, la carta geografica di uno spazio nazionale legato solo ai cinque sensi del mio corpo, non a valori. Se avessi avuto un solo valore, ne avrei tratto un altro. La lingua e lo spazio geografico non erano valori, ma solo sostanze, la cui proprietà mi fu attribuita proprio dall'emigrazione. E rispetto a queste due sostanze, il Nulla intervenne immediatamente, e questa volta con il suo aspetto di grande divoratore: dopo aver rosicchiato la stessa valigia e divorato la sostanza custodita, attaccò la lingua e ad una, ad una ne divorò le parole. La mia lingua, attraverso la quale soltanto io 'vedevo', seppure limitatamente a ciò che potevo vedere, divenne come un alveare abbandonato completamente dalle api, una sterminata geometria di esagoni vuoti.

Fu allora che sentii che il mio corpo si era avvicinato al limite della massima gravità: non più sull'orlo, ma già penzoloni, sarebbe stato presto risucchiato dal vuoto, un vuoto assoluto. In mezzo a questo vuoto assoluto, improvvisamente, il mio corpo venne recuperato, trascinato indietro, ributtato ancora sull'orlo del buco nero in territorio noto e, qui, su di esso si abbatté la Poesia con il suo uncino incandescente e più questo imprimeva su di esso il suo marchio di fuoco più il vuoto lo attirava a sé con forza. Sì, perché:

esiste un limite, superato il quale il Niente attira, anziché respingere.

Realizzai, così, che il vuoto deve essere pieno fino all'orlo, perché accada realmente qualcosa, perché i nemici sferrino finalmente i loro reciproci attacchi, non prima, ed è vero che "… Lo zero allude al niente, e precisamente al niente vuoto", Heidegger, ma se c'è un numero pieno del tutto, questo è lo zero. Gli altri numeri, dall'uno al nove, tentano soltanto, con i loro sofferti stiramenti, contorcimenti e crocefissioni, di circoscrivere una parte di quello che lo zero circoscrive. "… C'è un corpo che avvolge tutto l'insieme del mondo, e rappresentatelo di forma circolare, perché questa è la forma del Tutto". Da una citazione di Eco-

Lo zero è la forma del Tutto ed è anche la forma del Niente.

La creazione è un gioco di linee o numeri che viene iscritto e poi cancellato dentro il cerchio.

Nessuna creazione è infinitamente immortale, solo il cerchio-zero lo è. Vuoto o pieno di figure esso continua a durare eternamente.

18. Viaggiando in aereo al di sopra delle nubi

Oh, mia povera mente! "… Ah, dov'è ancora un mare in cui si possa annegare …" Nietzsche- Sulla mia mente si davano battaglia guerrieri colossali, come su una vecchia e consunta rete da circo che non poteva più tenere a lungo. Essa chiedeva ossigeno, ossigeno, ma era un ossigeno speciale, che intorno a me non c'era, e la cui mancanza, tuttavia, non faceva morire, ma condannava ad una infinita e terribile tortura: senza vita e senza morte, senza via d'uscita.

Un giorno, sentendo di non poter resistere oltre e dopo avere a lungo e invano desiderato una malattia nel mio corpo, in modo che la mia mente fosse da questa dis-tratta e non cercasse una via di uscita nella follia - tutti i sistemi in pericolo cercano vie di uscita! - presi il raccoglitore che conteneva le poesie scritte sino a quel momento, e uscendo di casa per stare direttamente sotto il cielo e alla presenza di tutto il cosmo, lo strinsi al mio petto, come per un'ultima speranza di salvezza. Stavo male al massimo: ora il dolore mi stava conficcato nel cervello, proprio dentro l'intrico delle cellule cerebrali, non più solo nella mente sovrastante, e bruciava ramificandosi. Era come l'inizio di un inabissarsi, lo sprofondamento iniziava dal mio cervello. "… Follia o qualcosa di più? Il mio male non abita nel cervello. Si annida nel corpo poi nella società- è di questa che sono malato". Jünger-

La follia della mente è un ordigno inventato dal corpo, come sistema vivente, per salvaguardarsi. Fino a quando non ha portato a termine il proprio compito, il sistema vivente vuole costantemente conservarsi e, quando la propria mente si sente braccata da tutte le parti, esso la trasporta, per così dire, su un altro livello, una specie di soffitta della propria casa, dalla quale essa potrà o non potrà mai più ridiscendere, ma intanto ha messo in salvo la sua sostanza. Se il corpo non si elimina con il suicidio è perché:

il sistema vivente folle ha un compito specifico
da portare a termine nella sua vita.

Nel momento in cui fisicamente abbracciai la Poesia, in casa suonò il telefono. Fu il fatto di sentire una voce, una voce qualunque nel mezzo di quello sprofondamento difficilmente rappresentabile, che ebbe l'effetto miracoloso di richiamarmi indietro, di farmi riemergere da un qualcosa che - avvertii distintamente - mi lasciavo ormai alle spalle, o sotto, come un punto massimo di pericolosità che avevo schivato per sempre, uno stacco … avevo varcato, anche se lo avrei realizzato dopo, con il tempo, quella soglia al di là della quale non c'è più Poesia, intendo la Poesia medianica e incosciente. L'abbandonarmi per la prima volta in un abbraccio fisico, totale e senza riserve con la Poesia, permise finalmente il mio distacco finale e totale da essa. Attraverso la Poesia, superai la Poesia. Mai più Poesia e mai più rischio di follia! Chi si sveglia, nascendo progressivamente alla luce della Coscienza, non potrà mai più tornare alla poesia, né può mai più cadere nella follia, perché guarda ormai questo paesaggio dall'alto, come un osservatore, e lo vede come un mare di nebbia simile a quello che si vede dalle cime delle montagne o viaggiando in aereo. Chi, essendosene liberato, ha ancora voglia di ridiscendere e farsi sballottolare in quello strato tempestoso e grigio? Ed anche se lo volesse, non potrebbe più. È una legge fisica-metafisica. Ogni fisica è metafisica e ogni metafisica è fisica: è scala, a salire o a scendere, dipende dal gradino su cui sta l'osservatore.

Nella sua ascesa, l'osservatore che ha raggiunto un gradino al di sopra dell'arte e della Poesia, non sarà mai più artista o poeta, perché non potrà più essere ammaliato e posseduto, perché non è più quel gradino della scala. Al massimo potrà osservare il gradino che prima egli è stato. La materia che ritorna alla luce costruisce una scala nel vuoto, convertendo la metafisica in fisica. Ogni passaggio superato è un gradino che essa forma con una delle sue pelli di cui si è spogliata. Certo la farfalla che è arrivata a sapere di essere uscita dal bruco, non può più ritornare ad essere bruco, anche se lo desiderasse ardentemente, il che comunque sarebbe inverosimile, perché essa aspira ormai soltanto a coprire spazi in avanti. Altro discorso è quello di stabilire quante vite successive sono occorse al bruco prima di generare una farfalla 'cosciente' di essere un bruco trasformato.

L'essere umano è fisica e metafisica insieme. "... Noi non possiamo in alcun modo trasferirci nella metafisica, perché in quanto esistiamo, siamo già da sempre in essa", M. Heidegger, ma è la lunghezza dello sguardo, da ciascuno di noi acquisita nella propria crescita, che misura lo spazio metafisico percorribile dalla nostra visione e quello che giace oltre di essa, avvolto dall'oscurità e quindi impercorribile fino a nuova visione.

19. La prima stanza della Coscienza

L'arte finisce dove la Coscienza inizia.

L'arte, l'arte vera, laddove essa è intimamente legata con la Vita, di cui, come dice Jünger, è il "potente sentimento" o "il linguaggio" e non quando vive come un parassita, utilizzando "vecchie ricette", ha solo il compito di farci fermare, creando in noi sensazioni profonde di benessere o malessere che ci spingono a farci interrogare, a cercare qualcosa, una strada. Purtroppo gli uomini, dell'arte ne fanno consumo e mercato, come ne fanno di qualsiasi altro bene economico, e continuano a dormire e soffrire profondamente, subendo sempre nel sonno, l'azione di forze che su di loro si danno battaglia. Ma non c'è colpa. È questione di maturazione. Quante volte la creta continua a girare sul tornio tra le mani del vasaio, prima che la forma, il vaso sia ultimato? Anch'io ho girato tanto nelle mani del vasaio e solo ora che il movimento è cessato posso vedermi, dal di fuori e dal di sopra, non quando continuavo a girare! "… Ma come accade … che siete riuscito a risolvere il mistero della Biblioteca guardandola da fuori e non l'avete risolto quando eravate dentro?" Eco-

Ormai sono al di sopra del soffrire, non c'è più emozione nella Coscienza - perché o l'una o l'altra - esse non si danno insieme, ma ho sofferto tanto anche solo a pensare che altra creta deve passare per la strada per la quale io sono passata! Adesso sento una grande compassione, ma è la compassione del Budda.

Forse Gurdjieff, che, in un momento molto difficile della mia vita, è stato il primo, fra tutti, a riassicurare la mia mente, con quei libri che testimoniano il suo sapere, non sarà ora d'accordo con me, perché parlo della Coscienza, come di uno 'stato', anziché come 'momenti', come 'lampi' che possono illuminare chi ha raggiunto la conoscenza di sé stesso. Egli ha ragione, pur tuttavia a me piace indicarla come se si trovasse all'interno di una serie successiva di stanze, ed una volta entrati nella prima stanza, la stessa possibilità di questi lampi si realizza e diventa sempre più frequente, permettendoci poi di passare, allo stesso modo, di stanza in stanza. Entrare nella prima stanza della Coscienza significa, prima di tutto, entrare in una stanza di cui non si sapeva l'esistenza, se non inconsapevolmente, e, poi, imparare a distinguere gli oggetti in essa, man mano che la luce si fa sempre più penetrante e più chiara.

Il problema non è quello dell'insufficienza di luce, anzi! ma dei nostri occhi, che restando abbagliati dalla sua potenza, cercano riparo nell'oscurità, prima di poter assuefarsi ad essa piano, piano. All'inizio, "… il continente da scoprire è ancora immerso nell'oscurità. Tuttavia sappiamo che quel continente esiste, è reale e chi può vedere l'oscurità può vedere anche la luce. Ricordatevi, i ciechi non possono vedere l'oscurità". Rajneesh- Prima di entrare nella prima stanza della Coscienza, sebbene non siamo ciechi, non abbiamo occhi né per l'oscurità, né per la luce. L'ingresso in questa stanza, il luogo dove essa si può manifestare sotto forma di lampi, é reso possibile solo da un vittorioso viaggio dentro sé stessi, che ci fa acquistare l'uso degli occhi per la prima volta. Non mi stancherò di ripeterlo, dal momento che ripetere è il compito di questo scritto, come di ogni libro.

20. Ritorno del libro mai capito e perciò mai letto

Dopo una lunga separazione, il libro ritornò nella mia vita in un momento decisivo della mia complessiva esperienza, quando la mia emozionalità aveva raggiunto il massimo della sua potenza e si era rivelata a me stessa, come una forza terribilmente distruttiva. Non era il soffrire per me che mi distruggeva, ma era la passione per il dolore dell'altro da me: la com-passione. "… Non è forse la compassione la croce cui viene inchiodato chi ama gli uomini? … ma guai a coloro che amano, se non hanno un'elevatezza superiore alla loro compassione!". Nietzsche-

Io non amavo gli uomini. "… L'amore per gli uomini mi ammazzerebbe". Nietzsche- Io amavo l'Uomo e lo amavo di amore assolutamente Grande; e si sa che "… ogni grande amore è superiore a tutta la propria compassione …" Nietzsche- Era dell'Uomo ciò di cui io soffrivo, dell'essere ancora Uomo, dopo tutti i millenni di dolore e di prove, per uscire da questa "… materia grossolana, dove creature verminose si schiudono per generazione spontanea". Eco-Dopo tutti, e chissà quanti, quei millenni che hanno preceduto quei pochi che noi conosciamo! "… l'essenziale dell'evoluzione umana è avvenuta in tempi remotissimi, assai prima di quei quattromila anni che all'incirca conosciamo". Nietzsche-

E fu perché il mio amore era troppo più grande della mia compassione che questa non riuscì a distruggermi. Al limite estremo della sopportabilità del dolore, una sera, mi sorpresi a prendere dallo scaffale dei libri - una mano di certo mi guidava! - un libro che mi era stato proposto da uno strano personaggio molti anni addietro.

Quest'uomo era entrato nel mio negozio per comprare qualcosa e poi invece di parlare di mercanzia eravamo scivolati in un discorso strano, trasversale, del tipo di quelli che si fanno quando l'anima si intromette repentinamente, senza che noi ce ne accorgiamo. L'anima sa cogliere al volo le poche occasioni propizie e importanti in cui può agire, per cambiare la nostra vita, e non aspetta il nostro permesso, che potrebbe arrivare troppo tardi! Il tizio mi disse, ad un certo punto: "Tu devi leggere un libro che ha scritto mio nonno, anzi non l'ha scritto lui, ma l'ha scritto un suo discepolo, per raccogliere i suoi insegnamenti che altrimenti sarebbero andati perduti. Mio nonno era un uomo straordinario. Si chiamava Georges Ivanovitch Gurdjieff. Io mi chiamo come lui, ma senza l'Ivanovitch!". Aveva riso. Avevamo riso. E se ne andò, come se fosse venuto solo per quello scopo e non per comprare.

Pochi giorni dopo, il tizio ritornò con il libro, mi chiese

di pagargli il prezzo, dopo aver scritto il suo nome, cognome e indirizzo sul retro dell'ultima pagina e se ne andò. Da allora, non l'ho più rivisto, ma neanche l'ho mai cercato.

La sera che portai a casa il libro, provai a leggere la prima pagina, ma non riuscii a capire assolutamente niente, non riuscii ad andare oltre la prima mezza pagina. Convinta che fosse la lingua inglese che non mi attraeva, lo misi fra gli altri libri e non l'aprii più fino a quando, come ho detto, le mie mani lo ritrovarono alla cieca, dopo molti, molti anni. Ritrovandolo, la sorpresa fu che non solo ora lo capivo benissimo, ma che era esattamente il libro di cui avevo bisogno in quel momento. "… Non a tutte le cose è lecito avere parole, prima che sia giorno". Nietzsche- Lo lessi tutto in una sera, e poi lo rilessi, dopo un po' di tempo. Sino allora, non mi era mai capitato di leggere un libro più di una volta, ma da questa lettura avevo ricavato una boccata di quell'ossigeno speciale e assolutamente introvabile intorno a me. Mi accorsi che il libro 'verbalizzava' per me. Il verbalizzare è un momento molto decisivo nel nostro processo del conoscere interiore e diretto.

I pensieri ci avvolgono, come l'atmosfera avvolge la terra, ma a meno che noi li catturiamo, lanciando in alto il laccio della parola e agganciandoli al cappio di questa, essi continuano a volteggiare e ruotare, come dei granelli di polvere nell'aria, ad apparire un attimo nel raggio di sole che li colpisce e poi scomparire. A volte siamo noi a verbalizzare, a volte sono altri a farlo per noi: libri che leggiamo o persone che ci parlano; anche se, in definitiva, siamo sempre noi a conferire l'investitura del vero.

Leggendo questo libro, che dava forma al mio informe,

capivo che non ero assolutamente sola nella mia esperienza, tutt'altro! Moltissimi altri vi erano già passati dentro. Moltissimi ci stavano passando. Non ero matta: solo "...compagni di viaggio, mi occorrono e vivi! ..." Nietzsche- Su questo sentiero di viaggio, meglio: su questa autostrada, dove le macchine si erano immolate ai pedoni, si parlava la stessa lingua ed era una lingua antichissima ed universale. "… L'iniziazione è la scoperta di una filosofia perenne". Eco- Ed "...esiste solo l'auto-iniziazione…" Gurdjieff- "… Io cammino nuovi sentieri, a me viene un discorso nuovo". Nietzsche- "… A questo livello dell'essere la differenza delle lingue scompare completamente...la lingua, scritta e parlata, è la stessa per tutti". P.D.Ouspensky-

Comprendevo questo libro perché io ero diventata quella conoscenza e potevo così vedere dall'alto tutto il mio sistema. Era come se fossi un orologio le cui lancette fossero uscite dal quadrante e fossero andate ad esplorare la cassa, per capire da quale complicato intreccio di assi, perni, viti e rotelle, dipendesse il loro movimento meccanico e, quindi, obbligato. Mi fermai a guardare il funzionamento della mia emozionalità. E solo perché fui capace di osservarlo fino in fondo e solo dopo averlo osservato, io divenni l'orologiaio e il me stessa, divenne l'orologio, il cui cattivo funzionamento, dovuto ad uno sbilancio, non era più una mia singolarità, ma era la normalità che tuttavia, nel mio caso, aveva superato il livello di guardia e richiedeva un intervento immediato e radicale.

L'Essere, la Conoscenza che quell'essere era, mi dava la possibilità di Fare, per la prima volta nella mia vita. "… La suprema illusione dell'uomo addormentato è la sua convinzione di poter fare…ma nessuno fa…tutto accade. L'uomo è una macchina. Di per sé stesso un uomo non può produrre un solo pensiero, una sola azione. Tutto quello che dice, fa, pensa, sente: accade. L'uomo non può scoprire nulla, non può inventare nulla. Per Fare bisogna Essere". Ouspensky- Per Fare bisogna Volere. "… Volere libera. ma ciò che non è non può volere". Nietzsche-

Solo chi è, vuole; e chi vuole, fa;
e chi fa diventa più 'essere' di quello che era.

21. Emozionalità recisa e gioiosa moltitudine

Durante l'incontro con questo libro, io mi liberai della mia emozionalità, non come di un difetto originale di costruzione del meccanismo umano, ma come di un difetto (ereditato e generale) di funzionamento di questo meccanismo, che nel mio caso si era spinto al massimo.

Sorvegliare il funzionamento della propria emozionalità è essenziale per chi vuol conservare la propria vita, al fine di capire perché la Vita: in fondo io questo l'avevo sempre fatto, anche senza che ne fossi pienamente cosciente, ma questa volta, le forze della Poesia e della Vita da un lato e la potente attrazione del Niente mi avevano travolta a tal punto che la mia emozionalità era salita a livelli, dai quali non era più possibile farla discendere e mi avrebbe distrutta, prima ancora che io facessi qualsiasi tentativo per riportarla a livelli accettabili.

L'incontro con il pensiero di Gurdjieff, o meglio, il mio informe e complessivo sentire- essere-conoscere, verbalizzato dagli scritti sul pensiero di Gurdjieff, mi permise di sradicare la mia emozionalità, prima che essa mi carbonizzasse. Fu come tranciare il filo elettrico di un televisore acceso. Bisogna prepararsi a vedere le scintille e a vedere scomparire le figure dal video. Mentre operavo su me stessa, sentivo che avrei salvato la mia vita, questa vita, ma essa avrebbe perso il colore, come un dipinto del quattrocento dal quale improvvisamente sarebbero usciti i bellissimi e irripetibili colori, lasciando il disegno nudo e grigio. Sentivo che il prezzo per la mia vita lo pagavo con la perdita completa di ogni rapporto con l'Arte. In quel momento non potevo ancora capire quanto questa perdita sarebbe stata ricca di doni per me. In questa occasione, compresi, però, perfettamente, il destino del libro in generale.

Il libro deve essere sempre scritto molto prima di servire o di essere capito.

"…Ma, ahimè, quanto tempo! Mi rende già triste il sapere che il prossimo passaggio di Venere avverrà il 2 giugno 2004!" Così scriveva Peter Gast, nel 1883, in occasione della lettura delle bozze di 'Zarathustra', a cui augurava la diffusione della Bibbia.

E capii il destino di quella copia di quel libro in particolare, che mi era stata portata a domicilio e si era messa a mia disposizione, per tempo, e mi aveva aspettata, fiduciosa, per anni e anni, mentre io facevo tutt'altro che predispormi a leggerlo e a capirlo. E come potevo, se io non conoscevo prima, in proprio, facendo la mia dolorosa esperienza, se io non ero ancora l'essere che quella conoscenza implicava?

A questo libro seguirono altri libri, sempre trovati per caso; anzi erano i libri a cercare me. In effetti arrivavano ognuno al tempo giusto, come le pinze e gli altri strumenti che una equipe esperta ed affiatata porge al chirurgo durante un intervento, senza che egli chieda mai niente. E in tutti i libri che leggevo trovavo tutto ciò che era già nelle mie poesie, di cui però io non ero stata cosciente al momento della scrittura. Tutto ciò che lessi e specialmente lo 'Zarathustra' si riempì totalmente del mio "…sacro dire di sì …" Nietzsche-

Di Zarathustra aveva percorso tutto il cammino fino alla caverna e qui avevo sostato fino a quando una mattina, uscendone, mi ero liberata definitivamente della passione, di quella passione di tipo umano di cui prima soffrivo. A quel punto mi domandai: se io non ero stata cosciente, come avevo potuto scrivere quello che avevo scritto e che ora solo capivo appieno? Mi accorsi così che non io, ma un altro, altri anzi, avevano scritto attraverso di me e con me, o io con loro. Contemporaneamente a questo pensiero, avvertii, nel mio piccolo studio, una Presenza, una moltitudine, una gioiosa moltitudine "…come se fossero esseri umani che ti stanno accanto…" Eco- Sentii come un bisbiglìo riassicurante, qualcosa di simile a quello che sente un ammalato quando si risveglia in ospedale, dopo un intervento e vede su di sé le facce di parenti e amici che muovono le labbra, emettendo suoni rispettosamente silenziosi, ma confortanti e assicuranti il buon esito dell'operazione.

Svegliandomi a questa realtà, non solo sentii di 'essere', più che mai ero stata, ma anche di essere in numerosa compagnia! D'improvviso sentii che la solitudine mentale, di cui avevo sofferto tanto nella mia vita, si staccava ora da me e si allontanava - quella maledetta sanguisuga mi lasciava! Una sensazione di benefico calore prendeva il posto lasciato vuoto da quella gelida compagna della mia vita che - sentivo chiaramente - andava per sempre.

Sentiamo una speciale certezza quando
ci lasciamo qualcosa alle spalle.

La mia profonda caverna stava, ormai, alle mie spalle. "… Orsù! Il leone è venuto; i miei figli sono vicini, Zarathustra si è maturato, la mia ora è venuta. Questo è il mio mattino, la mia giornata comincia: su, vieni su, grande meriggio! Così parlò Zarathustra e lasciò la sua caverna, ardente e forte come un sole al mattino che venga da nere montagne". Nietzsche-

22. La Felicità e il mazzo di carte da gioco

Quella moltitudine, quella Presenza, mi diede un senso di così grande benessere che per la prima volta sentii:

la Felicità, e come essa consista nell'assenza
e non nella presenza di emozioni.

La mia persona si dilatò, divenne immensa. L'autore delle

poesie - mi fu chiarissimo - non era mai stato la persona individuale che io ero, ma la persona collettiva che io ora sapevo di essere. "... I wrote it. That is to say, I collaborated in writing it. No book is produced individually, as you know". Orwell-

Era un insieme, un flusso, una corrente; la mia persona individuale era salita fino a quel flusso, diventando il flusso, acquistando coscienza di essere il flusso; si era immersa nello scorrere del Pensiero, scoprendosi come pensiero. Mi sentivo come un inesauribile mazzo di carte da gioco, la cui prima carta era la mia individualità, ma la cui sostanza completa si apriva a ventaglio in un'infinità di figure e disegni, ma non separate, anzi strettamente legate in una unità inscindibile.

"... L'artista...il genio creatore...è nel senso più alto 'uomo', 'uomo collettivo...mai uno ma molti...parla con la voce di migliaia e decine di migliaia di uomini...e parla, perciò...ai molti per il quale esso è senso e destino..." Jung-

"... something in me gave an answer and was the receiver of those distant calls from worlds far above. In my brain were stored a thousand pictures...and though all these figures lived in a thousand other hearts as well, there were ten thousand more unknown pictures and tunes there which had no dwelling place but in me, no eyes to see, no ears to hear them, but mine". Hesse-

"... La funzione dell'autore è tra le più alte del mondo. Quando egli trasforma la parola, lo circondano gli spiriti perpetuamente affamati di questa offerta". Jünger-

Era bastato immergersi in questo flusso, prendere coscienza di essere questo flusso, come un fiume che prenda coscienza del suo scorrere, e le parole morte erano diventate improvvisamente vive; per la prima volta ora avevano il loro nome proprio, il loro significato. "...ci ricorderemo di una frase di Gerhart Hauptmann, come di un principio fondamentale: esser poeta significa far risuonare dietro le parole la parola primordiale". Jung- Ma non basta essere poeta, bisogna che la parola primordiale risuoni per il suo stesso evocatore! ... "Un progresso dal nostro punto di vista è che ne risulti un nuovo livello di coscienza". Jünger-

Bisogna ritornare ad essere il poeta-veggente!

Sia detto, e questo vale per tutto il contenuto di questa scrittura, che quello che qui è esposto, senza un ordine, o con un mio ordine apparente, nella realtà avveniva con un suo ordine proprio, che non è né possibile, né giusto indicare, perché ogni indicazione sarebbe, adesso, comunque erronea. L'esperienza complessiva, che portò al mio risveglio attraverso la memoria ritrovata dentro il mio stesso corpo e il superamento della mia emozionalità, della Poesia e dell'angoscia del Nulla, aveva la fluidità e la corposa sostanzialità, la brevità e la lunghezza, la semplicità e la complessità del Sogno; quello di cui posso scrivere ora non può essere altro che un resoconto qualsiasi com'è, appunto, quello dei sogni, di cui i messaggi soltanto contano e nient'altro. Tuttavia ci fu un momento preciso che non ebbe niente del Sogno, ma fu Realtà: mi sentii, mi vidi come una carrozza ferroviaria che si sgancia dal treno, che continua la sua corsa eternamente in circolo, ed esce finalmente dai binari e va sul prato dove può camminare da sola, libera per sempre!

23. Comunicare e Innamorarsi

Avessi conosciuto quella Moltitudine, quella Presenza, da giovane, non avrei così tanto cercato tra i vivi un 'partner per il 'dialogo'. Cercare un partner per il dialogo, significa bussare ad un'altra porta con la parola, anziché con la mano, ma ovunque allora bussai non trovai risposta o, se mi parve di trovarla, era la pena di essere fraintesa a rispondermi.

Avevo un bisogno, a dir poco disperato, di comunicare con un'altra mente, che mi permettesse di librarmi a livelli vertiginosi, a quei livelli su cui si ha paura di esser soli. Cercavo un amico con il quale appartarmi nella sala d'aspetto della vita, in attesa del treno giusto. Non sono mai riuscita a comunicare in mezzo alla chiacchiera di più persone. E percependo la mia mente come una mente maschile, anche se legata ad un corpo femminile, cercavo caparbiamente e inutilmente l'amicizia dell'uomo, per poter entrare in un rapporto esclusivo con una mente uguale alla mia.

La comunicazione vera, quella corrente profonda che ci lega ad un'altra persona, attraversandoci in circolo, come un fluido elettromagnetico e che ci dà quei rari momenti di assoluto appagamento, non può scorrere fra noi viventi e incoscienti, se non c'è un intenso, diretto ed esclusivo rapporto a due e un tale rapporto è, purtroppo, molto difficile e molto raro a verificarsi, quasi impossibile, e specialmente tra un uomo e una donna e, se si verifica, non dura che un'istante e poi degenera, a volte nel peggior modo possibile. E l'assurdo è che sono proprio quelli, che hanno iniziato a comprenderti più profondamente di altri, a ferirti anche profondamente e più di tutti gli altri.

Pensavo, prima, che la comunicazione fosse un fatto mentale. La mia mente maschile cercava una mente uguale. E si sbagliava, e grossolanamente, perché non era essa a cercare. Era la mia anima che cercava il suo uguale. Oggi so che:

sono solo le anime o comunque quei corpi sottili che con questo nome vengono indicati, che possono comunicare tra loro e solo in quei momenti in cui essi si trovano allo stesso livello dell'Essere.

"… Il fenomeno della mancanza di comprensione fra uomini è regolato matematicamente con la stessa precisione della tavola pitagorica. La comprensione dipende dalla psiche e dal suo stato in quel preciso momento". Gurdjieff-

La comprensione fra esseri umani e la comunicazione non sono, però, la stessa cosa. Comprendiamo l'altro da noi, quando siamo diventati un gradino della scala dell'Essere che sta più in alto di quell'altro che noi comprendiamo. Ma quest'altro non ci comprende e non può comprenderci, perché non è ancora diventato il nostro stesso gradino. La conoscenza, che ci dà la possibilità di comprendere, riguarda solo quello che si è già superato, non quello che deve essere ancora raggiunto.

Nel comprendere l'altro da noi, siamo ancora soli e separati e perciò, non sentiamo gioia, solo serenità, perché non giudichiamo e non condanniamo. Il "… Padre, perdona loro, perché non sanno quello che fanno" Il Vangelo secondo S.Luca, è la comprensione, senza gioia, del Cristo Crocifisso. Ma quando incontriamo l'altro da noi sul nostro stesso gradino della scala dell'Essere, in quell'istante la comunicazione accade con l'obbligatorietà del principio dei vasi comunicanti. La stessa conoscenza si mescola, si lega e ci lega insieme, percorrendoci come una corda di fuoco il cui calore ci dà una gioia profonda, ineffabile e mortale, se non saremo capaci di sopravvivere alla sua sparizione. Quando sentiamo questa gioia è perché ci riuniamo a ciò da cui siamo stati separati e soli in un lungo esilio e quando questa gioia scompare, improvvisamente, così come è arrivata, la pena della solitudine si fa tanto più mortale, quanto più ineffabile è stata la gioia.

Tutte le più belle storie di amore e morte sono solo storie di comunicazione, raggiunta e perduta o raggiunta e impedita, fra due parti separate che riunite in unità, non sopportano più il peso di una nuova separazione, due parti che, però, sentono la loro intrinseca unità con definitiva certezza, una certezza ancora cieca, ma determinata a realizzare ciò di cui essa stessa è certa. L'unità si presenta sempre dotata di certezza e volontà propria di esistere, di essere.

Innamorarsi è un'esperienza individuale di comunicazione effimera che tutti possono avere, anche più volte nella propria vita, ma le grandi storie d'amore devono la loro bellezza e la loro tragicità a qualcosa di molto più profondo di un 'abbaglio' che è tipico dell'innamoramento: in esse c'è appunto la certezza dell'incontro con ciò a cui si appartiene e che ci appartiene da sempre, a cui una eterna ricerca inconscia ci ha guidati, il cui ricongiungimento non sopporta ulteriore separazione. La morte dei due amanti, nelle storie d'amore impossibili - e solo queste sono le grandi storie - diventa, simbolicamente, il sigillo del ricongiungimento eterno, dell'Unità che ha voluto affermarsi fra i due complementari del maschile e del femminile. Forse queste grandi storie sono il mezzo con cui l'Unità fra questi due grandi principi costruttori dell'universo, vuole simbolicamente mostrarsi alla nostra umanità. Tuttavia:

Innamorarsi o amore e morte, diventa qualcosa di superato per chi si è svegliato.

Chi si è svegliato si è, proprio attraverso il risveglio, già ricongiunto, senza più possibilità di separazione, a ciò a cui apparteneva da sempre, a cui un'eterna ricerca inconscia lo aveva guidato: il suo sé stesso, il Sé. Uno svegliato diventa totalità e l'amore diventa un suo permanente attributo, perché l'amore è la forza, la legge naturale stessa che permea e regge la totalità, che è l'Unità. Uno svegliato è sempre in amore con tutto nel tutto.

Nelle grandi storie di amore e morte il proprio sé stesso viene, invece, ancora percepito indissolubilmente legato all'altro. L'altro è sì uno specchio, ma non riflette che la propria immagine. Lo specchio si presenta ancora come altra immagine, semplicemente perché queste grandi storie d'amore vengono vissute ancora da ciechi o addormentati, non maturi abbastanza per uscire dal sonno, proprio attraverso il vissuto della loro storia, che solo a questo fine è data da vivere. Tuttavia, il fascino che sempre esercitano queste storie è dato dalla certezza dell'unità raggiunta con l'altro, e questa certezza può appartenere solo ad anime che hanno già percorso una buona parte di strada verso il risveglio.

Innamoramento e storia d'amore sono, dunque, i segni dell'accadimento della comunicazione, solo che noi non ci accorgiamo che, attraverso la mediazione di un altro, siamo entrati in comunicazione con noi stessi. La comunicazione diventa il segno che la nostra totalità si presenta a sé stessa, anche se ancora allo stato fluido.

Mentre questo accade ad un certo livello, scatenando una gioia intensa, ad un altro livello, quello del quotidiano, dove la totalità si presenta sempre sotto il suo aspetto dualistico, ognuno dei due partners paga questa gioia con un prezzo troppo grande, perché ognuno diventa totalmente dipendente dall'altro. Se non siamo coscienti, dipendiamo, come da una bombola di ossigeno, dal partner con il quale entriamo in comunicazione, mentre questa dipendenza e il dolore che consegue alla perdita e separazione, non potranno più ripetersi dal momento in cui ci svegliamo. Allora la percezione della Totalità, della Presenza, del Flusso del Pensiero, ci fa sentire, come io ho sentito, quella Felicità mai provata prima: la felicità di essere definitivamente liberi ed uno, non più separati e dipendenti l'uno dall'altro, una nostra parte non più dipendente da un'altra nostra parte.

Quando la comunicazione 'accade', in qualsiasi modo, il pensiero passa come sopra un ponte elevato sulla mente, che resta sotto e completamente all'oscuro di quello che sta avvenendo. La mente, nella sua forma attuale, non solo non ha possibilità di comunicare, ma non ha neanche la possibilità di intuire. Queste sono due prerogative dell'anima; la mente interviene dopo e solo per attività ancillari, di tipo secondario. La mente, come una cuoca,

si limita ad eseguire ordini lavorando in cucina e servendosi delle provviste che il padrone ha acquistato. "… Quel che avviene nei laboratori è opera dei frati serventi e niente più. I frati serventi agiscono su commissione; non sanno quello che fanno". Jünger-
I frati serventi possono anche dormire, noi comunichiamo nel Sogno. "… Nei sogni viviamo più intensamente; in essi sgorga e termina la nostra forza". Jünger-

24. Atmosfera e Bombardamento

Dopo l'esperienza della Moltitudine, della Presenza, intorno a me si formava, intanto, qualcosa come un'atmosfera. Cominciavo a sentire l'urto delle radiazioni che arrivavano sino a me da tutte le provenienze e andavano a scontrarsi contro le particelle del mio nuovo involucro gassoso, il quale decideva quali di queste assorbire e quali respingere. Più assorbiva più si dilatava, come un cerchio di luce azzurra. Pur tuttavia questa atmosfera era ancora troppo giovane e tenera per resistere ad un bombardamento che, quasi immediatamente, iniziò a provenire da un sole gigantesco che apparì improvvisamente nel mio cielo e mi fu addosso come una palla di fuoco.

Intorno a me, dentro di me, ci fu presto un tale pieno ed una tale qualità di energia, che sentivo il bisogno di ripararmi con uno scudo protettore contro quelle radiazioni che rischiavano di incendiarmi. E mi precipitai a scrivere ancora versi, pur sapendo che non si trattava più della Poesia, perché da questa ero già uscita definitivamente. Non mi sentivo più - non potevo più - essere posseduta ed usata da quella Forza, da quell'uccello rapace, che prima convertiva in parole, pezzi sanguinanti del mio corpo: questo apparteneva al passato, a tutta la mia vita sino al momento in cui, abbracciando la Poesia, superai la Poesia, sino al momento in cui tagliai il cordone che alimentava la mia emozionalità e quindi il rapporto con l'arte.

Adesso sapevo con chiarezza che non si trattava più di quella Forza Famelica di Spiriti mai sazi, che pasteggiano con i corpi dei poeti, adesso si trattava di una Forza Cosmica a me sconosciuta e dalla quale sentivo che, se non fossi riuscita ad usarla, sarei rimasta distrutta, tanto la sua energia era intensa e radiante. Compresi dopo che quella fu la mia esperienza cruciale nella prima stanza della Coscienza e la luce era allora così intensa per la mia capacità di assorbimento, per quell'atmosfera che si stava appena formando, che soltanto l'essermi liberata della mia emozionalità poté salvarmi. Come un'Hiroshima avvolta nella luce abbagliante e mortale di quel sole esploso nel mio cielo, ma al contrario di Hiroshima, protesi le mie mani, senza paura, per catturare i raggi di morte e convertirli in energia motrice per le macchine della mia officina. Anziché subire con dolore, ora accettavo, incanalavo, usavo per costruire. Le parole arrivavano e mi fulminavano con la loro luce nuova, avvertita per la prima volta, contemporaneamente alla scrittura.

La parola primordiale risuonava ora per lo stesso poeta!

Avevo la sensazione di uno che viene colto all'improvviso da una emergenza pericolosa e si mette ad usare ciò che si trova per le mani in quel momento, per salvarsi, anche se lo strumento è palesemente inadeguato.

Pur sentendo l'inadeguatezza della poesia in quel momento, io, però non trovavo niente di diverso a portata di mano. Le poesie che si erano fino ad allora disposte in un sistema a 'tre' ora si indirizzavano verso un sistema di tre + <uno> Si annunziava e prendeva corpo un 'Quarto' che avrebbe completato il tutto, indispensabile, ma di natura diversa dagli altri tre, tanto che non riuscii a dargli un nome proprio, come lo avevo dato agli altri tre riuniti. Compresi che tutto ciò doveva avere un valore simbolico che mi sarebbe stato più chiaro in futuro. Una forma ternaria più un quarto dovevano riflettere un ordine, una legge, un'organizzazione di un livello diverso.

25. Poesia Pura e Immortalità

Con l'apparire del 'Quarto', con quelle poesie che non erano più 'Poesia', io stavo, in realtà vivendo la 'Poesia Pura', una esperienza che è stata il sogno a me stessa inspiegabile dei miei giovani anni. Come la punta di un laser, La Poesia Pura tracciava la mappa nascosta della mia 'Memoria'. Era Coscienza che ridestava le originarie increspature nel mio corpo sabbioso, era la mano che toglieva il velo della dimenticanza, che le aveva ricoperte, una mano che svelava ormai appieno tutta la precedente poesia, compresa quella giovanile, vissuta come esperienza poetica e nient'altro. E non solo; la mano svelava le parole dette o ascoltate durante la mia vita, senza capirle, parole apparentemente banali - ma niente è banale, a posteriori! Parole dimenticate o riposte chissà dove, che ora si alzavano in piedi, come morti che risuscitavano dalle loro tombe, e mi additavano, come i grandi navigatori e scopritori della storia, la via da seguire per trovare il continente ancora immerso nell'oscurità, ovverosia, in una luce insostenibile.

Se prima avevo percepito la Felicità come assenza di emozioni, ora essa, sempre nell'assenza di quel tipo di emozioni di cui la natura umana è dotata, si presentava come un indescrivibile appagamento di Sé. Di questo appagamento, che si realizzava in sé e per sé, io venivo inondata, solo perché mi trovavo in prossimità e priva di emozioni, come fossi in riva al mare all'avvicinarsi di un'onda immensa e non avessi paura di esserne risucchiata. L'onda mi avvolgeva e poi si ritirava senza farmi alcun male, anzi, tutto al contrario! "… La felicità ci viene concessa solo fugacemente. Nell'euforia il tempo ci sfiora senza lasciar traccia; gli alti livelli di piacere e di conoscenza lo annientano". Jünger- Fu in un momento preciso di questo complessivo 'irradiamento' che io percepii la mia immortalità, e la percepii come qualcosa di presente, di reale, di incontestabile, che apparteneva alla mia vita, come alla mia morte. "… L'immortalità non è un mito. È un fatto". Eco- Nel momento in cui mi sentii immortale, il mio risveglio, come processo, era definitivamente compiuto.

Immortalità e Memoria di sé si danno solo insieme.
Della Morte e del Nulla ha paura solo chi non si ricorda di sé.

E così come, percependo la mia immortalità, sciolsi definitivamente il nodo della morte, così pure, in quel momento, avvertii che il Nulla aveva, pure definitivamente, perso su di me la sua battaglia con la Poesia. Si ritirava nella sua essenza profonda, indietreggiando nel mare della notte, scivolando via, senza alcun suono d'acque, come un ospite sgradito che si sia fermato da noi una vita intera, avvelenandocene ogni attimo con la sua imposta presenza e che un mattino, all'alba, apre silenziosamente la porta di casa e scivola via senza neanche salutarci, per non disturbarci al di là di quanto è stato necessario.

Questa fu la mia grande vittoria umana! "… Questo giorno è una vittoria: già si ritrae, già fugge lo spirito di gravità, il mio antico arcinemico! Come vuol concludersi bene questa giornata, che era cominciata così male e grave!" Nietzsche- "… Il proprio petto: qui sta, come un tempo nella Tebaide, il centro di ogni deserto e rovina. Qui sta la caverna verso cui spingono i demoni. Qui, ognuno, di qualunque condizione e rango, conduce da solo e in prima persona la sua lotta, e con la sua vittoria il mondo cambia. Se egli ha la meglio, il niente si ritirerà in sé stesso, abbandonando sulla riva i tesori che le sue onde avevano sommerso. Essi compenseranno i sacrifici". Jünger- E che tesori! La luce rivelatrice tracciava ora la mappa di quel linguaggio universale, della cui esistenza avevo inconsciamente poetato chiamandolo 'il linguaggio umano', quello che, singolarmente presi, tutti gli uomini che hanno avuto la stessa esperienza, conoscono, ma che l'Umanità, come soggetto unico, deve ancora conquistare, perché soggetto unico deve ancora farsi.

Il linguaggio umano universale ci fa comunicare al di sopra delle lingue, perché le sue parole sono comprese ed hanno lo stesso significato in ogni lingua. Il significato è sempre lo stesso perché è dato dalla Coscienza ed il linguaggio universale è il linguaggio di questa, il linguaggio dell'Essere, della Memoria di Sé. "...suppongo che Phares conosca il testo originale di cui tutte le lingue umane, e anche quelle degli animali, sono solo traduzioni o concrezioni". Jünger-

A partire da quella esperienza, dal bombardamento della Poesia Pura, ho imparato le parole di questo linguaggio, ad una ad una, come un bambino. Adesso so parlare, so scrivere, ma proprio come un bambino, ai primi anni di scuola. So che dovrò spendere lunghi anni tra i banchi di questa Scuola Universale prima di appropriarmi di questo linguaggio in misura tale da poterlo impiegare in una sapiente scrittura.

Adesso solo mi sento veramente 'a scuola' e sono pronta ad apprendere. In questa scuola, come insegna l'esoterismo, quando l'allievo è pronto, il Maestro appare. In questa scuola nessun Maestro mi dirà che sono un tipo orientale e, solo perciò, dovrà bocciarmi.

In questa scuola, l'Occidente non potrà mai più bocciare l'Oriente!

"... vi sono nuove correnti e stanno riflettendo. E l'Oriente sta ora penetrando molto profondamente in Occidente. L'Occidente conquistò l'Oriente: il modo era assai grossolano. L'Oriente ha i suoi propri modi di conquistare- modi molto sottili, modi silenziosi..." Rajneesh-

"Dunque esistono buone possibilità che <l'uomo dell'Occidente> vada incontro a sorprese". Jünger-

"Parla del tramonto dell'Occidente?" Eco-

No, parlo del suo matrimonio con l'Oriente.

PARTE SECONDA

*A SCUOLA: LE PRIME PAROLE
DEL LINGUAGGIO UNIVERSALE*

26. Viaggio di ritorno a casa

A casa. Un luogo, che, nella mia primissima infanzia una persona cara, che sentiva avvicinarsi la morte, menzionò come quello a cui sarebbe presto ritornata, si rivelò, durante l'esperienza della 'Poesia Pura', come 'il nostro punto di partenza', quello dal quale veniamo, un punto che noi conosciamo benissimo e a cui desideriamo sempre ritornare, perché la nostra casa è l'unico luogo in cui possiamo sentirci realmente 'bene'. Dunque, noi conosciamo già le regioni che sono prima della nostra vita e dopo la nostra morte.

"…eternity. It is the kingdom on the other side of time and appearances. It is there we belong. There is our home. It is that our heart strives for … Ah Harry, we have to stumble through so much dirt and humbug before we reach home. And we have no one to guide us. Our only guide is our home-sickness". Hesse-

La nostalgia di casa.

Allo stesso tempo, mi fu chiaro, in quella esperienza, che la nostra casa non è un punto di arrivo, ma un viaggio: un viaggio di ritorno. La nostra casa è la strada del nostro ritorno ad un posto, si fa per dire, dal quale siamo venuti. Il nostro punto di partenza è anche quello del nostro arrivo, e durante il viaggio di ritorno, ad ogni passo del nostro cammino, la nostra casa continua a spostarsi in avanti; ma se non abbiamo coscienza di questo, per noi vivi e morti, è, a dir poco, inferno.

Ecco perché soffriamo tutti così tanto, ecco perché non abbiamo mai pace: abbiamo perso la strada di casa. "… a wolf of the Steppes that has lost its way …" Hesse- Abbiamo perso qualcosa, ma non sappiamo cos'è e non sappiamo, perciò, cosa dobbiamo cercare. "… la cosa di cui ho perduto l'indirizzo non è il Fine, è il Principio". Eco- Preghiamo affinché i morti abbiano pace, ma non sappiamo realmente perché essi potrebbero non aver pace.

L'assurdo è che noi, vivi e morti, una volta che comprenderemo che è la strada del ritorno ciò che cerchiamo, in quel momento ci accorgeremo che noi siamo già su questa strada, anzi noi stessi siamo movimento di 'ritorno'. Solo quando ci renderemo conto di questo, e solo allora, potremo finalmente sentirci bene. "Il nostro problema è realizzare il tiqqum, il ritorno …" Eco-

Il nostro problema è realizzare che noi stiamo già realizzando il ritorno a casa.

Tutto accade e si fa, anche il ritorno si fa da sé, durante la nostra incoscienza; ma, per noi, è il fatto di non saperlo che non ci dà pace. La nostra eterna, tremenda infelicità sta nel fatto di non essere coscienti di questo. Ci aggiriamo nella vita, cercando sempre qualcosa che non sappiamo cosa sia, in realtà stiamo cercando solo la strada di casa e l'assurdo è che ci stiamo camminando sopra, anzi, noi stessi siamo un pezzo della strada di ritorno. Ma Nietzsche non trovò la pace anche se aveva rivolto "… il volo verso casa - e sempre più veloce … Ecco che torna indietro, ecco che finalmente torna a casa - il mio me stesso ... Quando fu di nuovo sulla terraferma, Zarathustra ... scherzando diceva di sé stesso: <ecco un fiume che di rigiro in rigiro rifluisce alla sorgente>!". Nietzsche-

Continuo a chiedermi perché Nietzsche non trovò la pace. Forse troppa conoscenza si riversò - nello spazio di una vita troppo breve - sulla sua mente, che credette di essere la prima a conoscere un più alto sapere, al cui peso non seppe resistere: "… Troppo addentro volai nel futuro: un brivido d'orrore mi assalì". Nietzsche-

Il destino di Nietzsche era, evidentemente, non di trovare egli stesso la pace, ma di mettere la mente occidentale in condizioni di trovarla, quando vorrà, quando potrà. Il suo compito fu quello di tagliare la strada alla macchina della mente occidentale, spaccando "le tavole" del fondo stradale con "il martello" pneumatico della sua filosofia ed apponendo un enorme segnale di Divieto Assoluto di Transito per tutti e tutto.

La sua malattia, se da una parte fu il mezzo con cui la Vita continuò a caricarlo sempre più del suo compito, dall'altra dovette essere la regolare scappatoia con la quale la sua mente fuggiva da condizioni di stress insopportabili: uno stress che doveva derivava, in gran parte, dal fatto di credere di essere il solo ad avere quella conoscenza e di non poterla condividere appieno con i suoi contemporanei.

27. Viaggio, come risposta alla domanda pericolosissima

Da quando Nietzsche rese impercorribile la strada sulla quale viaggiava la mente occidentale, molta nuova strada è stata percorsa da viaggiatori individuali, anche se non ce ne rendiamo conto collettivamente, perché la macchina complessiva sta ancora girando su sé stessa, in attesa di trovare uno sbocco, una nuova direzione di movimento.

Perché siamo qui e cosa facciamo qui - si chiedono, come sempre, quelli che pensano e soffrono. Ma anche gli altri, tutti gli altri, almeno una volta nella vita, quando vengono a contatto con la propria anima seppellita, nei momenti tragici o solenni, si chiedono la stessa cosa. Perché la vita, da dove veniamo, dove stiamo andando? Una domanda paralizzante a cui la scienza tenta invano di rispondere, a cui la religione non sembra aver risposto sufficientemente e di cui si occupano principalmente filosofi e poeti, persone che la società attiva e industriosa considera spesso o quasi sempre come inutili, ma "… i lavori inutili sono più sociali di quelli utili, perché questi sono inevitabili e si danno da sé". Jünger-

Questa è certamente una domanda pericolosissima per la società e lo Stato, perché appena uno se la pone non più superficialmente, né solo scientificamente o razionalmente, ma nella propria essenza più profondamente psichica, costui si ferma a tempo indeterminato. S'inoltra dentro sé stesso e la famiglia, il lavoro, lo Stato perdono la forza con cui lo legavano e a cui si sentiva legato. Cessa dentro sé stesso la forza che lo teneva insieme come unità, inserita in altre unità, cessa l'Amore, che non è una parola in cui ci facciamo rientrare tutto quello che vogliamo, ma è una forza elementare in natura, la Forza legante che costruisce e mantiene in vita, dall'interno, tutti i corpi organici e le unità di qualsiasi tipo.

Quando questa forza cessa, per qualsiasi ragione, di operare, il tutto organico, diventa una somma di pezzi e si disfa. Così si disfa il corpo fisico per una sola cellula cancerogena che perde la memoria dell'appartenenza all'unità e così si disfa il mondo esteriore ed anche quello interiore per chi si inoltra dentro sé stesso e mette in questione non solo la sua unità, ma anche le unità nelle quali è a sua volta inserito. Può darsi che un giorno egli ritorni da questa ricerca, ma può anche darsi che nessuno lo rivedrà mai più. Tra quelli che non ritornano, c'è chi si elimina e c'è chi si perde nei meandri della mente. In entrambi questi casi, la psiche non era ancora matura per affrontare questa prova.

La società sa solo condannare e per chi si è perso: è matto, dice, ha perduto la testa, ma non si chiede il perché e non si occupa di sapere dove la sua testa sia andata a finire. Un tempo questi viaggiatori sfortunati finivano in manicomio, ma da quando la psicologia è diventata sempre più una scienza empirica, si è finito man mano per svuotare i manicomi, perché si è scoperto appunto scientificamente che esiste la psiche e che è soggetta a malattia e quindi malati e matti siamo tutti, in differenti occasioni o situazioni, o sempre, se è vero che abbiamo tutti una psiche. Allora, tanto vale stare tutti fuori. Saranno gli psicoanalisti a lavorare per riadattarci alla società, quando la nostra psiche si sente disadattata.

La nostra psiche esce dai luoghi in cui l'abbiamo ricacciata e imprigionata, per dirci qualcosa, per comunicarci qualcosa di molto importante per la nostra salute, si ferisce nello sforzo inutile di farsi ascoltare, come un bambino che ha chiesto inutilmente attenzione e finisce per averla solo attraverso un gesto tragico, ma gli psicoanalisti mettono un bel cerotto sopra la sua ferita e la rimandano là da dove è venuta. Ma non hanno colpa, il loro mestiere è quello di mettere cerotti. Essi lavorano per la società, non per l'eternità. Non sono santi e non sono mai stati profondamente matti. Di più non possono fare: salvo quello di occuparsi della propria psiche, in modo da saperne di più. Tuttavia, anche se potessero fare di più, chi li ascolterebbe? Gli stessi pazienti, per la maggior parte, chiedono solo di ridiventare normali, non si occupano profondamente di capire cosa la loro psiche volesse comunicare.

Tra quelli che non si fanno curare, ci sono alcuni che sono realmente e profondamente interessati ad intercettare i messaggi della propria psiche, solo che spesso diventano matti, perché da soli e senza guida si perdono lungo la strada di questa ricerca. Il problema reale è che:

manca un'educazione ad un costante rapporto mentale con la psiche.

Manca un'educazione a fare della nostra 'condizione umana' l'oggetto più importante non solo dei nostri studi, ma anche delle nostre quotidiane occupazioni e conversazioni. Nella nostra quotidianità, parliamo sempre e dappertutto e incessantemente di tutti i nostri affari umani, ma non parliamo mai di quello che per tutti noi è l'affare più importante: trovare la nostra pace. Poi ci lamentiamo quando scopriamo che dappertutto si fanno affari, speculando sul nostro bisogno di pace: individui, circoli, gruppi, sette religiose e chiese fanno a gara per offrirci la pace in cambio del portafoglio, che più è gonfio, più lo cediamo loro volentieri, perché ci siamo già resi conto che esso non è stato in grado di darcela. E comunque guai se non ci fosse nessuno ad offrirci la pace, l'individuo sarebbe ancora più perso, più solo, più pazzo. Lasciamo pure che ci prendano il portafoglio se sono in grado, nel momento in cui abbiamo bisogno, di proporsi a noi come guida, ma attenti! sul viaggio di ritorno a casa ci servono molte guide, una dopo l'altra! A niente e nessuno possiamo permettere di porsi a nostra unica guida!

Se la nostra psiche potesse esprimersi liberamente, quotidianamente, in ogni occasione, ed essere rispettosamente ascoltata dall'apparato mentale nostro stesso e da quello sociale, essa non si ammalerebbe e noi troveremmo la pace. Ma è da troppo tempo che abbiamo vietato alla psiche di entrare nel salotto buono e partecipare alla conversazione. E neanche la psicologia, prima di Jung, le ha dato questo permesso. Jung si trovò a dover affrontare e cercare di risolvere il problema scientificamente, per rendere giustizia allo Spirito del tempo, di una 'psicologia senz'anima'.

Perché lasciamo che la domanda sulla vita e la condizione umana se la pongano gli scienziati, i filosofi, i poeti o semplici individui isolati, che giorno dopo giorno, si incamminano per questa "... selva oscura ... selvaggia, aspra e forte ..." Dante, in cui perdersi è più certezza che rischio? È la paura di non trovare una risposta che ci impedisce di farci questa domanda, in massa, e riproporcela in continuazione nella nostra vita quotidiana?

Se la causa per la quale sfuggiamo a porci, in massa, l'unica domanda importante nella nostra vita, è la paura di non trovare risposta, allora in questa paura si annida un errore, che ne è, a sua volta, la causa. La risposta come un punto fisso, definitivo, chiaro, sicuro, inamovibile, non esiste. Anche la risposta è viaggio e ritorno al punto di partenza. Noi possiamo solo acquistare coscienza che siamo sulla strada della risposta. Può lo scalatore trovare la cima ai piedi della montagna? L'importante è salire; ad ogni passo c'è una nuova risposta, la cima si annuncerà man mano, lungo il difficile, ma sicuro itinerario già tracciato. "… L'avvicinamento può realizzarsi solo passo dopo passo". Jünger-

28. Memoria e Oblio

Tra la materia e la luce dalla quale essa è discesa un tempo - e questa discesa ha tracciato l'itinerario del ritorno, che è scritto nel suo DNA – c'è la dimenticanza.

Ogni creazione è il risultato di un addormentarsi progressivo
della Memoria-Essere-Presenza.
Ogni creato è sonno di Dio

Sotto il manto bianco e opaco dell'oblio, che la ricopre come uno spessissimo strato di ghiaccio, la strada del ritorno alla

Memoria è, però, tracciata indelebilmente. "... Tutto emana da Dio, nella contrazione del simsum ... Ma forse in questo simsum ... c'era già la promessa del tiqqum, la promessa del ritorno". Eco-

Tutto quello che è espressione del Principio di Vita, intesa questa come Manifestazione, non solo il nostro pianeta, ma tutti i pianeti, il sole, la nostra galassia e tutte le altre galassie di questo universo e tutti i possibili universi, tutto questo, nei tempi che sono propri alle diverse scale di grandezza, inizia il ritorno a casa. Questo universo, gli universi, sono un movimento di andata e ritorno, sono "... un processo di inspirazione ed espirazione divina, come un alito ansioso, o l'azione di un mantice. La Grande Asma di Dio". Eco-

E se noi umani percepiamo il ritorno, questo vuol dire che, per il nostro pianeta, la Memoria, il Pensiero, la Luce ha già percorso tutta la strada di discesa nella dimenticanza, nell'addensamento, nell'oscuramento e che con noi inizia il risveglio e il ricordare, dopo aver tanto annaspato nel buio e dopo aver molto faticato per iniziare il movimento inverso, sebbene continuo. Noi siamo il pianeta e il nostro processo è il processo del pianeta.

Questa nostra Terra, dopo aver turbinato come una duna di sabbia, rotolato come una pietra, dopo essersi ammantato di boschi, come fossero peli per coprire e proteggere il suo corpo nudo, dopo aver strisciato come un serpente, si è poi dotato di zampe e di vista sempre più acuta e poi di mani e piedi e mente e parola, per guardare e toccare il proprio corpo, percorrerlo, penetrarlo, misurarlo, descriverlo e in tal modo prenderne coscienza, e infine di un'anima che ha il compito di chiedersi da dove questo corpo è venuto e dove esso va. L'anima è il suo ultimo sviluppo. Attraverso l'anima il pianeta terra lancia le sue sonde invisibili nel buio cosmico e apprende che essa ritorna al suo principio. Apprende anche che da tempo le sue sonde hanno costruito una base spaziale spirituale e che l'anima è il mezzo di contatto con la base, mentre il suo corpo costruisce sonde visibili che vengono inviate ad esplorare i cieli più vicini.

Una volta 'svegliati' a questa realtà, non possiamo più ignorare o dimenticare ancora che il nostro compito-destino è quello del ritorno, perché "… non riesci a smarrire di proposito il tempo ritrovato. Pollicino torna sempre come un chiodo fisso. Non esiste una tecnica dell'oblio …" Eco- "… E quando sarai sveglio, mi rimarrai sveglio in eterno". Nietzsche-

Memoria ed oblio sono grandi cicli planetari e cosmici.

Noi esseri umani rappresentiamo solo un gradino di questo processo di questa materia che chiamiamo terra, che è oblio, e che torna alla memoria, alla luce. Attraverso noi, e prima di noi, attraverso i minerali, attraverso le piante e gli animali, è la terra stessa che attua la sua grande svolta, il suo grande rientro.

Il ritorno è iniziato da tanto tempo, da quando "… la pietra, che era stato un tempo liquido fuoco, ha proiettato in avanti il suo desiderio di muoversi e di sciogliersi ancora …" D. Malouf- E noi umani rappresentiamo semplicemente il momento in cui la terra è diventata consapevole dell'unità e organicità del suo corpo fisico e rappresenteremo il momento in cui essa diventerà Cosciente del suo destino cosmico, non appena l'umanità tutta sarà divenuta Cosciente dell'unità del suo stesso intero, planetario, corpo umano.

Noi uomini siamo uno soltanto di una lunga serie di tentativi della materia di indirizzarsi verso la luce, che è imprigionata dentro di essa. Un tentativo riuscito verso una direzione inconscia, ma univoca. Perché la materia dovrebbe soffrire il lungo travaglio di trasformazioni per diventare luce, se non fosse che dalla luce è venuta? Perché lo scalatore avrebbe così tanto desiderio di arrivare in cima, se non fosse che egli l'ha già conosciuta, un tempo? Non è forse il vero significato della parola 'desiderare' quello di 'sentire la mancanza di qualcosa' e come si può sentire la mancanza di un qualcosa, se non lo si è già conosciuto?

Così come non può essere pensato ciò che non esiste,
il pensiero non può essere pensato al di fuori del pensiero stesso.

Solo ciò che esiste e che abbiamo conosciuto può suscitare il nostro desiderio. "… Il desiderio non è niente altro che l'essere passato proiettato nel futuro". Rajneesh- Il desiderio è la molla tesa fra noi e la Realtà, L'Essenza, la Coscienza, il Pensiero che era sé stesso e che aspira a ridivenire sé stesso, dopo essersi addensato e oscurato. Noi, il pianeta, siamo pensiero addensato, pensiero addormentato prossimo al risveglio e il desiderio è ciò che porta al pensiero sveglio. Finché dormiamo siamo non-essere, quando ci svegliamo, iniziamo ad essere e quando viaggiamo sulla strada verso casa siamo sempre più essere.

29. Il problema del sonno periodico di Dio

Si presenta il problema reale, il problema in sé: Il Nulla o il Movimento, nelle sue fasi alterne di espansione e concentrazione? Il cerchio eternamente vuoto, o il cerchio che si riempie man mano di figure geometriche che vi si iscrivono e vi si cancellano, vi si ri-scrivono e vi si ri-cancellano?

Ci si incammina su una certa strada e qui si trova come la nostra vista si schiarisca ad ogni passo del nostro cammino. Fino a questo istante, il Nulla mi è apparso come Non-Essere, sicché mi è stato facile dare al Nulla la stessa forma del Tutto, solo perennemente svuotata. Il problema, invece, non è mai stato: l'essere o il non essere; perché questi due termini formano una coppia di complementari e sono inscindibili. Essi sono i due complementari del Movimento, che è rappresentato dal cerchio, descritto dal punto.

Finché c'è essere, c'è anche non-essere, in atto o in potenza, e viceversa. L'essere si addormenta, diventa e riposa nel non-essere; e il non essere, quando ha ben riposato, si sveglia nell'essere; solo che l'addormentarsi e il risveglio completo durano un'eternità: la notte di Dio e il giorno di Dio. Un'eternità nella quale al progredire della crescita dell'essere corrisponde una progressiva diminuzione del non-essere e viceversa. Una volta completamente sveglio, l'essere vivrà la sua giornata, ma alla sera sarà di nuovo stanco e vorrà riaddormentarsi e diventare non- essere.

Percependo ora me stessa come essere, anche se solo all'inizio di un lungo viaggio, percepisco anche il me stessa di prima come non- essere e il Nulla mi appare al di fuori dell'Essere-Non Essere, non più come cerchio, ma come assenza di forma, assenza del punto. Fino a quando ho dormito, sono stata solo il sonno dell'essere, necessità vitale, come il sonno fisico lo è per il nostro corpo. Chi dorme non diventa solo per questo un Nulla. Quando l'Essere emana, si addormenta e non è più, si è addensato nell'emanato. Noi siamo Dio addormentato e invano invochiamo un Dio che crediamo lassù da qualche parte, che si diverte a vederci soffrire. "… Meglio essere noi stessi dio! … Perché non viene, lui che da tanto tempo ha annunciato la sua venuta … o dobbiamo noi andare da lui?" Nietzsche-

Il problema reale è il problema di Dio stesso, di come eliminare il suo sonno periodico, eliminando così il dolore che accompagna il suo lento e faticoso risveglio, di come andare al di là di sé stesso, del suo essere-non essere, di come fermare la Ruota, il Movimento, di come trovare la sua pace, di come dissolvere il cerchio, il punto.

Il cerchio emerge solo come forma di Dio-Essere-Non Essere: come forma di quella forza che è nel punto-centro e che crea il cerchio, la cui circonferenza rappresenta i limiti dell'espansione del punto. Finché esiste il punto, la sua forza continuerà a riempire e svuotare il cerchio, ma non esiste cerchio senza punto. E dunque non esiste cerchio senza punto che possa chiamarsi Nulla. Laddove esiste il punto, siamo in presenza del cerchio pieno, con o senza figure geometriche. Vero è, invece, che il punto emerge dal mare del Nulla, come un isolotto creato da una forza sottomarina. Dall'informe e fluttuante nasce una concentrazione, una forma, sì perché il punto- cerchio-Dio è già forma, è già geometria. E allora il Nulla appare come informe, come assenza di geometria, dove vagano forze sciolte, energie dissolte, frammentazione precipitata, dove la concentrazione di queste in un punto, rimane una eventualità, una possibilità. A questo mare informe confluiscono, evidentemente, tutte le acque e i fiumi del dissolto. Ci saranno stati, quindi, molti Dei che si sono sciolti e molti che si sono formati in questo mare. Comunque questo non è il nostro problema.

Ad ognuno il suo problema. A Dio il suo e a noi il nostro.

Per noi esseri umani, il problema reale e immediato da risolvere è quello del risveglio e del dolore che lo accompagna. In questo senso, il problema e il dolore dell'uomo non sono diversi dal problema e dal dolore della pietra che vuole camminare, della rana che tenta il volo, ma fa solo piccoli salti o del cane che soffre per la mancanza della parola.

Noi uomini, come Dio emanato, pensiero addormentato, più della pietra, più della rana e del cane abbiamo il desiderio incosciente di tornare ad essere Dio, e quindi, siamo più vicini al risveglio, ma finché questo desiderio rimane una forza incosciente, non abbiamo storia e quindi non abbiamo pace, come dice Jünger. Ma il fatto che siamo infelici e incoscienti, e di una "… incoscienza drogata …" Rajneesh, non pregiudica assolutamente niente, tutto accade, comunque, fino al punto in cui il risveglio di chi dovrà svegliarsi è obbligato e tutto accadrà anche dopo, quando la scelta dello svegliato sarà solo nel senso del destino e per tutta la struttura 'a scala' del destino. Man mano che lo svegliato salirà sui gradini di questa lunghissima scala, si lascerà sotto di sé i gradini sui quali il destino si è convertito in libero arbitrio, sui quali l'essere è diventato sempre più volere e sempre più fare.

Tutto accade ugualmente fino al risveglio di quella materia che dovrà svegliarsi, è vero, ma ciò che alimenta questo processo è un tipo solo di carburante: il dolore.

30. Accettare il dolore

Il dolore è l'unico mezzo offertoci per farci svegliare, per portare il desiderio inconscio alla Coscienza, per farci accettare il gradino immediato del destino, quello sul quale uno dei nostri piedi si è già posato, tremante ed insicuro, senza che noi lo sappiamo. E non abbiamo scelta. Il dolore è tutto quello che possiamo aspettarci.

Per strapparci dal sonno profondo, non basta che noi veniamo a conoscenza del dolore dell'altro, non basta che - fra mille altri - Nietzsche ci dica, attraverso il suo dolore, che abbiamo già dormito mezza eternità, perché anche Gesù Cristo ce l'ha detto duemila anni fa, senza successo e nonostante la crocefissione. La grande lezione ci viene solo dal nostro dolore, quello che penetra in tutto il nostro corpo, scavandone ogni recesso, con la sua punta acuminata e bruciante.

Se così non fosse, già da bambini avremmo imparato, dal mondo delle favole, questa grande legge del ritorno per la via della sofferenza: quanto dovette soffrire il brutto anatroccolo di Andersen, essendo nato in un pollaio, ma da un uovo di cigno e non poteva saperlo!

Il dolore, come mezzo al fine, è la terza parola del linguaggio universale, dopo 'casa' e 'ritorno'.

Non solo dobbiamo aspettarcelo, il dolore, ma è tutto quello che noi inconsciamente cerchiamo, a cui noi andiamo incontro, come verso la nostra grande occasione, proprio come quell'uccello "… che da quando lascia il nido, cerca e cerca un grande rovo e non riposa finché non lo abbia trovato. Poi, cantando, tra i rami crudeli, si precipita sulla spina più lunga ed affilata. E, mentre muore con la spina nel petto, vince il tormento superando nel canto l'allodola e l'usignuolo. Una melodia suprema il cui scotto è la vita … Al meglio si perviene solo con grande dolore … o così dice la leggenda". C.Mc. Cullough-

"… Il dolore … è forse l'unica emozione di Dio: per essere, per sentire di esistere … è una forza. Se non ti sconfigge, ti inebria e sei la punta attraverso cui fugge l'umano per correre a Dio". G.Saviane- "… A man should be proud of suffering. All suffering is reminder of our high estate". Hesse-

"… Il dolore è il rompersi del guscio che racchiude la vostra intelligenza. Come il nocciolo del frutto deve rompersi per esporsi al sole, così dovrete conoscere il dolore. E se sapeste voi meravigliarvi in cuore dei prodigi quotidiani della vita, il dolore vi stupirebbe meno della gioia … È la pozione amara con la quale il medico, che è chiuso in voi, guarisce il vostro male. Confidate in lui e bevete il suo rimedio, in pace e silenziosi". K.Gibran-

"… Da molto tempo lo spirito dell'uomo ha percepito la necessità di un mutamento. Eppure la natura umana è tale che non le basta comprendere per portare a compimento ciò che è necessario - è soprattutto il dolore il suo maestro ... Il regno del dolore ha un ordine ferreo, con le sue gerarchie, i suoi ranghi, i suoi gradi attraverso i quali l'uomo scende in basso. Qui cerca le fonti della vita, e come le sorgenti sfociano nei laghi e poi nei mari, così le sofferenze si raccolgono in grandi recipienti di forma purissima. Proprio come per i pensieri c'è una consapevolezza, così anche per i dolori esistono forme entro cui essi acquistano senso e convergono in un più profondo significato". Jünger-

Tutti noi cerchiamo, inconsciamente, la nostra grande occasione di dolore, e una volta che l'abbiamo trovata, la teniamo stretta a noi, come il più grande tesoro: ma al meglio non si perviene solo con grande dolore, si perviene soprattutto accettando il dolore. E anche per accettare il dolore, bisogna essere maturi, e la nostra maturazione è un processo in sé. Del fatto di essere immaturi o maturi non abbiamo colpa, né merito. Il dolore cessa nel momento in cui noi lo accettiamo. Esso si giustifica solo con la nostra resistenza al nostro destino inconscio. Non siamo noi - ripeto - a decidere di tornare a casa. Sono le Forze primordiali della Manifestazione, che tornano a casa e noi con esse, dentro di esse, esse stesse, senza scelta. Tutto quello che si apre, si chiude anche: finché questa regola continua a funzionare, finché il meccanismo non s'inceppa, finché lo stesso Movimento non si arresta.

'Accettazione' è la quarta parola del linguaggio universale.

Accettando il dolore, noi lo trasformiamo da esperienza passiva in forza creatrice. Tutto ciò che viene accettato, viene automaticamente superato, ma tutto ciò che trova resistenza provoca dolore. Il dolore non accettato provoca sempre più dolore e basta, ma il dolore accettato diventa l'energia indispensabile per scavare il tracciato della nostra strada del ritorno sotto il ghiaccio manto dell'oblio, una strada che più scaviamo, più ci fa sentire bene. Della necessaria funzione del dolore e della necessità di accettarlo parlano intere biblioteche, ma a chi non ne sia già stato convinto dalla sua stessa vita, queste biblioteche sono come ammassi di pietre mute.

31. Cambio di forma

"… L'abito vecchio è logoro, dovrei cambiarlo, ho un senso di disagio … Si emigra dal proprio corpo e ci si insedia in una nuova patria. Così comincerebbe un'avventura, per un verso angosciosa, per l'altra affascinante". Jünger-

Il corpo dell'Umanità è vecchio ed è logoro. "… Any form whatever, by the mere fact that it exists as such and endures, necessarily loses vigour and becomes worn …" M.Eliade- Ciò che è consumato deve cedere il posto al Nuovo. Stiamo, pertanto, soffrendo il disagio di sedere sull'orologio del tempo, in un punto in cui l'ora è divenuta perfetta per il cambio di forma. Su questo orologio, tuttavia, il tempo che noi conosciamo non conta. Non ci siamo accorti dei numeri attraverso i quali siamo prima discesi, su questo grande orologio, come lungo i gradini di una scala, a partire dalle ore zero e poi risaliti, fino a questo momento, spogliandoci di alcune di queste ore, o numeri.

Questo cambio di forma è il cambio più cruciale rispetto a quelli attraverso cui la materia vivente del nostro pianeta è passata finora. L'eco di quella forza - la Creazione - che lanciandosi in basso, come una palla sul campo, è rimbalzata automaticamente indietro, verso l'alto, verso il suo punto di provenienza, ora si sta per spegnere ed un'altra forza sta prendendo il suo posto: la forza della Coscienza. Questa ci porterà, noi come materia rimbalzata, sempre più in alto, o più dentro, fino a che, potremo aspirare a divenire ancora uno zero, che è lontanissimo da ogni numero e che, però, li comprende tutti. … "Mezzanotte è anche mezzogiorno". Nietzsche-

Con questo cambio di forma, un cambio che richiederà tanti invisibili passi, ciò, che è stato finora il processo di cieca evoluzione organica, finisce; e da qui inizia lo sviluppo della Vita cosciente. Da questo punto in poi: "… Non esiste evoluzione obbligatoria, meccanica. L'evoluzione è il risultato di una lotta cosciente". Ouspensky- L'evoluzione diventa lavoro.

Devo aprire qui una parentesi, per isolare la mia percezione attuale dal pensiero di tutti quelli che escludono la massa umana dalla possibilità di una evoluzione cosciente e attribuiscono questa possibilità soltanto all'individuo che lavora in questo senso. Credo di capire che le scuole, che si sono occupate dello sviluppo umano, dall'antichità ad oggi, erano e sono principalmente interessate all'individuo e non al destino generale dell'Umanità. Io, invece, sento profondamente - per dirla con Jünger - che "... ormai è in gioco il tutto...", e non si tratta più dello sviluppo dell'individuo, ma dello sviluppo dell'umanità. È per questo che:

occorrono moltissimi 'operai', che lavorino in questo senso.

È per questo che, contrariamente a quanto vedo intorno a me, io non sono interessata ad andare avanti nel mio sviluppo, lasciando dietro di me il compagno che non può ancora salire; è per questo che nel sogno sono discesa dalla Piramide ed è sempre per questo che il mio lavoro è nel senso di vivere quotidianamente la mia conoscenza, sicché il mio compagno ne resti toccato e in lui si accenda il desiderio di salire. Io risalirò di nuovo la Piramide, quando il mio compagno sarà pronto per salire con me e non prima. In fondo, Gesù non ci ha mostrato che è questo il lavoro che dobbiamo fare: aiutare i più piccoli a salire? È proprio questo aiuto che permette a chi aiuta di essere a sua volta aiutato, come in una cordata di alpinisti, dove ognuno sembra tracciare la via per chi segue, ma per ognuno la via è già stata da altri tracciata. Gli anelli dovranno essere riuniti in una catena. Grandi Maestri sono venuti in ogni tempo a mostrarci come questo lavoro va fatto, però resta a noi di farlo collettivamente. Per affrontare la risalita verso il vertice della Piramide, come ci spogliamo degli abiti più pesanti quando affrontiamo una scalata, così ci spoglieremo man mano dei nostri corpi più pesanti. E questi corpi sono allo stesso tempo fisici, mentali, psichici e spirituali. Anche lo Spirito umano può diventare, ad un certo punto, un corpo troppo pesante. Siamo rivestiti di tanti corpi, come di tanti abiti, e questi sono diventati tutti pesanti. Dovremo sostituirli con corpi più leggeri, l'uno dopo l'altro, e su questi corpi vedremo spuntare ali. È risaputo che il bruco dovrà diventare farfalla. L'animale di terra è diventato uccello, un uccello che sa volare con il suo stesso corpo e non più incapsulato in un mezzo meccanico che si è costruito al di fuori di esso. "... l'occhialuto uomo inventa ... gli ordigni fuori del suo corpo ... ed è l'ordigno che crea la malattia ... qualunque sforzo di darci la salute è vano. Questa non può appartenere che alla bestia che conosce un solo progresso, quello del suo organismo" Svevo, o conosce ancora di più, come il piccione viaggiatore, che viene portato via da casa al buio e che però conosce sempre la strada del ritorno e appena liberato inizia il viaggio verso casa, anche se fra mille pericoli.

Tuttavia, "... la stessa evoluzione non sembra sufficiente, conta piuttosto la metamorfosi nel senso di Ovidio, la mutazione nel senso dei contemporanei". Jünger-

32. Metamorfosi e Trasformazione

Non è 'metamorfosi', però, la quinta parola del linguaggio universale che io ho imparato, quando ho percepito il ritorno alla sorgente attraverso una serie di passaggi, ma è: 'trasformazione'.

Metamorfosi e trasformazione non sono la stessa cosa.
Trasformazione è la quinta parola del linguaggio universale.

Nella stessa mitologia greca, c'è una differenza fra Giove, che si trasforma in uomo, animale, nuvola o pioggia d'oro o trasforma la leggiadra 'Io' in una mucca e poi le ridà forma umana, ed Ercole che deve affrontare così tante penose fatiche ed arrivare quasi alla morte, prima di essere trasportato sull'Olimpo da una nuvola scesa dal cielo e divenire, in tal modo, immortale.

La differenza sta nel fatto che la trasformazione richiede un grande lavoro di superamento di sé stesso e tanto dolore ed in ogni caso comporta un aiuto dall'alto verso cui procede, mentre la metamorfosi va sempre verso il basso e rappresenta quasi un gioco di chi conosce le leggi naturali dei vari gradi di esistenza, che ha già superato e che può controllare e usare per ridiscenderli.

C'è una grande differenza fra scendere e salire: chi scende fa molto meno fatica di chi sale, e, mentre scende, può anche cantare una canzonetta, perché conosce la strada, avendola già percorsa salendo, e sa anche dove questa porta, ma a chi sale spesso manca il respiro e manca anche la strada e dalla grande stanchezza gli si annebbia la vista. Figurarsi se si può mettere a cantare! Chi si inerpica in alta montagna, da solo, sa che la strada va costruita passo dopo passo e non è possibile distrarsi, perché una distrazione può costare la vita. Altra cosa è poi scoprire che la strada è già stata tracciata e sulle pietre troviamo i segni colorati che ci confermano la giustezza del cammino, ma solo una grande concentrazione e serietà e attenzione, e quindi maturazione nel nostro lavoro del salire, potrà permetterci di scorgere quei segni, a volte molto scoloriti.

La metamorfosi, invece, rappresenta l'esercizio del libero arbitrio o della volontà rispetto ad una conoscenza già acquisita, un uso e un controllo di leggi naturali che appartengono ad un sistema inferiore; la trasformazione è acquisto di - meglio: il divenire coscienti di leggi di un sistema superiore - attraverso l'accettazione del proprio destino immediato e la conversione di questo in libero arbitrio. Tra la prima e la seconda operazione di passaggio da una forma ad un'altra, esiste la stessa differenza che esiste tra una persona intelligente che gioca a fare lo stupido e uno stupido che si sforza per diventare intelligente.

D'altra parte la stessa etimologia della parola metamorfosi suggerisce un cambiamento rivolto ad uno scopo - la parola greca 'meta' sembra indicare una direzione, un fine immediato - quindi implica la conoscenza di ciò cui è immediatamente diretto, mentre nella trasformazione, è proprio la mancanza di conoscenza del punto di arrivo, dello scopo immediato, ciò che imprime al movimento un lungo, tortuoso e sofferto andamento. Quello a cui tendiamo e che non vediamo, perché sta al di là o al di sopra, 'tras/trans', della nostra forma attuale rappresenta il destino, che per definizione è sconosciuto. Peraltro, fino ad un certo punto dell'evoluzione della Vita, lo stesso destino è sconosciuto a sé stesso, fino a quando la cieca casualità non l'ha rivelato, creandolo.

33. La Scala e il Crocifisso

Tutta la risalita della Vita, intesa come Manifestazione, verso il suo Principio rappresenta la conversione, gradino, per gradino, della scala della fatalità nella scala della libera volontà.

'Scala' è la sesta parola del linguaggio universale

Tutto ciò che esiste è costruito in coppia e a 'scala'; così è per la coppia di complementari: destino e libero arbitrio. Alla base della scala, tutto è destino, nei gradini intermedi, fra il primo in basso e l'ultimo in alto, il libero arbitrio avanza dal basso man, mano che il destino si ritrae verso l'alto. Al sommo della scala tutto il destino è divenuto tutto libero arbitrio. Per questo che al concetto di Dio pertengono gli attributi della somma libertà e volontà.

Quando il Cristo diventa Uomo, questa è una metamorfosi, un esercizio di volontà, diretta ad uno scopo; un esercizio possibile perché Cristo conosce e, quindi, può usare le leggi che informano tutti i gradini della scala dell'essere che egli ha già percorso, ma quando l'Uomo, Gesù di Nazareth, risuscita in una forma più sottile, dopo la morte del corpo, questa è trasformazione.

L'operazione di Cristo sulla terra è una operazione con valore di puro insegnamento e dimostrazione pratica di ciò che ha insegnato. "… Cristo deve risuscitare il corpo, si tratta di un gesto pedagogico. Bisogna di conseguenza prenderlo come tale e limitarsi a questo". Jünger-

Egli è venuto solo per mostrarci – simbolicamente - come questa operazione di trasformazione che ci attende, sarà attuata: superando la forma corpo. Non per niente egli ha detto di essere "… la via, la verità, la vita". Il Vangelo secondo S. Giovanni- È tempo che noi comprendiamo l'insegnamento di Cristo e che la smettiamo di aspettarne il ritorno. Dovrebbe forse ritornare a farci vedere di nuovo la stessa tragica rappresentazione? E se noi di nuovo non ne capissimo l'insegnamento, dovrebbe tornare ancora una volta e poi ancora, ancora, se continuassimo a non capire? "Incarnation is a unique fact … a fact that stands entirely alone … it is not an event subject to repetition …" H.C.Puech, citato da Eliade-

No, Cristo non ritornerà mai più nel senso che noi diamo a questa attesa, ma ritornerà nel senso che saremo noi a fare la sua esperienza di trasformazione, nel momento in cui ci eleveremo al di sopra del nostro corpo di oggi, passando per la via che egli ci ha indicato, passandovici realmente sopra, ricalcando gli stessi passi; passi che vanno riconosciuti, anche se non sembrano gli stessi, passi che vanno cercati. "…Tu sarai l'unica a sapere, quando sarò partito, che non tornerò mai più, e mi cercherai dove dovrai cercarmi: non guarderai nemmeno la strada per la quale mi allontanerò e scomparirò, e che tutti gli altri, invece, vedranno stupiti, come per la prima volta, piena di un senso nuovo …" P.P. Pasolini-

Gesù che accetta il dolore, che perdona, disinnescando i meccanismi della paura e dell'odio, che sono a difesa della vita del corpo, e muore sulla croce, ci mostra semplicemente e simbolicamente come far morire la nostra attuale forma, logora e consunta. E quando, dalla forma morta di Gesù-corpo, risorge Il Cristo, egli ci vuole sottrarre definitivamente alla paura che questa morte della forma, così accettata, sia la morte di tutto, mostrandoci come la Vita continui - con certezza assoluta anche per San Tommaso - sotto un'altra forma, più leggera; come sia il corpo stesso a tras-forma-rsi in questa forma più leggera. Qui non si tratta più della morte del corpo, semplice replica di una forma, ma della decisione di far morire la forma stessa. È per questo che il corpo di Cristo scompare dal sepolcro. È il corpo stesso a tras-forma-rsi. La materia del vecchio corpo passa nel nuovo. Quando la nuova forma appare, la vecchia non c'è più, quella è al posto di questa. Non dobbiamo mai dimenticare, infatti, che la "… trasformazione non si ottiene con la mente, ma nel corpo e nel sentimento dove sta il relativo potere". Gurdjieff-

Propriamente, il Crocifisso rappresenta un momento cruciale in cui la materia umana, o meglio, il Principio di Coscienza che in essa è racchiuso, dovrà necessariamente passare. Ognuno di noi, per ridiventare Dio, deve passare prima attraverso il punto Cristo: "… nessuno può venire al Padre mio, se non per me". Il Vangelo secondo S.Giovanni, e per arrivare al Cristo, deve prima passare attraverso il Crocifisso.

Ci attende un cruciale crocevia, dove tutte e quattro le direzioni sono impercorribili, magari perché sono state già percorse, e quindi esso rappresenterebbe la perfezione di un qualcosa che, pertanto, vuole finire, avendo la stessa perfezione già dato inizio al Nuovo. Non resta allora che elevarsi al di sopra del crocevia, di prendere il volo verso l'alto. Allora la Croce, lungi dall'essere un segno negativo, di morte, diventa un segno di vita più alta, di tanta più vita. "... il segno della barratura a croce non può essere un segno meramente negativo di cancellazione. Piuttosto esso indica le quattro contrade dell'insieme dei Quattro e la loro riunione nel luogo dell'incrocio". Heidegger- E dove i quattro si incontrano, quel mondo è completo, è una totalità, e così com'è non può più divenire, la sua evoluzione è finita; esso può solo generare il nuovo dalla sua stessa perfezione e morte, come certi animaletti che depongono le loro uova fecondate e attraverso questo atto muoiono. Il 'Crocifisso' rappresenta la fine della nostra evoluzione meccanica ed incosciente e l'inizio dello sviluppo spirituale e cosciente: in questo senso egli è l'eterno contemporaneo di chiunque sia passato o passerà attraverso questo passaggio di forma, che si realizza sui diversi piani che gli sono propri, ai tempi dati. Chi è passato attraverso la morte volontaria del proprio io individuale, crepitando nel fuoco sprigionato da quelle forze tranciate che erano a sua difesa e, soprattutto, chi è passato attraverso l'esperienza di massimo dolore del tradimento e della rinuncia a difendersi da ogni accusa, conosce benissimo il significato dell'operazione Cristo sulla terra e dell'essere messo in croce. Costui rivive la storia di Cristo punto, per punto e solo allora ne comprende il reale significato, perché la storia di Cristo è in realtà la sua propria storia. Costui è sulla strada di Cristo quando può rendere questa testimonianza a sé stesso: "... so donde sono venuto e dove vado" Il Vangelo secondo S. Giovanni-

I libri sono stracolmi di questo argomento: la volontaria 'morte di sé stesso' come premessa necessaria, per la rinascita in una forma nuova. Si tratta dello stesso linguaggio universale. Questa volontaria morte di sé stesso esiste in tutte le lingue. "… Dovrà prima morire volontariamente. Se muore potrà nascere. L'essere appena nato dovrà poi crescere ed imparare". Gurdjieff- "… Tu devi voler bruciare te stesso nella tua stessa fiamma: come potresti voler rinnovarti senza essere prima diventato cenere!". Nietzsche-

34. Reincarnazione e Trasformazione

La strada del ritorno è, nella mia cultura, di cui soltanto sono certa, quella della trasformazione: un tornare indietro, avanzando su una strada nuova; non quella della metamorfosi che è un tornare indietro sulla strada già percorsa. Ho voluto isolare queste due parole, perché non posso far rientrare nella trasformazione, la reincarnazione, che è metamorfosi. Come ho detto a proposito di Cristo, uno spirito che si incarna in un uomo è un caso di metamorfosi, ma questo è atto di libero arbitrio. "Nella Maha-Bharata … nel celebre episodio della Bhagavad-Gita … Krisna dice: <Io e voi tutti abbiamo avuto molte reincarnazioni. Ma io conosco le mie, mentre voi non conoscete le vostre. Eppure io non sono costretto a nascere o a morire quando la virtù sprofonda e il vizio e l'ingiustizia hanno la meglio. Tuttavia ritengo di dovermi manifestare, di tempo in tempo, per salvare i giusti, per punire i malvagi ed aiutare i virtuosi.>". M.Penkala-

Nel regno del Karma, invece, nel regno in cui l'evoluzione è meccanica ed ogni causa genera effetti, chi è stato uomo in una vita ed ha acquistato un minimo di coscienza della sua forma-uomo non può, nella mia visione, tornare a vivere sotto la forma di un animale, la cui forma si è già lasciata alle spalle, ma tornerà sotto la forma di un uomo che dovrà caricarsi del karma accumulato per poterlo superare ed avanzare – oppure, più positivamente - dovrà fare tesoro, fin da bambino, dell'apprendimento incamerato nella vita o nelle vite precedenti. Questo spiega, fra l'altro, la nascita dei bambini-prodigio, dei geni e degli illuminati, e soprattutto l'evoluzione dell'anima. Infatti:

non tutte le anime hanno la stessa età.

Uno che ha occhi per vedere, uno svegliato, riconosce e distingue all'istante, un'anima ancora bambina da un'anima vecchia, prossima al risveglio o già sveglia. La riconosce, quest'ultima, proprio dalla sua capacità di comprensione del male e dalla sua totale incapacità di odiare e di rispondere meccanicamente a tutti gli impulsi istintivi, che è, invece, tipico dell'anima infantile. Il principio dell'anima, acquista questa vecchiaia, solo avanzando sempre verso la fonte.

Confesso, tuttavia, che dal punto nel quale io mi trovo adesso, la mia visuale è solo in avanti e non riesce più a dirigersi spontaneamente verso quelle oscurità, che mi sono lasciata alle spalle. Ma la regressione, la reincarnazione della forma-uomo in una forma inferiore, che io non riesco a vedere spontaneamente, non può essere una semplice storiella. Sicché ho penato a lungo, perché non sono riuscita ad allontanare da me ciò che pure non potevo accogliere. Alla fine, la visione di come opera il Movimento mi è venuta in aiuto e in base a ciò non ho potuto escludere che in quelle oscurità, il prolungato disorientamento del principio dell'anima possa portare ad un fermo e da qui, come da ogni fermo, possa aprirsi la via alla regressione della stessa, mediante incarnazione in una forma inferiore, una metamorfosi meccanica e incosciente e non come atto di volontà. Benché sul Movimento la mia visione è chiarissima, la reincarnazione incosciente in una forma inferiore mediante metamorfosi, che pure può entrare nell'ingranaggio del Movimento, come lo descriverò più avanti, resta, tuttavia, per me senza certezza, perché priva di visione.

E questa mancanza di visione sarà per una ragione. Sarà che la Vita, nella mia percezione, vuole in questo momento solo guardare in avanti. Nei momenti e posizioni difficili, voltarsi a guardare indietro, potrebbe significare perdere un effimero equilibrio e precipitare verso la discesa.

E che la Vita, la Vita e non la Natura, sia protesa in avanti e slanciata verso il salto nel buio della sua prossima trasformazione, è visione e certezza di tanti. Jünger, accantonando il concetto di evoluzione, parla sì di metamorfosi, ma di "metamorfosi nel senso di Ovidio", cioè nel senso ascendente. E che Jünger concepisca il cambiamento come trasformazione è più chiaro quando dice: "Il destino di Raskolnikov fa vedere, prefigurandola, la grande trasformazione che coinvolgerà milioni di uomini".

Nel senso della trasformazione, cambio di forma verso l'alto o in avanti è, in ogni caso, per Nietzsche, il senso della terra: "Il superuomo è il senso della terra ... vi scongiuro fratelli, rimanete fedeli alla terra ... Colui che un giorno insegnerà il volo agli uomini, avrà spostato tutte le pietre di confine; esse tutte voleranno in aria per lui, ed egli darà un nuovo nome alla terra, battezzandola: <la leggera>".

Per me, il mondo è un immane libro che ci parla, in ogni sua pagina, di questo cambio di forma a cui l'uomo è chiamato. Altri corpi abbiamo lasciato, altri corpi ci attendono. Il corpo dell'uomo e la civiltà dell'uomo sono ora troppo pesanti per l'ulteriore avanzata di questo processo che è la Vita verso la Coscienza.

"... Adesso sto per arrivare, dopo miliardi di anni di bestia e di uomo ... sto per capire ..." Saviane- "... Our bodies are not final. We are moving ... through the forms we love so deeply in one another ..." Malouf- "... Man is not by any means of fixed and enduring form ... he is much more an experiment and a transition ... the narrow and perilous bridge between nature and spirit ... not yet a finished creation ...". Hesse-

"L'uomo è un cavo teso tra la bestia e il superuomo. La grandezza dell'uomo è di essere un ponte e non uno scopo: nell'uomo si può amare che egli sia una transizione e un tramonto ... E la vita stessa mi ha confidato questo segreto. Vedi, disse, io sono il continuo, necessario superamento di me stessa ... Non soltanto devi procrearti, ma creare più in alto di te! Tu devi creare un creatore ... verrà il giorno, la trasformazione, la spada del giudizio, il grande meriggio ... E questo fu l'inizio di quel lungo convito che nei libri di storia è chiamato 'la cena'. Durante il quale non d'altro si parlò che dell'uomo superiore". Nietzsche-

Un altro corpo, una nuova forma attende il Principio di Coscienza che partendo dal basso, o dall'esterno, transita verso

l'alto, o l'interno, attraverso forme sempre più leggere e sempre più semplici. L'uomo non è solo l'uomo, ma è il dormiente o semi-dormiente o sonnambulo Principio di Coscienza in forma umana. In realtà abbiamo – la Vita ha - già lavorato molto per creare al di là e al di sopra di noi una forma di 'essere', un gradino più alto della scala che nessuna paura della morte potrà annullare.

35. Paura della morte come paura del Nulla

La paura della morte esiste perché non sappiamo ancora, con certezza, che un altro corpo, una nuova forma, un gradino nuovo della scala dell'essere ci attende. Una paura che i martiri, gli eroi, i santi martirizzati o i santi eremiti hanno superato, proprio perché hanno già visto e perciò hanno già indossato il loro corpo più leggero e lasciano che carnefici o bestie affamate, o semplicemente la povertà di vita e l'astinenza, riducano a pezzi il vecchio corpo inutile. "Eroi, credenti e innamorati non muoiono, non si estinguono …". Jünger- L'istinto della sopravvivenza ad ogni costo è una legge terribilmente forte a difesa di ogni sistema vivente che di quella forma è una replica e questa legge si fa da parte e lascia disfare un corpo, senza opporre resistenza, solo quando vede la sopravvivenza di quel corpo sotto un'altra forma, mai prima: quando vede chiaramente che "… il vecchio abito si è fatto stretto sul nuovo corpo che in esso si muove". Jünger-

Non si chieda di superare la paura della morte e di offrire la testa al carnefice a quella materia che non abbia girato abbastanza nelle mani del vasaio e non abbia ancora raggiunto la forma del santo, eroe o innamorato. Il corpo del santo esiste già, quando il vecchio corpo dell'uomo si offre ai carnefici, allo stesso modo che il corpo divino di Cristo è una realtà, quando il suo corpo umano si offre al supplizio della croce. È solo la presenza di questo nuovo corpo, già formato, che annulla la paura della morte, perché disinnesca, vanificandola, la legge a tutela della sopravvivenza di una forma e delle sue repliche. Il nuovo corpo ci attende fino a che siamo divenuti consapevoli di esso e fino al punto giusto per la muta: esso si è fatto, lentamente, e a nostra insaputa, all'interno del vecchio corpo, e quando ce ne accorgiamo, e solo allora, il vecchio corpo cade via, come la spoglia del serpente.

La paura della morte, è paura di essere divorati dal Nulla. Ma la morte non è Il Nulla. La morte è al servizio della Vita, è solo il riposo per riaccumulare l'energia spesa con la creazione e la vita di sistemi viventi. La morte non minaccia quello che il Nulla minaccia, essa non arresta, si limita soltanto ad invertire il movimento della vita: separa ciò che in vita è stato unito e mette a disposizione della Vita energia da reimpiegare in nuove unità. Per un contadino, la morte di sistemi viventi vegetali è solo un fertilizzante necessario per ottenere un nuovo raccolto. Per un operaio di un'industria di riciclaggio di metalli, la morte è una grande fonderia, nella quale il vecchio metallo lavorato viene fuso per ricavarne metallo grezzo per il quale le 'Forge' della Vita pongono una continua e pressante richiesta.

Come un grande rastrello, sospeso sullo scorrere della fiumana di tutti i sistemi viventi, la morte si abbassa ritmicamente e rastrella tutto quello che capita a tiro in quel momento e lo scaraventa nel grande fiume di fuoco che scorre sotto il fiume dei sistemi viventi. Ma il rastrello che ha falciato la vita si converte nella pala di una scavatrice e dal fiume di fuoco attinge e restituisce alla forgia della Vita, in maniera informe, quello che le aveva tolto sotto forme diverse. "La morte è il grande nutrimento di cui la vita si alimenta". Jünger-

In questo circolo incessante di fusione e forgiatura, non solo tutti i sistemi viventi sono destinati a morire - e per sistema vivente s'intende tutto: dal moscerino a una grande civiltà, a un pianeta, al sole, all'universo - ma destinate a morire sono anche le forme e le idee, a cui poeti e filosofi attribuiscono, invece, l'immortalità. "Whatever can be Created, can be Annihilated: Forms cannot". W.Blake- Anche esse, invece, per me, una volta esaurito il loro compito, moriranno.

Infine, anche le Forze primordiali, una volta ritornate su sé stesse, riposeranno nel sonno della morte. Per tutto ciò che vive o ciò che è, c'è un riposo breve, il sonno, in cui l'unità rimane identica a sé stessa, ma solo addormentata per il tempo necessario a riaccumulare energia; ed un riposo lungo, la morte, in cui l'unità si disfa, per rendere l'energia disponibile per nuove unità.

Al di sopra del Nulla oceanico, il grande Movimento procede tracciando una catena di isolotti e collegandoli l'uno all'altro con dei ponti che costruisce in avanti e nel vuoto e quando ogni ponte è ultimato, allora il nuovo isolotto compare. Il Movimento si riposa sugli isolotti, ma soffre di terribili vertigini sui ponti sospesi sul Nulla e che pure in esso affondano invisibili sostegni. Il grande

Movimento traccia così il grande Orologio, in senso orario e anti- orario. E quando il grande Movimento avrà compiuto tutto il suo lavoro, anche esso riposerà nella morte. Allora l'orologio si scioglierà nel Nulla sottostante. L'orologio: il punto, il cerchio, i numeri formati e disformati.

36. Immortalità relativa. Eterno ritorno e Templari

Ogni immortalità è relativa. Non esiste l'immortalità assoluta.

L'esoterismo insegna che per noi, esseri umani, si può parlare di immortalità solo nei limiti del nostro sistema solare. La nostra immortalità è quindi destinata a morire. In un certo senso essa è solo la vita più lunga possibile di un sistema vivente, nei suoi corpi via via più sottili, compreso nel nostro sistema solare, nel nostro isolotto. Di conseguenza, il nostro ritorno a 'casa' è un ritorno ad essere energia solare. "...la terra non sta diventando fredda, ma, al contrario, si riscalda e potrà a suo tempo diventare come il sole". Ouspensky- Noi, che siamo il pianeta, se faremo il lavoro necessario, diventeremo sole, e come sole bruceremo per tutta la nostra eternità, e come eternità moriremo; ma per un sole che muore, un altro sole si forma nel grande universo.

Tutto ritorna eternamente, come vide Nietzsche, che fu folgorato dall'intuizione dell'eterno ritorno, come se questa conoscenza si fosse rivelata a lui per la prima volta nella storia umana, ma qualcosa che viene svelato o risvegliato esiste già e semplicemente riappare, sollevandone il velo: "... there is a memory of Nature that reveals events and symbols of distant centuries ... a kind of racial memory independent of embodied individual memories". R.Graves- Tuttavia, la suprema intuizione di Nietzsche dell'eterno ritorno dell' "uguale a sé stesso" non riesce, di per sé stessa, a depositarsi sul mio corpo sabbioso e non diventa la mia memoria.

Noi siamo espressione del movimento, siamo movimento, e come tale, possiamo solo vedere che niente resta mai uguale a sé stesso. Tutto appare predisposto affinché possa muoversi in avanti e in certe occasioni e solo limitatamente, all'indietro. Muoversi in avanti è la funzione normale di ogni sistema vivente. Ciò che non va più avanti e non indietreggia, sempre limitatamente, si ferma e non è più movimento. Solo nell'arresto del movimento si potrebbe parlare dell'uguale a sé stesso e ciò esisterebbe solo nel Niente di cui è così difficile averne un concetto, un'immagine, un sentire.

Il ritorno della Creazione al suo Principio va sempre avanti, anche quando sembra tornare sullo stesso punto o addirittura andare indietro, tuttavia questo movimento in avanti può essere visto solo dall'alto, da un alto molto alto. A furia di rotolare su sé stesso il sasso diventa luce, ma questo processo solo l'Eternità può vederlo e rendersi conto che ad ogni giro il sasso non è più uguale al sé stesso del giro precedente. Anche l'uomo addormentato che gira in circolo eternamente, attraverso le sue varie vite e varie morti, non è mai uguale a sé stesso, se in una di queste vite gli è dato di svegliarsi. In questo eterno circolo, in verità, egli è maturato fino a potersi svegliare e, quindi, non è mai stato uguale a sé stesso.

L'orrore di Nietzsche per l'eterno ritorno dell'uguale a sé stesso, lo faceva parlare "sempre più flebile", perché aveva paura dei suoi "stessi pensieri", ma come fu poi che egli poté vedere nella trasformazione la "redenzione dal flusso", dal "serpente", se non fosse che niente resta uguale a sé stesso? "E davvero ciò che vidi non l'avevo mai visto. Vidi un giovane pastore rotolarsi soffocato, convulso, stravolto in viso, cui un greve serpente nero penzolava dalla bocca ... La mia mano tirò con forza il serpente, tirava e tirava invano!...Allora un grido mi sfuggì dalla bocca: Mordi! Mordi! ... Il pastore, poi, morse e morse bene! Lontano da sé sputò la testa del serpente -: e balzò in piedi. - Non più pastore, non più uomo, un trasformato- un circonfuso di luce, che rideva! La nostalgia di questo riso mi consuma: come sopporto di vivere ancora! Come sopporterei di morire ora!" Nietzsche-

Un trasformato! Uno svegliato! L'addormentato che girava eternamente in circolo si è destato, ma per destarsi, il suo sonno ha dovuto cambiare in continuazione, fino a diventare, da pesante che era, leggerissimo. Da questo momento inizia per lui il tempo lineare, quello che egli percorrerà coscientemente, mentre il tempo ciclico, quello dell'eterno ritorno, si è compiuto e muore alle sue spalle. Ahimè! quanto lavoro, però, aspetta questo "circonfuso di luce"! Questo trasformato dovrà in seguito trasformarsi e trasformarsi e trasformarsi!

Io non sopporterei di morire ora, accontentandomi di ciò che riempì Nietzsche di "una sete, un desiderio nostalgico che mai si placa". Mi accontento solo di sapere che il mio passato di addormentata non ritornerà mai più, ma quanto dovrò camminare ancora per percorrere il mio futuro, e il futuro dopo il futuro e l'altro ancora?

La via del ritorno dal non-essere all'essere è una lunga catena di anelli che partendo dal più spesso arriva al più fine. Ogni anello gira su sé stesso, raffinandosi via via ad ogni giro, fino a che è arrivato al punto giusto per trasformarsi nell'anello successivo e così fino alla fine. Ma quanti pericoli ci saranno lungo questa ascesa, questa progressiva raffinazione, quanti tipi di male dovremo ancora vivere, conoscere e superare, prima di diventare fuoco solare e bruciare fino al naturale esaurimento! Forse ci aspettavamo - io me l'aspettavo! - che l'immortalità fosse continuo riposo, ma non è così: essa è un continuo, durissimo lavoro e forse sarà bene accettare il consiglio: "Non aspettatevi troppo dalla fine del mondo". Da una citazione di Eco-

La percezione della propria immortalità segna la fine del dolore e l'inizio del lavoro cosciente, trasforma soltanto il primo nel secondo, perché ci trasforma da antagonisti a collaboratori del nostro destino per arrivare alla pienezza dell'essere, al suo risveglio completo. "... l'iniziazione è apprendere a non fermarsi mai, si sbuccia l'universo come una cipolla e una cipolla è tutta buccia". Eco-

Ahimè! L'essere che di giorno sta sveglio e di notte si riposa, addormentandosi nel non-essere, costringe il Principio di Coscienza a lavorare per una eternità ogni volta che si deve svegliare dal suo sonno! Eppure, una volta trascorsi tutti i giorni e tutte le notti della sua vita, anche l'essere-non-essere dovrà morire!

La morte dell'essere-non-essere avverrà quando il punto si sarà esaurito, quando avrà bruciato tutta la sua energia. Allora il cerchio si disfarà nel vuoto. "Tutto non è un segreto più grande ... C'è solo un segreto vuoto. Un segreto che slitta". Eco- "... La nostra casa è un segreto dentro un segreto, il segreto di qualcosa che rimane velato, un segreto che solo un altro segreto può spiegare, è un segreto su un segreto che si appaga di un segreto". Da una citazione di Eco-

È il Nulla questo segreto al cubo? Il Nulla che accoglie la morte dell'essere-non essere, che riprende ciò che era suo e aveva fatto emergere il punto. Un vuoto in cui l'energia viene risucchiata non è un vuoto, ma un pieno. Il Nulla dovrebbe infatti chiamarsi Pieno, o Tutto Immortale: da questo oceano mobile di energia centrifugata, emergerà ancora il punto, il centro, il quale si irradierà nei due complementari, i quali a loro volta creeranno il terzo, principio trinitario, regolatore di equilibrio e principio di ogni ulteriore creazione. Il resto si sa. Così nascono e muoiono gli universi.

Sento che mi sono allontanata troppo, sono ricaduta nell'errore di voler camminare dove il cammino non è ancora stato costruito, che io non ho ancora costruito! È tempo di stare con i piedi per terra, come si suol dire, e occuparsi solo del prossimo passo, del prossimo giorno.

E torno dov'eravamo, e cioè che la trasformazione riguarda il pianeta, non solo alcuni individui, e per questo che non può più prescindere dalla massa umana. Questo, lo hanno capito in tantissimi e non solo grandi filosofi, poeti e scrittori, ma anche i furbi che sfruttano questo argomento per fare soldi, e anche persone qualsiasi, come me, per esempio.

Oggi, quelli che ognuno di noi incontra per la strada e che ci sembrano incarnare la massa, che secondo un pregiudizio comune non conoscerebbe mai niente e sarebbe solo un oggetto passivo, rispetto a tutto, in verità questa massa conosce, è, molto di più di quanto si creda.

Se io stessi facendo la spesa al supermercato o fossi seduta su un autobus o mi trovassi pigiata nella folla in una carrozza di una metropolitana di una grande città, sarei immediatamente codificata come 'massa', materia del tutto incosciente e senza speranza di sopravvivenza.

La massa, in questo senso, non esiste e non è mai esistita. È esistita ed esiste per altri compiti, compiti determinati e necessari, ma per quanto riguarda la ricerca di sé stessi, moltissimi sono i ricercatori, i "Templari", in quella che si vorrebbe legare insieme come 'massa' ed escludere da una possibilità di risveglio e trasformazione. Si sa che "... essere templare non vuol più dire necessariamente lavorare in Terrasanta, si fa il Templare anche a casa". Eco-

Oggi, le metropolitane di tutto il mondo, i treni, gli autobus, gli aerei sono stracolmi di Templari, che si riconoscono da un semplice sguardo: "L'affinità spirituale può rivelarsi in una strizzata d'occhi, in un silenzio ironico". Jünger- Ovunque ci sono folle, mescolati insieme a quelli ancora lontani dal cercare, si muovono i templari, che si riconoscono sempre fra di loro. Chi non nota tutto questo incrociarsi di sguardi, questo riconoscersi nella folla, questo muto comunicare, è perché dorme, non perché è cieco. "Se foste ciechi, non avreste colpa; invece voi dite: Noi vediamo. Il vostro peccato dunque rimane". Il Vangelo secondo S. Giovanni- Il complotto cosmico, il Piano, esiste, non è una invenzione. "Nessuno gli aveva ancora detto che il Graal è una coppa ma è anche una lancia ... un'arma ... che saettava verso il cielo e collegava la terra con il Polo Mistico". Eco-

37. Desiderio e paura. Catastrofe e Nichilismo. Disorientamento e retromarcia

La Vita proietta sé stessa in avanti, verso la sua prossima trasformazione, attraverso il desiderio, ma la paura la ghermisce alle spalle e cerca di bloccarla nello 'status quo'. La paura appartiene a quell'aspetto della Vita che chiamiamo Natura, che è forma, e che vuole conservarsi, ma la Natura, la forma, non sa quello che la Vita, il Movimento, sa benissimo, e cioè che ogni forma è solo l'anello di una catena che va costruita e chiusa legandola al suo principio. La Vita, che sa tutto questo, cerca quindi nuovi corpi che le permettano di proseguire sulla via che la riconduce al suo principio e, quando il tempo è maturo, abbandona, di volta in volta, il corpo che vorrebbe conservarsi all'infinito, nella cui creazione pure essa si è dilettata. Il desiderio appartiene alla Vita, non alla Natura. E la Vita, sulla via del ritorno al Principio, è dapprima movimento cieco, poi movimento sonnambulo e, infine, movimento sveglio, cosciente.

Il desiderio ha il potere di creare e trasformare

"Un profondo desiderio proietta nel mondo il proprio fantasma. Il quale soverchia, rimuove, comprime la realtà". Jünger- Su questa realtà, più pesantemente il Nulla getta la sua ombra cupa, più ardentemente il desiderio la consuma trasformandola.

Chi si dichiara perfetto nichilista è il più potente affermatore della Vita e crea al di là, al di sopra, per la forza del suo desiderio: "Io, Zarathustra, l'avvocato della vita, l'avvocato del dolore, l'avvocato del circolo - io chiamo te, il più abissale dei miei pensieri! Salute a me! Tu vieni a me - io ti odo- Il mio baratro parla, la mia estrema profondità io l'ho rovesciata alla luce!". Nietzsche-

Dovunque è un profondo desiderio, li è anche una profonda paura. Nella nostra epoca c'è un profondo desiderio di trasformazione ed anche una profonda paura che non ci sarà più tempo a nostra disposizione, perché una catastrofe planetaria, naturale o causata dall'uomo, potrebbe non solo seppellire questa nostra civilizzazione, ma far sparire la vita dalla faccia della terra o far sparire la terra stessa, facendola esplodere letteralmente in un mare di gas.

"Già si riconosce la volontà di procedere alla distruzione totale, vale a dire alla cancellazione della vita nel suo complesso". Jünger- "Forse la linea-zero comparirà improvvisamente davanti a noi nella forma di una catastrofe planetaria". Heidegger- "Forse traverso una catastrofe inaudita prodotta dagli ordigni ritorneremo alla salute ... Ci sarà un'esplosione enorme che nessuno udrà e la terra ritornata alla forma di nebulosa errerà nei cieli priva di parassiti e di malattie". Svevo- Giustamente, però, il filosofo si chiede: "E che possono fare le catastrofi?" Heidegger- E prima che egli si risponda, mi chiedo: in che relazione la catastrofe sta al 'Movimento'?

Ci sono catastrofi - forse si possono chiamare 'intermedie' - che si producono, per così dire, nella stessa direzione del movimento, qualunque esso sia, in relazione al quale vengono considerati gli effetti della catastrofe. Queste catastrofi sembrano funzionare come una pausa; in realtà distolgono solo lo sguardo dalla direzione del movimento che intanto prosegue, come fosse la corrente di un fiume che scompare sotto un ponte, anzi la catastrofe è data proprio per accelerare il movimento in quella direzione. Colui che è destinato a fallire e si fa dare del denaro da un usuraio, può considerare questo aiuto come una catastrofe 'intermedia' che gli fa apparentemente riprendere fiato, mentre, in realtà, lo fa procedere ancora più speditamente, e con sicurezza, verso il tracollo finale. Analogamente, - si risponde ora il filosofo – "le due guerre mondiali non hanno arrestato il movimento del nichilismo, né l'hanno sviato dalla sua direzione". Heidegger- Anzi, esse hanno avuto solo l'effetto di accelerarlo. I risultati raggiunti dalla Vita o da una civiltà, non vengono modificati o annullati o arrestati dalla catastrofe intermedia, ma proseguono, e con maggiore accelerazione.

Ma l'arca di Noè, che galleggia sulla catastrofe, ci parla di un evento che si situa in modo diverso rispetto alla direzione del movimento. L'arca è, simbolicamente, la Vita sulla terra che rimane sospesa, in attesa che, trascorso il tempo necessario, tutto possa prendere a muoversi ancora, ma in una direzione nuova, su una terra che non conserva più tracce del movimento passato. In questo caso la catastrofe - che si può chiamare 'ciclica' - segna non più solo una pausa, ma la stessa fine di una direzione del movimento ed ha l'effetto di cancellare tutto quello che essa aveva creato.

La catastrofe ciclica stende su tutto il passato un pesante manto di oblio. Eppure anche questa catastrofe non modifica, né annulla i risultati raggiunti dalla Vita che sono in salvo nell'arca. "Se in seguito a qualche catastrofe naturale tutti i paesi del mondo fino al Giappone sprofondassero nel mare, il livello raggiunto in quell'istante dalla tecnica resterebbe probabilmente immutato per secoli in ogni dettaglio". Jünger- L'Arca, nella catastrofe ciclica, salva i risultati raggiunti dalla Vita, congelandoli per il tempo necessario. Questa sostanza avrà il compito di iniziare il nuovo ciclo, la nuova direzione, ma ad essa sarà vietato lo sguardo sul passato, che a questo fine viene completamente cancellato. La sostanza acquisita viene salvata come un panetto di pasta di pane che avrà funzione di lievito naturale per il prossimo pane.

L'oblio ciclico è come una morte fra due reincarnazioni incoscienti. Si rinasce ex novo, ma da una eredità che non è dato di conoscere. Questo oblio, nel movimento meccanico e incosciente della Vita, appare necessario, affinché essa possa proiettarsi in avanti. Come potremmo noi vivere conoscendo le nostre vite passate, e magari l'orrore di queste, prima di aver raggiunto la nostra personale illuminazione che ci permette di integrare tutto in una superiore e unitaria realtà?

Il Diluvio non fa regredire la Vita e non la fa avanzare nell'arca: pur essendovi qui rinchiusi i due principi maschile e femminile che ne assicurano la continuazione, questi restano inoperanti. Nell'arca c'è solo sospensione e attesa. Una lunga attesa che termina quando Iddio dà il comando a Noè di uscire e far uscire tutti dall'arca "... affinché si spandano per la terra, siano fecondi, e si moltiplichino su di essa". Genesi-

Nelle religioni, come nelle leggende e nei miti, la catastrofe, come il Diluvio universale o l'universale combustione, rappresenta il rimedio con cui Dio pone fine alla corruzione degli uomini e al male e, attraverso pochi giusti che vengono salvati, il movimento della vita riprende, dopo che il male è stato interamente sterminato.

Il senso di colpa che da sempre ha accompagnato l'evoluzione umana non poteva simbolizzare, se non in termini di male e bene attribuibili all'uomo, le grandi, cicliche, distruzioni dovute allo stesso meccanismo del movimento della terra intorno al Sole.

Dato il movimento, ogni movimento, si devono sempre e necessariamente dare le sue due opposte direzioni ed anche il momento o la pausa durante la quale l'una si converte nell'altra. Il momento in cui una direzione si converte nell'altra è, solo e soltanto, quello della fine di un ciclo e l'inizio di un altro. La catastrofe che provoca, o accompagna o costituisce questa pausa, tra il male e il bene in senso biblico e che ha la funzione di cancellare completamente le tracce della direzione di movimento precedente, allo stesso tempo ha la funzione di salvaguardare i suoi risultati sostanziali già raggiunti (funzione dell'Arca), i semi, che seppelliti a lungo sotto l'oblio, torneranno di nuovo a germogliare al tempo che sarà giusto.

Ciò che stermina il Male, cioè una direzione del movimento, evidentemente, non è il Bene, ma è il fatto che quella direzione ha raggiunto il suo compimento massimo, oltre il quale, per legge naturale si converte automaticamente nel suo opposto. In questo senso è Bene. "...tutto quello che era sulla terra asciutta e aveva alito vitale". Genesi-

In ognuna delle due direzioni del movimento, è, quindi, presente, come nel simbolo cinese dello yin e yang, il principio della direzione opposta. "Consequently, all cosmic becoming, and, in the same manner, the duration of this world of generation and corruption in which we live, will progress in a circle or in accordance with an indefinite succession of cycles in the course of which the same reality is made, unmade, remade in conformity with an immutable law and immutable alternations". Puech, citato da Eliade-

La Natura ha sempre paura della catastrofe come fosse la fine di tutto. Allo stesso modo l'uomo incosciente e privo di un Dio in cui credere, ha paura della morte, come dell'evento finale. Le catastrofi cicliche e la morte non sono eventi finali. La Vita, che sa più della Natura, mentre non teme le catastrofi intermedie e cicliche che sospendono o invertono il movimento, ha, però, orrore di ciò che lo arresta completamente. Perciò la Vita ha paura solo della catastrofe che può essere realmente finale, segno, dunque, che da qualche parte questa è in agguato.

Il movimento ha orrore del suo arresto. Il movimento si muove proprio in funzione di quest'orrore.

L'orrore del fermo è il carburante che muove il motore del Movimento.

Coloro che inventarono le prigioni e pensarono di punire degli uomini, invece, senza saperlo, punirono e puniscono simbolicamente il movimento che è l'essenza stessa della Vita. Attraverso le prigioni e tutto ciò che viene usato per bloccare il naturale movimento di un corpo, una forza trasferisce, sul piano umano, la minaccia dell'arresto del movimento in sé.

Esistono forze che, da sempre, vogliono colpire al cuore la Vita, incutendole la paura dell'arresto finale, ma questa paura ha sempre giocato un grandissimo ruolo nell'ampio processo del divenire della stessa Vita, anche quando sembra trascinarla in una voragine. A questo fine, la paura viene costantemente alimentata. Il carburante non deve mai mancare. "La paura ghermisce con avidità, ingrandendolo a dismisura, l'orrore, ne è costantemente a caccia ... Per tutte le forze che vogliono diffondere il terrore, lo spargersi della voce nichilistica rappresenta il più potente mezzo di propaganda ... la paura è ancora più efficiente della violenza ... si fa assegnamento sulla paura, la quale deve crescere fino a produrre visioni apocalittiche ... l'individuo finisce in balia della tensione nichilistica e ne viene abbattuto ... La paura domina su tutti, non importa che si manifesti qui come tirannide, là come destino; finché regna la paura, tutto viene trascinato in un cerchio cupo...". Jünger-

La paura della catastrofe finale, che la Vita avverte ora più che mai, è paura di essere assorbita da quell'oceano sul quale essa è avanzata finora con tanta fatica e dolore, lasciando dietro di sé una catena di isolotti, le tracce visibili dei suoi passi nel vuoto. La paura della Vita è paura di quel qualcosa che non è la morte e che non è il non-essere, quel qualcosa che si conosce benissimo come sconosciuto e che, tuttavia, non è possibile conoscere. "È impossibile per la mente giungere a una rappresentazione del niente. La mente si avvicina alla zona in cui dileguano sia l'intuizione, sia la conoscenza, le due grandi risorse di cui essa dispone. Del niente non ci si può formare né un'immagine, né un concetto". Jünger-

Certo, è veramente impossibile descrivere il niente. Si può solo percepirlo e la percezione si fa sempre diversa. Finora ho solo cercato di descrivere le mie percezioni e il travaglio è evidente in questa scrittura. Se io chiudo gli occhi e penso alla mia vita, posso sentirlo in tutti i suoi passaggi attraverso di me:

- niente come nausea del suo indescrivibile
- niente come dissolutore di sostanze
- niente come nemico della Poesia
- niente come uno zero pieno di vuoto assoluto e di massima gravità
- niente come nulla oceanico sulla quale la vita traccia catene di isolotti legati da ponti
- niente come nulla oceanico pieno di Vita precipitata prima di finire il suo viaggio
- niente come propagandista di una catastrofe finale che arresterà il Movimento

Eppure:
- niente come nemico che si ritira lasciando i suoi tesori
- niente come vuoto pieno, immortale

Quando, superando la Poesia, mi appropriai della mia immortalità, il niente mi fece quasi un po' pena, perché lo sentii come un cattivo solitario il cui compito è quello di rendere un buon servizio, senza aspettarsi ricompensa. Allo stesso tempo lo sentii come un lungo tunnel nero che sbucava direttamente in un lago di luce!

Un tunnel dal quale, per la sua stessa essenza, non è possibile uscirne che alla fine, una via unica, diretta, terribilmente nauseante e insostituibile, verso il ritorno ad una luce perduta. E "...la luce comincia a risplendere quando il buio è più fitto che mai". Jünger- Se si potesse guardare veramente dall'alto la storia umana, probabilmente la si vedrebbe come il tracciato di una moderna autostrada che corre fra le montagne. Quanti tunnel separano la continuità della luce del giorno! Quante volte il nichilismo deve essere apparso, scomparso e riapparso lungo il tracciato della storia e lungo il tracciato percorso dall'Umanità prima della nostra storia! Ma questi tunnel, questo nichilismo è necessario!

Il nichilismo non è un nemico, "… Il nichilista non è un delinquente". Jünger- E anch'io l'ho capito, ma solo da quando l'ho perso, "… il mio antico arcinemico". Nietzsche, e da allora soltanto ho iniziato a conoscerlo e poi ad amarlo profondamente.

Sempre di più amo il suo compito e destino: quello di provocare "la grande nausea" Nietzsche, con la sua grande minaccia di arrestare il movimento, riassorbendolo e sciogliendolo in sé, tutte le volte che la vita, disorientata, tende a ristagnare, perché non vede una direzione verso la quale gettare il suo ponte. In questo modo, e solo in questo modo, il Nulla la spinge a trovare una via in avanti.

Oggi solo la paura di una catastrofe finale può spingere la Vita umana a trasformarsi in corpi più leggeri, non più soggetti allo "spirito di gravità", quello spirito, grazie al quale "tutte le cose cadono...Orsù uccidiamo lo spirito di gravità!" Nietzsche- Il movimento che non vede come andare avanti, e che non può fermarsi al punto in cui si trova, perché questo significa arresto e quindi fine di tutto, non può neanche invertire la sua direzione, se il ciclo non è completo!

Il disorientamento non può durare all'infinito perché il movimento ha solo due scelte effettive: andare avanti nella propria direzione fino alla fine del ciclo o fermarsi e dissolversi nel Niente. In questa situazione la Vita si salva solo, e se, è spinta in avanti dall'immensa paura della propria dissoluzione. Spingendo il mio sguardo più lontano, ho visto, tuttavia che esiste un meccanismo che aiuta il Movimento nel periodo di disorientamento: è un meccanismo di salvaguardia, una specie di retromarcia che è data come funzione eccezionale.

La funzione normale di ognuna delle due direzioni del movimento è sempre quella di andare avanti verso il compimento di quella specifica direzione. La funzione eccezionale, meccanismo di salvaguardia, è quella di poter usare una retromarcia, per correggere andamenti sbagliati, o anche per evitare momentaneamente il pericolo di fermo. Però questa funzione è limitata e non può essere usata al posto della funzione normale. Gli animali, gli uomini, le loro macchine, tutto questo può in certi casi indietreggiare, ricorrere alla retromarcia, ma solo per poco, essa non è data per muovere il movimento, solo per correggerlo o per schivare pericoli improvvisi. Tutti facciamo un salto indietro se vediamo che sta per caderci qualcosa addosso, ma per questo non ci mettiamo poi a camminare normalmente all'indietro! Perciò anche questo meccanismo di salvaguardia rappresenta solo un rimedio temporaneo.

In un periodo di disorientamento, si potrebbe pensare che la Vita, per sfuggire al pericolo di fermo, in certi casi si metta a fare avanti indietro, avanti indietro, pur restando nello stesso posto, ma questa non è una situazione che possa durare all'infinito. La tela che si fa e si disfa nelle mani di Penelope ubbidisce alla stessa necessità: evitare l'arresto dell'attesa di Ulisse, un arresto possibile per il prolungato disorientamento di Penelope, in assenza di informazioni per così lungo tempo. Tuttavia questa situazione di disorientamento deve sbloccarsi ad un certo punto e questo sblocco con esito positivo per la Vita può essere ottenuto solo per effetto di una grande paura. Solo la nausea che il Nulla scatena, attraverso la paura di una catastrofe finale, può creare, allora, quello shock necessario a far avanzare la Vita, quando è disorientata, e a impedirle di precipitare nell'oceano sottostante. È questa nausea che ci spinge, che ci fa costruire il nostro nuovo corpo più leggero, quello che ci attende, dentro di noi. Siamo noi, con il nostro desiderio, a crearlo, questo prossimo corpo, un corpo fatto di tanti corpi - e questo desiderio tanto più è forte, quanto più forte è la nausea. Paura e Desiderio o Nausea e Desiderio operano insieme.

Lontano dal tarpare le ali al desiderio, la paura e la nausea gli creano ali sempre più forti, man mano che esse crescono. "È stata la mia nausea stessa a crearmi ali ed energie presaghe di sorgenti?". Nietzsche-

Viviamo in un 'epoca di grande paura e di grande nausea. La Vita sente tutto l'orrore del suo disorientamento. Non avendo informazioni sulla strada da seguire, combatte questo suo orrore, opponendo alla minaccia del suo arresto un rumoroso e fragoroso movimento fittizio. L'uomo, occidentale o di stampo occidentale, che è l'autore principale di tutto l'assordante fracasso di cui ha riempito il pianeta, non può fermarsi, non può sostare un momento solo con sé stesso, non può pensare, ha orrore del suo tempo libero, proprio perché il movimento sente costantemente la pesante minaccia del suo arresto totale. Quest'uomo sente che solo nel movimento sfrenato, benché fittizio, trova ancora una possibilità, o meglio un'illusione, di vita.

Si guarda all'uomo di successo, colui che non può mai fermarsi, come a chi ha e promette più vita di tutti quanti gli altri. Di qui la corsa al movimento fittizio e al fragore che lo accompagna. Dato il gran correre generale, si può capire che corre più di tutti gli altri chi non ha trovato niente in assoluto. E più non trova, più accelera il movimento; più si muove, più viene confuso con il Signore della Vita e attorno a lui gravitano grappoli di esseri umani assetati di vita. Invece egli è il Signore del Nulla. Il suo movimento sfrenato è illusorio, la sua realtà è un fermo assoluto.

"In ogni crescita del movimento ha luogo una riduzione ... oggi lo svanimento, che non è semplicemente svanimento, ma nello stesso tempo accelerazione, semplificazione, potenziamento e pulsione verso mete sconosciute, afferra il mondo intero". Jünger-

Nella nostra civiltà ormai prevalentemente occidentalizzata, fragorosa e sferragliante, in questa "... gigantesca officina ... non esiste luogo ... in cui il movimento non martelli, non azioni ingranaggi e non emetta i suoi segnali". Jünger- Il Nulla è il vero signore della situazione. "... Chi non ha sperimentato su di sé l'enorme potenza del niente e non ne ha subito la tentazione conosce ben poco la nostra epoca". Jünger- Ma è proprio questo il segno, il grande segno che in là e al di sopra di noi, il nostro corpo più leggero è in febbrile costruzione, il nostro nuovo isolotto.

L'Umanità che sta soffrendo dei mali e delle piaghe purulenti della sua vecchia pelle, smetterebbe di soffrire e se la strapperebbe via subito, se sapesse che sotto di essa la nuova pelle è già in formazione o quasi completamente formata, splendida e morbida come un velluto di seta. In ogni caso, a ciò essa arriverà -ci informa Heidegger ed io ho verificato - quando prenderà atto che "... l'essenza del nichilismo non è niente di nichilistico", (sicché) "... invece di volere oltrepassare il nichilismo, dobbiamo prima raccoglierci nella sua essenza". E non possiamo raccoglierci nella sua essenza fino a quando il nichilismo non sarà compiuto, fino a quando non "... avrà carpito tutte le sostanze". Allora, e solo allora, "... invece dell'apparenza del niente nullo, arriva e trova accoglienza presso di noi mortali, l'essenza del niente da sempre affine all'<essere>". Heidegger-

Come potrei, io, verificare le ipotesi di Heidegger, se non fosse che, solo dopo aver divorato tutte le mie sostanze, il Nulla si è rivelato come un niente pieno, pieno di essere che mi ha fatto diventare? Io scrivo di fatti, non di metafisica. "… Il mio nichilismo si basa su esperienze concrete". Jünger- La metafisica, per me, è diventata Fisica. "… Il superamento della metafisica è il superamento della dimenticanza dell'Essere". Heidegger- "… La dimenticanza … vela e mette in salvo i tesori non ancora scoperti ed è la promessa di un ritrovamento che attende solo una ricerca adeguata … Perciò è necessario che il pensare e il poetare ritornino là dove in certo qual modo sono sempre già stati, senza aver mai ancora costruito. Solo costruendo, tuttavia, possiamo preparare il dimorare in quella località … cioè nell'essenza, della dimenticanza dell'essere … Tale costruire difficilmente può già pensare di erigere la casa per il Dio e le dimore per i mortali. Esso deve accontentarsi di costruire il cammino che riconduce nella località del superamento della metafisica e che fa passare ciò che per destino è assegnato ad un oltrepassamento del nichilismo". Heidegger-

Potessi io aiutare tutti quelli che vedono nero e vedono vuoto a far vedere loro che solo ciò che diviene completamente vuoto del vecchio, potrà essere riempito del nuovo e di una diversa, superiore qualità. So bene, però, che io non posso aiutare nessuno di costoro. "… In balia della catastrofe lo spirito non è certo in grado di esercitare compiutamente il suo giudizio … la vicinanza rende il massiccio più nitido solo nei particolari, non nella sua interezza … (del resto) … che cosa mai sarebbe servito dire ai Troiani, mentre i palazzi di Ilio rovinavano che Enea avrebbe fondato un nuovo regno? Per quanto lo sguardo scruti, al di qua e al di là delle catastrofi, verso il futuro, e per quanto si sforzi di immaginare le vie che vi conducono, sempre nei loro vortici domina il presente". Jünger-

Uno spirito addormentato non ha visione e non c'è modo di dargliela -ahimè! - può solo acquistarla da sé stesso. Ma nella mancanza di visione è il vero pericolo della Vita: "... non sapresti vivere, se non avessi ... la visione di ciò che necessariamente verrà ... Fratelli miei, sono forse crudele? Ma io dico: a ciò che sta cadendo si deve dare anche una spinta! ... Ma a che parlo, quando nessuno ha i miei orecchi! Per me il tempo è qui un'ora indietro". Nietzsche- "... This tendency toward devaluation of the contemporary moment should not be regarded as a sign of pessimism. On the contrary, it reveals an excess of optimism, for, in the deterioration of the contemporary situation, at least a portion of mankind saw signs foretelling the regeneration that must necessarily follow". Eliade-

38. Regressione ed evoluzione - Costruzione dell'uomo planetario e fine del cancro

Dovunque è un profondo desiderio, lì è anche una profonda paura: paura che la vita possa regredire, passando da forme superiori a forme inferiori. Dunque, il movimento ha orrore non solo del suo arresto, ma teme anche di scivolare, quasi senza accorgersi, nella regressione. Al di là di ogni naturale inversione di direzione, che è nell'essenza del movimento, esiste, nell'uomo, la paura di una regressione, che ci colga, come nel sonno e ci porti verso il

Niente. A questo riguardo, solo la paura di quella, che si è chiamata 'catastrofe finale', può dare una misura della paura della regressione. Queste paure hanno la stessa intensità: entrambe sono scatenate dal Niente a cui la catastrofe finale e la regressione porterebbero. Kafka getta una profonda e fosca nube sull'umanità, con la sua 'Metamorfosi', in cui il povero Gregor Samsa viene trasformato, durante il suo sonno, in un enorme e orrido insetto.

Più recentemente, lo scienziato Konrad Lorenz oppone all'evoluzione umana verso l'alto, un'altra verso il basso che chiama l'evoluzione demolitrice, la "sacculinizzazione". Lorenz ha ricavato questa parola dal nome di un parassita, il granchio 'Sacculina carcini', che nasce come un individuo completo di occhi, zampe e un sistema nervoso centrale, programmato per dirigerlo verso il corpo nel quale dovrà insediarsi e, dopo essersi insediato, finisce per perdere gli occhi, le zampe, il sistema nervoso e diventare soltanto una enorme ghiandola sessuale nel corpo che lo ospita: una totale perdita di informazione sull'ambiente circostante, a parte il corpo nel quale è insediato. "Un'atrofizzazione delle qualità e delle capacità specificamente umane evoca lo spettro spaventoso della disumanità", dice Konrad Lorenz.

Anche qui, è importante ricordarci di quel meccanismo di salvaguardia che è la retromarcia, rispetto ad ogni normale direzione di movimento ed è importante riconoscere il ruolo che svolge questa paura della regressione. È vero che oggi sembra proprio che l'umanità sia diventata una enorme ghiandola sessuale, ma è anche vero che purtroppo, e sottolineo il 'purtroppo', proprio lo "… spettro spaventoso della disumanità" Lorenz, la mancanza pressoché assoluta di informazioni su un possibile futuro, la sovrappopolazione con i suoi mali conseguenti, rappresentano i presupposti atti a spingere lo sguardo della massa umana verso qualcosa di più alto. Accorgersi della funzione di questo spettro, di questa paura significa accettarne la necessità e accettare significa passare oltre, superare, usare la paura per trasformare.

Basta con la paura della paura, se andiamo avanti così finiremo per esserne posseduti e allora sì che ci troveremo dissolti nel vuoto e non raggiungeremo la nostra perfezione solare. La regressione non è che l'uso eccezionale della retromarcia. Lorenz stesso, del resto, ha distolto il suo sguardo nauseato dal paesaggio umano, "sacculinizzato" che egli ha così ben descritto, e lo ha diretto verso l'alto: "… Eppure credo che l'uomo, come specie, si trovi di fronte a una svolta della sua storia, e che già ora sussista potenzialmente la possibilità di procedere verso un imprevedibile sviluppo superiore dell'umanità".

Tuttavia, non possiamo raggiungere un più alto, senza che si produca una spinta da un più basso. L'atleta, per lanciarsi in corsa, deve spostare all'indietro uno dei suoi piedi. Ed è proprio questo piede che spicca il salto in avanti. Ci accorgeremo dopo, a fatti compiuti, che il livello più alto lo avremo raggiunto, solo perché saremo scesi al livello più basso e che sarà stata proprio la nostra rovinosa discesa a catapultarci sul gradino più alto e diametralmente opposto. "… Donde vengono le montagne più alte? chiedevo in passato. E allora imparai che esse vengono dal mare … Dall'abisso più fondo, la vetta più alta deve giungere alla sua altezza". Nietzsche-

Questa è una legge naturale che certamente un fisico saprebbe spiegare in termini scientificamente impeccabili. Io posso solo dire che unicamente da un estremo si salta ad un altro estremo. La storia umana è piena di estremismi; è un alternarsi unico di estremismi. Questo è l'andamento tipico del cammino incosciente, della cecità. Se fossimo coscienti, questa legge meccanica degli opposti, che, in condizioni d'incoscienza, è l'unica che ci spinge avanti, non avrebbe ragione di operare. Ma non lo siamo ancora. E per diventare coscienti dobbiamo acquistare o riacquistare la vista, che ci permetterà di camminare in prossimità del centro, e per questo l'uomo dovrà diventare l'essere in forma umana. "… E il grande meriggio è: quando l'uomo sta al centro del suo cammino tra l'animale e il superuomo". Nietzsche-

Una volta usciti dal movimento cieco, la Vita su questo pianeta, attraverso noi che vediamo, si libera di tutte le sue paure. Quando un essere umano si sveglia, il movimento cieco, soggetto al tempo ciclico, diventa ora cosciente e, perciò, a direzione unica. La prossima trasformazione umana porterà con sé il risultato di mettere fine al tempo ciclico e di iniziare il tempo lineare e finale. L'eternità dell'eterno ritorno cederà il passo ad un'altra eternità. "… Questa lunga via fino alla porta e all'indietro: dura una eternità. E quella lunga via fuori della porta e in avanti - è un'altra eternità". Nietzsche-

Le paure della regressione e della catastrofe finale hanno la funzione di spingerci sempre avanti, fino a farci attraversare la porta del nostro risveglio. Dunque non facciamoci più possedere, ma usiamole per i nostri fini, cioè per i fini della Vita. Forse ora più che mai, l'Umanità sta sostando vicino a questa porta, atterrita da un'immensa paura e non si accorge che questa è data solo ai fini di spingerla ad attraversarla finalmente, questa porta, presso la quale tante volte forse è giunta, nel succedersi delle civilizzazioni, e dalla quale tante volte forse è tornata indietro. Se ora la paura è diventata assoluta, questo è un buon segno: vuol dire che la nostra civilizzazione è in una condizione mai raggiunta dalle civilizzazioni del passato per fare il grande passo, per attuare il suo grande risveglio.

Quando, nel nostro percorso, sostiamo in un luogo, che non è il nostro punto di arrivo, ma solo perché esitiamo, non riuscendo ad orientarci sulla via da seguire, ed improvvisamente sentiamo arrivare un cane che abbaia rabbiosamente, ciò che ci fa scappare, è il fatto di essere inseguiti da un cane che noi pensiamo ci voglia mordere. Una volta lontani, ci accorgeremo, invece, che il cane non voleva morderci, ma voleva solo spingerci via da un luogo, sul quale non ci era consentito sostare troppo, ma solo passare. Capiremo anche, che senza la paura di essere morsi, noi non saremmo scappati e il cane, la cui rabbia sarebbe stata continuamente alimentata dal nostro ostinato permanere in un luogo di solo passaggio, avrebbe finito veramente per morderci.

Affinché il movimento cieco si svegli, affinché "… il fuoco ascenda alla luce". Jünger, dobbiamo aspettarci prima ogni sorta di terremoti, a tanti livelli, nel teatro di tante diverse forme logore e consunte. Sul teatro mondiale della nostra umanità, dove "… ogni popolo parla la sua lingua del bene e del male: che il vicino non intende" Nietzsche, un vento forte ha già cominciato a soffiare sul vecchio e decrepito, ma "… Nel terremoto di vecchi popoli, erompono sorgenti nuove...Macché patria! Laggiù il nostro timone vuole dirigersi, là dove è la terra dei nostri figli!". Nietzsche-

Konrad Lorenz attribuisce all'uomo la responsabilità doppia di salvare la sua civiltà e di guidare la sua propria evoluzione verso l'alto. Nello stesso tempo egli riconosce che una evoluzione verso l'alto è possibile solo quando l'organismo vivente è costretto a conquistarsi una nuova nicchia ecologica, perché quelle esistenti sono già occupate, o - bisogna che io aggiunga - distrutte, logore e consunte. Ma è possibile procedere verso uno sviluppo superiore dell'uomo - ammesso che di sviluppo si possa parlare - salvando nello stesso tempo la sua attuale nicchia ecologica? Che interesse avrebbe l'uomo a spingersi per strade sconosciute, a cercare un nuovo abito, se le vecchie strade non sono ancora divenute impraticabili e il vecchio abito non si è ancora fatto stretto sul suo corpo divenuto più grande? "... c'è un che di assurdo nelle sostanze messe in salvo, nel migliore dei casi un che di museale ... La disgrazia è necessaria per permettere il cambiamento e la nascita del nuovo". Jünger- "... Forse che io vi consiglio l'amore del prossimo? Preferisco consigliarvi la fuga dal prossimo e l'amore per il remoto! ... remoto e futuro ... l'amore per le cose e i fantasmi. Il fantasma che corre via davanti a te, fratello, è più bello di te, perché non gli dai la tua carne e le tue ossa? Ma tu hai paura e fuggi presso il tuo prossimo". Nietzsche- Certo "... Parigi è ancora una capitale, ma la capitale di un mondo che sta morendo". M.Kundera citato da Jünger-

Una civiltà planetaria di nazioni, divisa e in guerra in sé stessa, non è mai stata una civiltà; essa aspetta ancora di essere fatta e solo allora potremo preoccuparci di salvarla. Oggi quando parliamo di civiltà, non possiamo che parlarne in termini planetari. Costruire la civiltà dell'uomo planetario è oggi per l'uomo compito e destino immediato: "... Il mondo vuole conquistare nuova forma e nuovo senso come patria di uomo...e la storia dell'uomo spinge verso un ordine planetario ... il corso del grande divenire, l'azione dello spirito universale tendono al consolidamento ... la sostanza nazionale dei popoli si consuma nel fuoco". Jünger-

Si può attribuire all'uomo il compito di costruire la sua civiltà, ma non gli si può attribuire quello di guidare la sua evoluzione verso l'alto, perché di evoluzione non si può più parlare con riguardo ad una forma nuova in cui la Vita vorrà passare, quando la nostra vecchia forma sarà matura e perfetta e pronta a morire. Konrad Lorenz stesso riconosce che la parola 'evoluzione' - nel suo descrivere un processo - non si adatta più alla comparsa del nuovo nel grande divenire organico, per la quale egli prende a prestito dai filosofi e mistici del Medioevo la parola "folgorazione", per indicare l'atto creativo unico e storico; eppure, nella speranza di poter avere il nuovo, senza distruggere il vecchio, egli finisce sempre per invocare l'applicazione di una legge, che è propria dell'evoluzione, all'interno di una specie. Quell'"armonico antagonismo", tra fattori distruttivi e fattori creativi, come egli lo chiama, che assicura e mantiene l'equilibrio vitale tra l'invarianza delle componenti ereditarie di una specie e la loro variabilità attraverso l'adattamento a nuove condizioni ambientali, è una legge che opera proprio nel processo evolutivo di una specie, ma non può operare in quel vuoto in cui affluiscono le condizioni adatte a generare la folgorazione, l'evento creativo del nuovo. È impossibile creare un nuovo edificio su un vecchio solo parzialmente demolito. Né possiamo illuderci che il Nuovo sorga per folgorazione, senza che si siano prima create una serie di condizioni propizie. Non potremo avere un superuomo, prima di aver creato l'uomo. E l'uomo non può "... essere saltato di un balzo". Nietzsche-

Il superuomo non nascerà certo dall'uomo, ma perché vi sia un superuomo, occorre che ci sia stato prima l'uomo, l'uomo planetario. Se è vero - come afferma Konrad Lorenz che la vita è un processo conoscitivo che si muove normalmente verso un aumento di valore, quindi la regressione è un fatto eccezionale; e se è vero che non si può parlare di 'sviluppo' a proposito di qualcosa di nuovo e superiore che si forma da uno stadio precedente, ma dal quale non può essere derivato; e, ancora, se è vero che - come afferma Nicolai Hartmann che Lorenz richiama - il mondo reale è un sistema unico, ma "a strati" (inorganico, organico, psichico, spirituale) in cui ogni strato poggia necessariamente su - ed è condizionato da - quello precedente, ma è allo stesso tempo autonomo "nella sua forma specifica e nel suo specifico sistema di leggi, rispetto a ciò su cui poggia" e che questi strati sono caratterizzati da una "cesura" e da una "insuperabile diversità" fra ognuno di loro, allora sarà anche vero che questo processo diretto ad acquistare coscienza non potrà creare un superuomo, una forma nuova rispetto alla forma 'uomo', senza anche tracciare una profonda cesura tra il vecchio e il nuovo, una cesura che elimina ogni continuità e perciò ogni possibilità di parlare di evoluzione, nel senso a questa parola attribuito usualmente. Di evoluzione si può parlare solo rispetto all'uomo che si fa planetario. Esiste una catena alimentare che lega insieme tutto ciò che vive, dal sasso allo Spirito, a Dio, all'Assoluto. Il corpo dell'uomo si ciba di minerali, vegetali e animali, ma a sua volta è divorato dalla Psiche e dallo Spirito. Abbiamo mangiato e siamo stati mangiati. "… Perché, sappiatelo, fratelli, lo spirito è uno stomaco!". Nietzsche-

È difficile spezzare questa catena alimentare. È la catena del possedere ed essere posseduti: "Voi conoscete dello spirito solo le scintille: ma non avete occhi per l'incudine che lo spirito è, e nemmeno per la crudeltà del suo maglio!". Nietzsche-

Se è difficile, anzi impossibile, spezzare l'intera catena, gli anelli, progredendo verso l'alto, per legge naturale affrancano dalla servitù alimentare quegli anelli più bassi e lontani, che sarebbero ormai troppo grossolani ed indigesti.

L'uomo non vuole più essere mangiato dallo Spirito, vuole liberarsi, ma, per questo, dovrà egli stesso liberare e, liberando, diventerà egli stesso spirito libero.

Lo spirito "cammello" dell'uomo ha portato troppi pesi correndo nel deserto e ora egli vuole diventare "… leone, egli vuole come preda la sua libertà ed essere signore nel proprio deserto …<Tu devi > si chiama il grande drago. Ma lo spirito del leone dice <io voglio> … Si può presumere che uno spirito, nel quale il tipo dello 'spirito libero' sia destinato a maturare fino all'ultima dolcezza e perfezione, abbia avuto il suo evento decisivo in una grande separazione". Nietzsche-

L'uomo che vuole liberarsi, deve, per questo, liberare, deve separarsi da ciò che libera, superando l'anello della catena alimentare che lo lega a quello.

C'è un grande cambiamento in atto nel nostro rapporto con il corpo della terra, le piante, gli animali. Ci siamo accorti di quanto abbiamo avvelenato con il nostro miracolo della chimica e oggi corriamo dietro tutto ciò che è organico o per tale viene fatto passare. La tecnica ha liberato, seppure non ancora totalmente, gli animali dal lavoro a cui li tenevamo asserviti. Questa liberazione parziale è solo il preludio di una generale liberazione di questo strato dell'essere su cui l'uomo poggia e di cui ancora si nutre. Sempre più cresce il numero di quelli che diventano vegetariani, sempre più quelli che accorrono in aiuto degli animali avvelenati dall'uomo o torturati dai suoi esperimenti scientifici, o semplicemente in pericolo di estinzione.

Contrariamente al paese in cui ancora si uccidono le balene, con il pretesto di esperimenti scientifici - ma cosa c'è da sperimentare?, in altri, folle umane si accalcano sulle spiagge dove queste enormi creature marine si sono insabbiate, per poterle tenere in vita, con stracci bagnati e baci, fino a quando sarà possibile accompagnarle teneramente nelle acque più profonde. C'è in questo aiuto qualcosa che va al di là delle intenzioni di chi lo presta. Il giorno che avremo anche aperto le porte dei nostri laboratori scientifici, dei nostri zoo, dei nostri circhi, dei nostri allevamenti vari, delle nostre gabbiette casalinghe, il giorno che avremmo smesso di scommettere sulle corse dei cavalli o dei cani o sul combattimento dei galli, da quel giorno il regno animale procederà verso il suo proprio destino e noi verso il nostro.

La catena che ci fa mangiare ed essere mangiati, possedere ed essere posseduti, una legge naturale, dura come ogni legge, non potrà essere spezzata, ma solo superata e solo attraverso infiniti passi che porteranno alla comparsa del nuovo. Ad ogni passo, inevitabilmente ci sarà distruzione e sofferenza. Non c'è superamento, senza sofferenza, ma la sofferenza è creta per il nuovo modello di uomo. "… Creare - questa è la grande redenzione dalla sofferenza, e il divenire lieve della vita. Ma perché vi sia colui che crea è necessaria molta sofferenza e molta trasformazione". Nietzsche-

L'Umanità, per liberarsi, non solo deve liberare gli altri strati dell'essere, che ad essa sono ancora soggiogati, ma deve anche liberare sé stessa da sé stessa. L'uomo deve cessare di trasformare "… l'uomo stesso nel migliore animale domestico dell'uomo". Nietzsche- Un'umanità che fa questo contro sé stessa non può vedere al di là di sé stessa, non può avere ancora uno scopo; ecco perché è disorientata.

"… Ma ditemi, fratelli: se all'umanità manca ancora lo scopo non manca ancora essa stessa? …. Al di sopra di te devi costruire. Ma prima ancora tu stesso devi essere costruito tetragono, nel corpo e nell'anima … Io passo in mezzo agli uomini, come in mezzo a frammenti dell'avvenire: di quell'avvenire che io contemplo". Nietzsche-

Costruendo l'uomo planetario, 'uno', per la prima volta, avremo superato la legge del potere che ha riprodotto - non si sa come – all'interno della stessa umanità (razze e individui come fossero specie diverse), quella catena alimentare che esiste normalmente solo fra strati diversi dell'essere e, all'interno di ogni strato, solo fra specie diverse.

La legge del possedere ed essere posseduti, del mangiare e farsi mangiare è entrata in mezzo agli uomini, dividendoli fra di loro e anche dentro di loro. Gli individui sono stati e vengono continuamente divorati o dall'Idea a cui altri individui danno vita o dalla Religione, che risucchia la loro libertà di ricerca, o dallo Stato-belva, come lo ha definito Nietzsche, che sia questo Monarchia, Impero, Dittatura, Democrazia; o dalla grande Mafia politica e criminale, o dalla droga, o dal consumismo del supermercato, o dalla televisione o dalla competizione sportiva o sociale.

Insomma, tutto ciò che è organizzato si ciba dell'individuo, ma singoli individui sono anche stati divorati e vengono ogni giorno divorati da altri singoli individui ed infine ogni individuo viene divorato da sé stesso, perché questa legge del potere è entrata anche dentro di sé e lo ha diviso, creando parti e ingenerando la lotta fra di esse e la guerra permanente. L'umanità è molto ammalata, perché il suo corpo mangia il suo stesso corpo. Questa malattia si chiama cancro. Noi la crediamo, a torto, una malattia del corpo. Inutile cercare un rimedio per il corpo umano, che la riproduce fedelmente come uno specchio riproduce un'immagine. La malattia non sta nel corpo, ma in quell'immagine che il corpo riflette, nell'altro corpo che il nostro corpo riflette.

La malattia, nel corpo, nell'anima, nella mente, nello Spirito, si svela sempre in presenza di parti: parti che rivendicano la propria autonomia o pezzi di un qualcosa che era stata uno e vuole ridiventare uno e si svela ancora quando unità preesistenti vengono regredite allo stato di parti, perché una nascente, superiore unità si impone al di sopra di quelle.

Costruendo l'uomo planetario, 'uno', l'umanità guarirà dalla malattia dalla quale è affetta. Allora tutta questa malattia, di cui soffriamo, uscirà definitivamente dai nostri corpi, corpi fatti di tanti corpi, ma l'umanità guarirà solo perché l'individuo guarirà. Dal basso sempre procede la spinta verso l'alto e dall'interno sempre procede verso l'esterno. Dalla nostra guarigione individuale, attraverso il nostro risveglio, che ci darà la coscienza della nostra intima divisione e ci darà così la possibilità di superarla, parte questo ampio processo che interesserà tutta l'Umanità.

E quando questo ampio processo sarà compiuto, allora solo potremo parlare di 'uomo' e 'civiltà dell'uomo'. E solo rispetto a questo compito dell'uomo di farsi veramente 'uomo', è ancora possibile parlare di evoluzione. E solo dal compimento di questa evoluzione potremo aspettare il Nuovo, la Folgorazione, il Superuomo. A quel punto, infatti l'uomo sarà costruito "tetragono", come dice Nietzsche, sarà cioè una totalità che non potrà crescere oltre e sarà matura e pronta a morire nel Superuomo, tras-formandosi in questo.

Solo le Unità possono morire e perciò solo le
Unità possono trasformarsi.

A questo punto il Simbolo della Croce, come incontro delle quattro strade già percorse e non più percorribili, irradierà tutta la sua energia sul nostro pianeta e aiuterà dall'alto la trasformazione dell'unità-uomo planetario nel Sovra-uomo, che altro non sarà che il Superuomo di Nietzsche, così mal compreso, così male usato.

Qualcuno -ma non ricordo chi- ha detto che il Simbolo della Croce sarebbe apparso comunque nel mondo, anche senza il Cristo. Direi che il simbolo della croce è stato sempre presente, se scaviamo nel nostro vecchio mondo, ma solo attraverso il Cristo ha diffuso la sua grande luce nel nostro mondo, segno che questa nostra epoca, benché fatta di millenni e non di anni o secoli, è l'epoca che vuole prepotentemente portare alla luce la conoscenza che è nel simbolo. Esiste sempre un modo di vedere e capire, e così giustificare, certi avvenimenti storici, come fossero una proiezione nel nostro mondo fisico di realtà appartenenti a mondi superiori, una proiezione distorta o spesso rovesciata, perché costretta a passare attraverso strati di sonno della Coscienza, in cui vigono leggi naturali diverse. Sto pensando alle crociate, alle guerre cristiane per affermare, uccidendo, il Simbolo della Croce nel mondo. Conquistare, assoggettare altri popoli al potere del Simbolo è l'immagine rovesciata in Forza-Potere della Forza-Amore che è nel simbolo, forza legante, a compimento di una forma e annuncio di una forma nuova.

Ancora oggi non abbiamo globalmente raggiunto una conoscenza adeguata del rapporto fra le nostre tante religioni, ma se fossimo capaci di metterle tutte in ordine, noi vedremmo come esse formano tanti pezzi di un insieme e che tutto l'insieme riguarda ognuno di noi. Tutto il passato religioso dell'uomo planetario sembra essere il tracciato percorso di un cammino che si presenta unico, come se ogni tribù, ogni popolo avesse singolarmente lavorato, come in un'antica scuola pittorica, ad un dettaglio o ad un pezzo più o meno grande di un immenso dipinto.

PARTE TERZA

COMPITO A CASA: LAVORO COME
DISCESA AGLI INFERI

39. Azienda dell'Individualità e sua messa in liquidazione

Il filosofo suggerisce di "accontentarsi di costruire il cammino che riconduce nella località del superamento della metafisica", in quella località in cui "il pensare e il poetare" sono "in certo qual modo sempre già stati senza aver mai ancora costruito". Heidegger-

Costruire il cammino significa trasformare una regione della metafisica in fisica. Non potremo mai superare tutta la metafisica in una sola "località", ma possiamo solo convertirla in cammino costruito, passo per passo, gradino per gradino. E se vogliamo seriamente iniziare a costruire, dobbiamo procurarci gli arnesi con cui spianare la strada e i materiali con cui lastricarla.

Io ho imparato che tutto quello che ci serve per iniziare, lo dobbiamo ricavare dalla demolizione di ciò che abbiamo, e dobbiamo cominciare dal disfacimento della nostra individualità. Durante l'esperienza della 'Poesia Pura', quando, nel mio studio, avvertii quella Presenza, quella gioiosa moltitudine di esseri, io cessai di essere un individuo. Che io mi fossi fusa in quella moltitudine, che io fossi quell'uomo 'collettivo' divenne certezza assoluta, divenne cultura per me.

Conseguentemente e di fatto, io cessai di essere l'autore di quello che avevo scritto. Avevo decisamente superato me stessa e il mio nuovo stato mi impediva di indicarmi con il mio vecchio nome, che non era più sufficiente ad esprimerne la complessità e la ricchezza di ciò che ero. Quando, però, ebbi la dabbenaggine di dire a qualcuno, 'nel giro della poesia', che io non avrei mai potuto rivendicarne la paternità individuale, ma solo una collettiva, essendo il lavoro espressione di concreta e operante realtà dello Spirito nel nostro mondo quotidiano, da una parte, questa pretesa parve la via di uscita di un individuo che non è abbastanza forte per assumersi la responsabilità della sua opera in una società che premia le individualità più forti o più ricche o più dotate in qualsiasi campo, e, dall'altra, provocò un sorriso di commiserazione, come se io avessi perso la testa!

Si certo, io non avevo più la mia testa, però era la vecchia testa che mi ero lasciata alle spalle, con il superamento dell'individualità. I poeti, quelli medianici, quelli che rimangono prigionieri a vita tra gli ingranaggi della poesia, non rinuncerebbero mai all'individualità. Privati della possibilità di firmare i versi che hanno scritto e che, però, appartengono ad una folla, essi morirebbero immediatamente di crepacuore. "La rinuncia all'individualità è palesemente un impoverimento soltanto dell'individuo, che vede in quella rinuncia la propria morte. Per il tipo umano essa è la chiave che schiude un altro mondo, incomprensibile ad una critica che usi i tradizionali criteri di misura". Jünger-

È uno spettacolo triste per me, quello di scrittori e poeti che accalcano, oggigiorno, le sale dei premi letterari e si prestano a tutte le esigenze di mercato del libro, andando perfino nei grandi magazzini a firmare copie che, solo così, possono essere vendute, in gran numero, ad individui che dalla possibilità di avvicinare la creduta superiore individualità dell'autore, ricevono valore. Così questi pensano, e a torto.

Nel campo dell'arte il valore della persona dell'artista è spesso molto lontano dal valore dell'opera e si rischia di restare molto delusi venendo a conoscere l'artista un po' più da vicino. "La grande opera d'arte infatti è obiettiva e impersonale ... perciò quello che concerne personalmente il poeta è soltanto di vantaggio o impedimento, ma non è essenziale per la sua arte. La sua biografia personale può essere quella di un pedante, di un brav'uomo, di un nevrotico, di un folle o di un criminale; può essere interessante o insopportabile, ma è sempre irrilevante dal punto di vista dell'arte". Jung- Devo dire, tra parentesi, che la mia Coscienza ride ora di tutti i problemi che riguardano il plagio nella scrittura! "Ecco dunque il tipo umano che si diverte alle spalle dell'individuo". Jünger- E ride anche della fame di fama che l'individuo creatore si porta dentro per tutta la vita, credendo che essa sia fame di eternità nella posterità, ma "... in eternity there is no posterity". Hesse-

'Io', quello che una volta era il mio 'Io', quel sistema in cui dimorava la paura e dimoravano le leggi che lo difendevano dalla morte, credendo così di conservare la Vita; quella personalità intorno alla quale lavorava la mente e intorno alla quale soffriva l'anima imprigionata, ora non esiste più e, non esistendo più, la mente adesso è diventata una discepola dell'anima, la quale, non più prigioniera, è libera di salire sempre di più, aiutando la mente a salire sempre di più. "Alla virtù della colonna aspira! - più bella essa diventa e sempre più delicata, ma di dentro più dura, e più robusta, quanto più ascende". Nietzsche-

Budda che stava morendo, chiese ai suoi discepoli: "Perché state piangendo? Qualcuno disse: perché presto tu non ci sarai più.

Budda rise e disse: ma io non ci sono stato per quarant'anni. Sono morto il giorno in cui sono diventato Illuminato". Rajneesh- Di questa mia morte - che non è stata né facile, né immediata - di questa nuova mia 'Realtà' che a questa mia morte è seguita, debbo dare atto nella realtà.

Se è vero, infatti, che lo sviluppo umano richiede una rivoluzione, in cui il sacrificio dell'individualità rappresenta il primo passo, deve essere anche vero che tutto ciò ha bisogno di tradursi in qualche modo nel quotidiano, sia pure con atti in qualche caso aventi un puro valore simbolico. Però non possiamo continuare a parlare di quello che dovremmo fare, senza però mai fare concretamente niente. "I get impatient with people who only talk about social change. I keep telling them that we must walk our talk". H. Henderson, da una citazione di F.Capra-

Certo il nome è una cosa importante, la società ha bisogno di nomi, chi non ha nome, non esiste, ma io non ho perso il nome, ho solo cambiato nome, come autore, e il mio nuovo nome identifica e conferisce esistenza ad una realtà molto più ricca di quella precedente, una realtà multipla, collettiva, la realtà spirituale.

Se cessai di essere un individuo durante l'esperienza della 'Poesia pura', questo, però non fu che la presa di coscienza di una operazione di disfacimento della mia personalità, inconsapevolmente già in atto da molto tempo e che dovette poi durare ancora per anni e fu assai dolorosa; però posso dire che oggi questa operazione di morte su me stessa è totalmente compiuta e anche da tempo ormai. La mia 'azienda dell'individualità' è stata posta in liquidazione e le operazioni di liquidazione sono terminate con piena soddisfazione di quei creditori che aspettavano il saldo. Ho pagato tutto e tutti. Nessuno ormai mi riconosce più con il nome di quell'azienda, perché nessuno se ne ricorda. Se avessi lasciato insoluto qualche debito, il mio telefono avrebbe squillato continuamente, invece la sua suoneria si è completamente arrugginita per il lungo silenzio nel quale è stata lasciata. Questo ha i suoi effetti pratici, significa che io non esisto più per qualsiasi vanità e per tutto quello che ne consegue.

40. Il Tipo Umano e la Trinità Mobile

Da quando l'azienda dell'individualità è stata chiusa, io sono diventata il "tipo umano", colui che appare "non isolato, ma in un contesto. In questo senso … libertà è il grado in cui la sua esistenza sa esprimere la totalità del mondo in cui è inserita". Jünger- E la totalità di questo mondo, per la quale e nella quale sto lavorando, mi divenne chiara sempre durante l'esperienza della Poesia Pura. Esso si rivelò come il mondo dello 'Spirito Concreto', Spirito che diventa Storia, che attua sé stesso in questa realtà, nel puro quotidiano sulla terra. O meglio, è la terra stessa che si spiritualizza.

Durante quell'esperienza, sentii che il dogma cristiano della Trinità, di cui non mi ero mai occupata in vita mia, riguarda tre grandi stadi di avanzamento lungo il grande Circolo della grande Storia e l'età dello Spirito è quella che ci sta aspettando, o che è già iniziata, dopo l'età di Dio (Padre) e l'età dell'uomo (Figlio). "E come il mondo si è dispiegato per lui, così pure ruotando tornerà ad avvolgersi in anelli per lui, in quanto divenire del bene mediante il male, divenire degli scopi della casualità". Nietzsche-

Questa percezione della Trinità come movimento, ebbe, come effetto immediato, quello di farmi sentire sacrilega, perché toccavo qualcosa che non avevo mai veramente vissuto in me, avendo rifiutato la religione molto presto in gioventù, quando avevo concluso che esisteva solo il Niente. Ora quelli che in qualche modo avevo sentito descrivere come i tre attributi fissi, i tre aspetti della Divinità, divenivano mobili, si snodavano lungo il cammino della Storia! Sentivo un grande disagio di fronte a questa pur chiara mia percezione.

Qualche anno dopo, mi confortò assai - oh quanto mi confortò! – l'essermi imbattuta in Gioacchino da Fiore e nella sua - eretica, ai suoi tempi - interpretazione del dogma trinitario, che sosteneva appunto l'imminente, anzi già iniziata rivelazione dello Spirito nella storia umana, come la 'Terza Era' dopo quella del Padre, Vecchio Testamento, e quella del Figlio, Nuovo testamento.

Jünger, scrivendo nel 1982, dice che la "spiritualizzazione generale sta appena iniziando". I sette secoli in mezzo fra questi due uomini, che percepiscono il fenomeno allo stesso stato iniziale, non contano. Qualcuno ha detto che il tempo per la Natura non è un problema e tutto questo è Natura, tuttavia è una Natura che sta diventando cosciente di essere produttrice di repliche di forme e che questo suo mestiere dovrà cambiare. Una Natura che attraverso la nostra percezione si trasforma in Cultura. La materia si trasforma in Spirito, Lo Spirito che diventa sempre più libero e più luce è natura e cultura, è Vita. Molti e molti passi stanno fra il sasso e il suo ridiventare un raggio di luce. E questi passi vanno camminati, questo cammino va costruito, secondo il suggerimento del filosofo.

E nel costruire questo cammino, non dovremo mai dimenticare che ogni volta dobbiamo solo occuparci del nostro prossimo passo, del nostro destino immediato.

Non deve spaventare il fatto che nella realtà sembra avvenire tutt'altro che l'inizio della spiritualizzazione generale, perché "... viviamo in un'epoca di transizione, di chiaroscuro, in cui i fenomeni nettamente definiti si fanno rari. Gli antichi valori non hanno più corso e i nuovi non si sono ancora imposti". Jünger- Questo non impedisce a chi guarda dal di fuori di ogni identificazione di osservare l'emergere della nuova forma spirituale. Né ci si deve rammaricare che questa non sia emersa prima, pur essendo stata profetizzata così tanti secoli fa: "... it was a real tragedy for the Western world that Joachim of Floris' prophetico-eschatological speculations, though they inspired and fertilized the thought of a St Francis of Assisi, of a Dante, and of a Savonarola, so quickly sank into oblivion." Eliade-

È necessario che i profeti vengano molto prima per tracciare una strada attraverso il deserto sul quale, quando il tempo è maturo, una folla potrà incamminarsi senza perire.

41. Inventario aziendale e guerra fra le sue due partite

Il nostro destino immediato, che è quello di costruire una civiltà dell'uomo, unica e planetaria richiede che noi ci costruiamo un corpo mentale spirituale, più leggero e più libero, una mente non più soltanto individuale. E la realizzazione di questa nuova mente sarà possibile solo dopo essere passati indenni attraverso l'esperienza del conoscere sé stessi. Non si liquida l'azienda dell'individualità senza aver fatto prima tutti i conti con il proprio male, perché fra tutti i nostri debiti, questo è quello che più ci è sconosciuto, o forse questo è l'unico debito che questa azienda si è visto ascritto da sempre, anche se appare suddiviso sotto diverse categorie e diverse cifre, che lo rendono irriconoscibile, come cifra unica. Guai se dovessimo chiudere l'azienda senza averlo indicato per intero nell'inventario dei conti, esso continuerebbe a rispuntare e a farci riaprire continuamente questo fastidioso processo e ci impedirebbe di proseguire.

Redigere un accurato, onestissimo e precisissimo inventario delle attività e passività della nostra azienda si presenta ora come la prima fase del nostro compito. E riconoscere e accettare che questo inventario, come ogni inventario, si presenta diviso nettamente in due partite e che ogni partita si compone di tante voci, questa è la prima cognizione dalla quale dobbiamo partire. Una volta redatto l'inventario, la seconda fase del nostro compito sarà quello di riconoscere ed accettare che queste molte voci di cui le due colonne dell'inventario si compongono sono in perenne conflitto tra di loro, a nostra e loro insaputa, ma con nostro dolore, e semplicemente perché stiamo dormendo e non ce ne accorgiamo.

Noi, come dice Gurdjieff, riprendendo un paragone orientale, siamo ancora una carrozza a cavallo, dove il cocchiere addormentato (la mente) non ha possibilità di udire la voce del padrone (l'Io reale) e non ha ancora imparato a guidare il cavallo (le emozioni) che deve essere attaccato, nel modo giusto, alla carrozza (il corpo) che dovrà essere curata e mantenuta in buon ordine. "La nostra divisione interna", dice ancora Gurdjieff, "è una legge oggettiva. L'uomo libero è chi sta in mezzo e solo così sfugge a questa legge generale di schiavitù ... Quando la nostra natura non si era ancora deteriorata, il cavallo, la carrozza, il cocchiere e il padrone erano una cosa sola. Si tratta di ripristinare ciò che è stato perso. Questo è lo scopo dello sviluppo". E dal fatto che avremo riconosciuto ed accettato questa divisione e questa guerra fra le due diverse partite dell'inventario, deriverà il risultato di eliminare questa guerra e chiudere così l'inventario di questa azienda, prima che vada in distruzione completa. "Ogni regno diviso contro sé stesso sarà devastato; ed ogni città o casa divisa contro sé stessa non potrà reggere". Il Vangelo secondo S. Matteo-

Capire, accettare e superare la guerra dentro di noi, significa rappresentarci cosa sia avvenuto nel nostro sonno di prima. Non si può archiviare per sempre una scrittura di inventario, se prima non la si approvi e per approvarla la si deve leggere rigo per rigo, dopo averla redatta; e, per leggerla, bisogna che ci vediamo bene. Già da un primo sguardo, però, ci rendiamo subito conto della ragione essenziale che ha giustificato la guerra dentro di noi. Le nostre passività e le nostre attività si sono presentate nettamente divise fra loro da una linea continua, che ha eliminato qualsiasi connessione fra le stesse. Esse hanno vissuto, per così dire, nella nostra incoscienza, una vita parallela, reciprocamente sconosciuta, mentre invece ogni cifra di una partita avrebbe dovuto calcolarsi con ogni cifra dell'altra e creare una terza partita: quella dei risultati o calcoli intermedi dell'inventario.

La guerra non ci sarebbe stata se avessimo potuto fare sempre queste operazioni di calcolo, combinando sempre fra di loro, man mano, le cifre attive e passive. Avremmo così realizzato che non ci può mai essere l'una senza l'altra, che l'una giustifica l'altra, che l'una e l'altra formano un insieme e producono ogni volta un risultato. Invece abbiamo ignorato, nel nostro sonno, che ciò che si presenta diviso in due è in realtà mescolato insieme. La nostra intima guerra è sempre stato il risultato del lavoro miope del nostro attuale corpo mentale: quello di aver assegnato la qualità di opposto a ciò che era solo complementare, tracciando così una insuperabile linea di divisione.

Solo un nuovo corpo mentale ci potrà consentire di superare questa divisione e questa guerra dentro di noi e ciò non è poca cosa, perché questo porterà, come suo risultato, quello di eliminare la guerra fuori di noi, cosa che ancora oggi, o forse oggi più che mai sembra un'utopia. Una volta che ci saremo svegliati alla realtà illuminata dal nostro nuovo corpo mentale, il cosiddetto male, come parte integrante, essenziale della materia incosciente, sarà superato, perché divenuto inutile nella nuova economia della Vita. "... Lasciate che l'uno e l'altro crescano insieme fino alla mietitura; e al tempo della messe dirò ai mietitori: raccogliete prima il loglio e legatelo in fasci, per bruciarlo, il grano invece ammassatelo nel mio granaio". Il Vangelo secondo S. Matteo-

Al nuovo livello avremo certamente a combattere con una nuova forza contraria e complementare, un nuovo tipo di male. Più si sa, più diventa difficile, avverte Gurdjieff, ma non ci è dato che fare un passo alla volta e per ora è meglio che ci occupiamo del nostro male, a questo nostro livello. Più che mai, il singolo è oggi chiamato a conoscere sé stesso e la sua grande responsabilità: "... il singolo è investito di una responsabilità enorme e nessuno può sottrargliela ... La questione è tanto più urgente giacché il singolo tende a sottovalutare l'importanza che gli è conferita. La furia degli elementi fa sì che egli disperi della sua forza ... Rinunciando alla propria volontà rende sé stesso inerme e perciò succube di demoni potenti". Jünger-

42. Confusione delle cifre del bene e del male

Per eliminare la guerra dentro di noi, non solo dovremo conoscere il nostro male, ma dovremo capirlo ed anche accettarlo. Questo solo fatto ci permetterà finalmente di superarlo. Non esiste altra via possibile. Ignorarlo, eluderlo come fosse uno scandalo, reprimerlo come se non esistesse, combatterlo o punirlo, significa solo alimentarlo. Il male che si sprigiona dall'uomo addormentato, individuo o massa, e si realizza nel mondo, lo fa al di fuori di ogni possibilità umana di controllo. L'uomo non può controllare ciò che non conosce e ciò che non ha accettato, dopo averlo conosciuto. Egli ne può solo vedere gli effetti disastrosi e contemplarli, inebetito, come fosse opera non sua, ma di un 'altro', di una forza che si è impadronita di lui; effetti che, però, egli è condannato a subire, come se fosse stato dotato di 'libero arbitrio'. "... È necessario, però che vi siano degli scandali; ma guai a quell'uomo a causa del quale viene lo scandalo!". Il Vangelo secondo S. Matteo-

Ho sempre sentito una pena e una pietà assoluta per il criminale: colui che, per caso o per costituzione naturale è stato un 'medium' più adatto di altri per 'lo scandalo', questa forza che deve liberarsi, e liberandosi, semplicemente assolve il suo compito a noi ignoto.

"… L'uomo ha inventato la giustizia. Ma per chi sappia che accettare vuol dire dimettere l'aggredire, tribunali e sanzioni appaiono giocattoli". Saviane-

E ho sentito sempre una pietà assoluta per Giuda, colui il cui male era necessario per fini superiori. "… Fratello, è male la guerra e la battaglia? Ma questo male è necessario, necessaria è l'invidia e la diffidenza e la calunnia tra le tue virtù … Ahimè, fratello, non hai mai visto una virtù calunniare e trafiggere sé stessa? … Simboli sono tutti i nomi del bene e del male: essi non dichiarano, accennano solamente. Un folle colui che ne vuole avere la scienza! … Che cosa sia buono, che cosa sia cattivo, non lo sa nessuno, a meno che non sia uno che crea!". Nietzsche-

Conoscere il nostro male, ciò che noi indichiamo con questa parola, è un compito che l'Umanità, come parti, ha sempre iniziato a svolgere, ma ne ha rinviato di volta in volta il lavoro, proprio come fa uno studente con un compito difficile, chiedendo continui rinvii al Professore che glie lo ha assegnato. Ora ho la netta sensazione che alla nostra civilizzazione non verranno concessi più rinvii. Questo compito dovrà essere finalmente affrontato e portato a termine, partendo da questa verità, da sempre conosciuta, e cioè che esiste una completa "… mescolanza, per non dire la totale confusione del bene e del male, che spesso sfugge all'occhio più acuto". Jünger- Ed è questo il lavoro assegnato a Psiche: "... Good and evil we know in the field of this world grow together almost inseparably; and the knowledge of good is so involved with the knowledge of evil and in so many cunning resemblances hardly to be discerned, that those confused seeds, which were imposed on Psyche as an incessant labour to cull out and sort asunder, were not more intermixt". Da una citazione di J.G. Frazer-

43. Irresponsabilità e Viaggio nella propria miniera

Ai fini della legge e della giustizia che si applica nei tribunali, se si dovesse prendere il libero arbitrio come condizione di punibilità nessuno potrebbe essere più punito da nessuna legge di nessuno stato di questo nostro mondo. "... La piena irresponsabilità dell'uomo per il suo agire e per il suo essere è la goccia più amara che chi persegue la conoscenza deve inghiottire, se era abituato a vedere nella responsabilità e nel dovere il titolo di nobiltà della sua umanità". Nietzsche-

Jung definisce il problema del libero arbitrio come un mistero, "... un problema trascendentale che la psicologia non può risolvere, ma solo descrivere", ma giustamente Gurdjieff avvertiva i suoi seguaci che "... è la meccanica che è necessaria per lo studio delle macchine e non la psicologia. Siamo ancora molto lontani dalla psicologia ... Un uomo è responsabile. Una macchina no ... le persone addormentate ... sono vere e proprie macchine che lavorano soltanto sotto la pressione di influenze esterne ... è possibile smettere di essere una macchina, ma per questo, è necessario, prima di tutto, conoscere la macchina. Una macchina, una vera macchina non conosce sé stessa e non può conoscersi. Quando una macchina conosce sé stessa, da quell'istante ha cessato di essere una macchina, per lo meno non è più la stessa macchina di prima. Comincia già ad essere responsabile delle proprie azioni". Ouspensky-

Può darsi, è augurabile! che un giorno l'Umanità intera arriverà alla condizione che le permetterà di scendere dentro sé stessa: tutti insieme si ritroveranno allora giudici e criminali; accusati e accusatori, buoni e cattivi. Un tempo non mi sarei sentita di augurarmi una cosa del genere, avevo troppa paura del caos che sarebbe conseguito ad un 'viaggio in massa' dell'umanità dentro sé stessa, mi auguravo che, tra di noi, partissero prima i più puri, per essere sicuri del loro ritorno e del loro insegnamento. Oggi non ho più questa paura, sapendo che ogni nuova creazione trae necessariamente origine da un caos. "... bisogna avere ancora un caos dentro di sé per partorire una stella danzante". Nietzsche, e sapendo, anche, che solo un grande evento globale potrà imprimere all'esperienza il valore di insegnamento e conoscenza generale, permettendo, finalmente, il cambiamento e il Nuovo.

Tuttavia un viaggio in massa, a meno che sia scatenato da un evento di portata straordinaria che si ponga al di sopra di tutta la massa umana, appare di per sé assai improbabile. Konrad Lorenz avvertiva che sono ancora troppi gli uomini che "... restano sordi al più intelligente dei precetti che mai saggio abbia dato loro, al famoso <conosci te stesso> detto da Chilone, ma generalmente attribuito a Socrate. Che cosa impedisce agli uomini di ubbidirgli?

Si tratta di tre ostacoli che traboccano di emozioni ... e tutti tre legati e intessuti con una brutta qualità umana, la superbia ... la sua reazione di ripulsa verso lo scimpanzé ... l'avversione irrazionale a riconoscere che quel che facciamo o non facciamo sia soggetto alle leggi della causalità ... e ... nelle nostre culture occidentali, l'eredità della filosofia idealista ...che, ripartendo il mondo in due, conferisce valore solo al mondo interno dell'uomo e sostiene la sua <avversione verso la sua stessa costituzione naturale>... I naturalisti non hanno davvero colpa se l'uomo manca di auto-comprensione". Lorenz-

In ogni caso, a chi è diventato maturo per l'auto-osservazione e l'auto-comprensione, non sarà comunque possibile sottrarsi al suo compito, anche se percepisce il suo sforzo come irrilevante per l'Umanità, il cui destino gli sta a cuore come la prima cosa al mondo. Non potrà sottrarvisi, perché il destino gli sbarrerà il passo e lo costringerà a ripiegarsi su stesso. Quello che è augurabile, quindi, è che un numero sempre più grande di individui raggiunga questo traguardo di maturità, per il quale non si danno altri passi nella vita, salvo quelli del discendere dentro sé stessi: "... tra tutte le miniere la propria è quella che viene scavata per ultima". Nietzsche-
E nella propria miniera ciò che prima di tutto si dovrà scavare e portare al luce è il proprio 'cosiddetto male'! E per far questo sarà richiesto molto coraggio e molta forza, il coraggio e la forza di "... sopportare di rimanere presso sé stessi e non andare vagando in giro ... (giacché)... molto di ciò che risiede nell'intimo dell'uomo è simile all'ostrica, nauseante e viscido e difficilmente afferrabile ... L'uomo è per sé stesso un grave fardello ... ed egli è per sé stesso la più difficile delle scoperte". Nietzsche-

44. Male, Paura ed Aggressività

Ognuno ha il suo proprio reale incontro con il male, attraverso la sua propria via. La mia conoscenza del male, ottenuta attraverso la mia via, non sarà certo diversa da quella ottenuta da tanti altri, attraverso le loro proprie vie. "Una coscienza non può mai contraddire un'altra coscienza, mentre una morale può sempre contraddire e negare un'altra morale". Ouspensky- Se apriamo la nostra comprensione al male, esso ci viene incontro e ci si mostra, nella sua consistenza reale.

Nella vita incosciente e meccanica dei sistemi viventi che possiamo osservare nel nostro mondo fisico, compreso il sistema umano, il male non è qualcosa di assurdo ed inspiegabile, ma ha la specifica ed importantissima funzione di assicurare ed affermare la vita del singolo sistema vivente, è "... un istinto di per sé conservativo". Lorenz- Io direi: il massimo istinto o la somma di tutti gli istinti di conservazione, perciò esso è propriamente il bene, il massimo bene per l'individuo. Nessuno si sognerebbe di definire 'male' il fatto che l'olivo selvatico spunti a volte, in terreni molto aridi, come nei luoghi in cui io vivo attualmente, serrato letteralmente al tronco di una pianta esistente, assicurandosi in tal modo la vita, e poi cresce strangolando la pianta che gli ha dato asilo. Questa è stata sempre chiamata la legge del più forte, una legge naturale molto importante, non certo la legge del male. Succede ugualmente fra gli uomini una cosa simile, ma noi allora la bolliamo come 'male'. "… Fratelli miei, fino ad oggi … sul bene e sul male si sono avute solo illusioni, non cognizioni!

<Non rubare! Non ammazzare!> - un tempo si dissero sacre queste verità ... Forse che nella vita stessa, intera, non è -predare e ammazzare? e col santificare queste parole, forse, non venne ammazzata la verità?". Nietzsche-

Ogni sistema vivente, ogni unità ubbidisce alla regola principale della sopravvivenza ad ogni costo, nell'ambito della legge del più forte, e a questo scopo gli sono dati due istinti principali, che sono due aspetti diversi della paura e che genera ciò che viene chiamato male: l'aggressività, per alimentare la propria vita e difenderla così dal pericolo di perdere o non avere abbastanza cibo di qualsiasi natura e la paura. Quest'ultima, passiva o attiva è data per difendere la propria vita da chi ne minacci l'estinzione. La paura, quando non genera aggressività, genera un tipo di male più sottile, più occulto, più difficilmente riconoscibile, più viscido, direbbe Nietzsche, ma è sempre data per difendere la propria vita da ciò, che permettendo la sopravvivenza altrui, diventa una minaccia per la propria. Quest'ultimo tipo di paura si esprime, nel mondo umano, sotto moltissime forme, comprese quelle della gelosia, dell'invidia e dell'odio, tutti sistemi per tenere - a distanza di sicurezza - altri individui, che, affermando sé stessi, stabilirebbero, se non venissero distanziati, una situazione di pericoloso confronto con ciò che noi siamo, influendo drammaticamente sulla confidenza ad affermarci che abbiamo in noi stessi.

L'aggressività, comunque si manifesti, e qualunque sia la sua ragione o il suo scopo, trova sempre il suo essenziale fondamento nella paura, è il modo attivo del suo manifestarsi. Nel regno animale è soprattutto paura della propria estinzione. Lo stesso accade nel regno vegetale - si pensi all'aggressività dell'erbaccia nei giardini o negli orti! Per l'essere umano è una paura in senso lato, non necessariamente paura della propria morte, ma anche la paura di non riuscire nella vita, di non farcela, nella generale e terribile competizione, a sopravvivere in ogni senso.

Ogni vita lotta per vivere e ogni vita è male per l'altra vita.

"Ogni vita contiene la crudeltà di respirare l'aria che è anche di altri". Saviane- "… Hanno ragione Socrate e Platone: qualunque cosa faccia, l'uomo fa sempre il bene, vale a dire: ciò che a lui sembra bene (utile), a seconda del grado del suo intelletto, del livello a cui ogni volta giunge la sua razionalità". Nietzsche-

"… Si può dire che per l'uomo soggettivo il male non esiste affatto, esistono per lui soltanto differenti concezioni del bene. Nessuno fa mai deliberatamente qualcosa per servire il male, per amore del male. Ognuno agisce per servire il bene come egli lo intende. Ma ognuno lo intende in modo differente. Per conseguenza, è sempre la stessa loro ignoranza e il profondo sonno nel quale vivono". Ouspensky- Quanto l'aggressività sia essenzialmente fondata sulla paura, meglio: quanto sia paura in modo attivo, lo si vede chiaramente in tutte le situazioni di potere dittatoriale, dove si continua ad ammazzare per assicurare la continuazione della dittatura e la sopravvivenza di chi la esercita.

Potere, paura e aggressività sono intimamente connessi,
l'uno causa ed effetto dell'altro

Più grande il potere, più grande la paura e più grande l'aggressività. Questa relazione si osserva, in proporzioni diversamente rapportate, dovunque si riscontri una situazione di potere, ivi compreso il potere di un essere umano su pochi altri o almeno un altro essere umano, anche nelle situazioni in cui la presenza di questo potere sembrerebbe a primo acchito, assurda, come in relazioni di amore o coniugali.

La paura di perdere il proprio potere sugli altri o sull'altro, rende l'uomo aggressivo, ma questo potere è il figlio stesso della paura, una paura completamente sconosciuta a noi tutti, ma che è reale, molto reale, ed è la paura di non avere abbastanza o di perdere la propria energia vitale. "... when we control another human being, we receive his or her energy. Our basic tendency is to dominate others and take their energy to make us feel better ... humans compete for energy. We unconsciously steal it from others only because we have been disconnected from the larger source of supply. This competition underlies all human conflict in the world. Once we understand this fact, we will begin to transcend conflict over mere human energy - to stop manipulating others - and begin to receive our energy from another source". J.Redfield-

L'essere umano incosciente, che non è collegato alle fonti dirette di energia, la prende attraverso una via mediata, succhia energia da altri esseri umani. Si spiega così questo estremo bisogno d'uomo che ha l'uomo, l'animale sociale; si spiega anche come l'eremita abbia ormai superato questo bisogno. All'eremita il succhiare energia deve sembrare una cosa grottesca e orripilante, se non riesce più a sopportare la compagnia degli uomini. All'osservatore di questo fenomeno si possono presentare situazioni paradossali, situazioni-limite di succhiatori e succhiati, dove quest'ultimi vengono prima sgrassati, poi scarniti, poi smidollati, infine risucchiati dentro le ossa. L'uomo addormentato e avido di energia pasteggia con l'altro uomo, come se si trattasse di un pollo o di una quaglia, di cui, alla fine, minutamente schiaccia le ossa sotto i denti per estrarne il gustoso succo. L'uomo avido fa fuori molti polli e molte quaglie nel corso della sua vita. Ci sono poi i ricconi che hanno bisogno di vedere la tavola sempre imbandita di molti e succulenti e pregiati piatti. In questi casi i succhiati diventano piccole folle, merce che si acquista, si paga con le monete più diverse. I politici e I capi di stato mangiano folle più grandi, mentre i dittatori mangiano i paesi interi, ma i primi si servono, più o meno elegantemente, di posate, mentre i secondi divorano con mani sporche di sangue.

La misura di aggressività è proporzionata alla paura che si ha di non trovare o di perdere le fonti del proprio cibo. Così i più aggressivi sono i più paurosi di questa speciale paura e i più paurosi sono i più bambini, i non ancora cresciuti, i nani dello sviluppo umano, quelli che non possono sopportare l'idea di rimanere anche un attimo soli con sé stessi, perché hanno paura di sé stessi. Certo, in tutto questo succhiare energia, c'è il male fatto al succhiato, ma è conservazione, è Natura, è necessità, è legge che dobbiamo conoscere, se vogliamo superarla.

In Natura nascono animali grandi e piccoli, ciò che basta per sopravvivere ad una formica è ben diverso da quanto occorre ad un elefante. Le foreste si sentono accapponare la pelle quando avvertono il barrito dell'elefante, ma di chi è la colpa, esiste una colpa se a questa varietà di sistemi viventi occorre energia e per procurarsela devono mangiare? Esiste una colpa se piante costrette a contendersi il suolo e la luce finiscono per mangiarsi l'un l'altra? Certo proprio le piante ci dimostrano che si mangiano l'un l'altra quelle che non sono abbastanza collegate con la luce diretta del sole. Le altre, che sono tutte al sole stabiliscono un equilibrio tra di loro, una specie di patto sociale, che permette loro di vivere tutte insieme e competere abbastanza democraticamente nell'approvvigionamento di energia. Ovviamente anche tra le piante che sono tutte al sole c'è chi fa la parte del leone in questo approvvigionamento, ma si osserva ancora un equilibrio che manca del tutto fra le piante in ombra.

Sotto questo aspetto del mangiare ed essere mangiato e del competere per l'energia vitale, il male trova la sua giustificazione nella catena alimentare che lega insieme tutti i sistemi viventi del nostro pianeta. Il "liberaci dal male", nella preghiera cristiana, è l'invocazione di un aiuto dall'alto per affrancarci, fin dove possibile, da questa catena, da questo male necessario e primitivo, che è poi degenerato così tanto, che oggi, a stento, riusciamo a riconoscere la sua origine.

45. Come nasce la linea di divisione fra bene naturale e male sociale. Sbilancio come male propriamente naturale

Ciò che nella natura primitiva del sistema vivente umano rappresentava il massimo bene (la propria sopravvivenza a spese degli altri o di altro), a poco a poco è diventato il male. I meccanismi istintivi a difesa ed espressione della vita, sottoposti all'evolversi delle leggi morali umane e delle leggi sociali a protezione della convivenza civile, e soprattutto all'inasprimento di quest'ultime, in condizioni di sovrappopolazione, hanno subito una repressione sempre più crescente fino a che sono usciti dalla consapevolezza dell'appartenenza al mondo interno e proprio di ogni organismo umano e si sono situati al di fuori. Il male, che questi meccanismi istintivi hanno finito per rappresentare, si è venuto a trovare così nel mondo esterno, in cui l'uomo morale e civile, anzi civilissimo, non li riconosce più come attributi della natura umana e non li giustifica più. Semmai, essi appartenevano alla sfera animalesca dell'uomo primitivo e sono stati dimessi nel corso dell'evoluzione umana. Così si pensa, a torto.

Allo stesso modo, ciò, che nella natura era il bene per quell'olivo selvatico, nato serrato ad un eucaliptus, è divenuto, male da combattere, quando alcune autorità australiane hanno deciso che, in alcune zone, dove quest'albero mostrava un eccessivo sviluppo, occorreva salvare il nativo *bush* australiano, dall'invasione e dal soffocamento di un prolifico immigrato dall'area mediterranea e ha disposto l'eliminazione di decine o centinaia di migliaia di olivi, che minacciavano la sopravvivenza di qualche centinaio di eucaliptus, definendo l'olivo una "peste", nonostante tutte le rimostranze di quelli che sostengono che, invece, l'olivo è l'albero sacro, per eccellenza.

In questo modo, questo magnifico albero è uscito dal mondo interno dei valori del *bush* australiano ed è stato posto nel mondo esterno, diventando il male da combattere, lo straniero che non può trovare accettazione e accoglienza nel sistema. La legge è entrata nel bosco ed ha creato il male! Bisogna, però, riconoscere che ciò che ha trasformato il bene per l'individuo olivo - male per altri - in male per lo stesso individuo che in questo modo ha trovato la propria morte, è stata una situazione di eccesso e di squilibrio. Il primo olivo, da un seme finito per caso nel bosco, non si è accontentato di sopravvivere, ma ha voluto proliferare e non si è accontentato di una prole ragionevole, ma ha voluto strafare, e strafare è permesso, anzi comando di natura, ma non è più permesso quando intervengono le leggi dell'uomo a regolare la convivenza e la concorrenza di ciò che esiste sulla terra. Nella natura non ci sarebbe stato alcun male: un bosco di eucaliptus che viene soppiantato da un bosco di olivi, che si rivelano più forti, è nell'ordine delle leggi naturali per le quali è un bene che vinca il più forte! Può darsi che gli stessi eucaliptus, oggi protetti, un tempo furono gli invasori e gli strangolatori e soppiantarono un altro tipo di vegetazione, ma allora non esisteva una società civile che potesse chiamare questo: "male".

Le leggi degli Stati dell'uomo hanno creato il male. E prima di queste la convivenza umana ha creato le morali, religiose e sociali.

Dove non ci sono ancora leggi, ci sono le morali che stabiliscono in modo sempre diverso la linea di demarcazione fra il bene e il male nel comportamento umano, fra ciò che può rimanere all'interno del sistema e ciò che deve essere buttato fuori. Di conseguenza le morali, contraddicendosi, urtano tra di loro e "… si distruggono reciprocamente". Ouspensky-

Al di là di leggi e di morali, come creatrici del male sociale, emerge poi, dall'esempio dell'olivo selvatico, il fattore determinante di quello che ci colpisce come "male naturale": lo squilibrio, lo sbilancio, l'eccesso è ciò che lo determina. La benefica pioggia diventa male, quando è troppa e si trasforma in alluvione; il calore del sole, così benefico per la crescita delle piante finisce per bruciarle, se eccede le temperature di tolleranza; il vento che ci aiuta, spingendo la nostra barca a vela, scatena la tempesta che ci fa affondare. Questo sbilancio è anche ciò che crea la malattia nei corpi e in tutti i sistemi, si capisce così che ogni malattia è sbilancio. Tuttavia, una certa dose di sbilancio è necessaria perché ci sia movimento ma:

Il male è l'eccessivo sbilancio.

46. Male sociale e Giustizia. Repressione ed Aggressività Pura

Combattere e punire il male sociale, cioè l'espressione di istinti naturali aggressivi destinati ad alimentare, conservare e potenziare la vita, ma dichiarati fuori legge dalla convivenza civile e da tutte le sue leggi e morali di ogni tipo, è sempre stato e continua ad essere il problema della legge e della giustizia umana: problema che non solo non ha mai risolto, ma che diventa sempre più grande, perché sempre più grande diventa il numero degli uomini, la competizione per la sopravvivenza e l'avidità di energia. Il male è sempre al di fuori, nell'altro. "… Nell'istruzione militare l'essenziale è che il male … sia attribuito al nemico. Non lo sfruttatore è il nemico, ma il nemico è lo sfruttatore". Jünger-

Il male è solo nel criminale, non anche nel giudice, nello Stato o nella legge o nella società di cui il criminale è parte integrante, o, semplicemente, nella natura umana. Secondo la legge, è il criminale che produce il male e ne ha la piena responsabilità, a meno che non sia un senza mente, o un folle. Se si ritenesse diversamente non sarebbe possibile punirlo. Lo Stato deve proteggere la collettività dal male e quindi deve punire i colpevoli, deve eliminarli o rinchiuderli a vita o a tempo determinato, a seconda della gravità del male prodotto.

Lo Stato non filosofizza, agisce; solo che per non aver mai filosofizzato, diventa sempre più stressato nel riconoscere che la punizione non serve, non dico ad eliminare il male, ma almeno a contenerlo. Il male diventa sempre più rigoglioso, più sfacciato, più prepotente; diventa organizzato, come o meglio dello Stato, si misura con la forza dello Stato, ricatta lo Stato, patteggia con lo Stato o si fa beffe dello Stato. Oggi il male si modernizza, usa la tecnica, si infila nei computers, si dirama elettronicamente. Lo Stato riconosce la sua impotenza di fronte al male, anche se singoli eroi ogni giorno perdono la vita nel tentativo di combatterlo.

Il male è una potenza. Questo vuol dire che esiste o è diventata una forza in sé e per attuarsi trova le sue vie più adatte, attraverso quelli che poi saranno chiamati i colpevoli. La continua repressione e il conseguente, notevole inutilizzo di istinti conservativi, le rabbie e gli odi di tutti generi che tanti hanno dovuto covare, a volte per vite intere, senza il beneficio di una liberazione, tutto questo ha prodotto e continua a produrre un accumulo collettivo di energia il cui sfogo meccanico ed automatico produce, anzi, si crea il criminale. Costui è il mezzo idoneo, per sua sfortuna, a lasciar passare attraverso di sé questa energia che vuole e deve scaricarsi. Quello che, infatti, tormenta il Raskolnikov di Dostoevsky non è il fatto di non sentire rimorso, ma la meccanicità e l'incontrollabilità della sua azione: "… What really made him ashamed was that he, Raskolnikov, had gone to this doom so blindly, hopelessly, in deaf-and-dumb stupidity, following the edict of blind fate, and must submit and resign himself to the 'nonsense' of a similar edict if he were ever to know any rest".

Per affermare questa semplice verità, si è dovuto scrivere un romanzo di centinaia di pagine, eppure non basta leggere il romanzo per capire questa semplice verità, occorre uscire dalla meccanicità, occorre svegliarsi per poterne osservare il funzionamento. Lo Stato, con le sue leggi, vorrebbe distruggere la pianta che gli cresce fuori, (il fuorilegge) senza estirparne le radici che gli crescono dentro.

Per ogni albero che cresce sopra la terra, c'è un albero uguale che cresce sotto terra. Questo, ogni contadino lo sa, ma lo Stato dei dottori lo ignora. Lo Stato è una macchina, dorme. Affinché lo Stato si svegli, occorre che si sveglino tanti, tanti suoi cittadini!

Ed è per questo che nessun progresso sostanziale è mai stato fatto sulla via di capire realmente questo problema.

Quello che più spaventa è che il male appare sempre più disancorato dal suo originario scopo conservativo, in quanto sempre più si realizza senza una causa determinante o una finalità, diventa sempre più liberazione di aggressività pura. Più cresce il numero degli individui, più stretto si fa lo spazio intorno a noi, più difficile la vita, più frequenti i motivi di rabbia, più frequente la repressione, più forte il potere dello Stato e l'ingiustizia e pertanto più aggressività nell'individuo. Certo si ammazza ancora per gelosia, per vendetta, per motivi di denaro, per una evidente e grave ingiustizia subita, e via dicendo, ma quante volte, si ammazza senza nessuna ragione apparente e plausibile?

Il male, ovvero quella forza necessaria alla natura incosciente e meccanica, quella specie di armatissimo angelo custode, che ci impedisce di essere sbranati e fatti a pezzi, non appena mettiamo piede nella vita, consentendoci di lottare contro chi vuole sbranarci e autorizzandoci a sbranare e fare a pezzi l'altro da noi, non viene eliminato per effetto della repressione da parte della società umana, viene solo eluso, nascosto e poi compresso in contenitori collettivi. Dove vanno a finire, se no, tutte le aggressività represse e le rabbie non esplose di centinaia di migliaia, di milioni di esseri umani che hanno subito ingiustizie, di quegli innocenti che sono stati torturati o semplicemente delle vittime del disamore e della crudeltà di chi le ha messe in vita? Ciò, che non esplode o non può esplodere al momento giusto, non scompare, ma si concentra in un serbatoio personale e quando questo serbatoio è pieno fino all'orlo, allora, se non esplode tutto il serbatoio, il contenuto trabocca riversandosi in un serbatoio comune, un gigantesco condominio di energie negative. Ci sono molti serbatoi condominiali di varie grandezze corrispondenti a vari sistemi e situazioni.

In questi condominii, per i quali è escluso il beneficio di riversare, a loro volta, il troppo pieno in altro recipiente, il problema diventa l'accumulo di tensione dovuto alla pressione che si viene a creare all'interno. Questa viene spesso alleggerita da fuoriuscite attraverso aperture occasionali, rappresentate da individui che mettono in atto le loro isolate o meno azioni criminose, ma esiste sempre un punto in cui la pressione non potrà più essere abbastanza alleggerita attraverso questa via e porterà all'esplosione di tutto il recipiente. Le guerre rappresentano proprio le esplosioni di questi recipienti, di questi grandi condominii, mentre le stragi e i crimini individuali restano semplici alleggerimenti, più o meno consistenti, ed hanno l'effetto di ritardare l'esplosione, quando siano quantitativamente apprezzabili. Allo stesso modo:

le piccole guerre hanno l'effetto di ritardare le grandi guerre.

È notorio che le persone dotate di carattere iroso e che attraverso gli scoppi frequenti d'ira si liberano della tensione accumulata, sono meno dannose di persone dal carattere pacifico le quali accumulano tensione fino ad un punto tale che essa poi esplode in un colpo solo e in maniera a volte terrificante, con vere e proprie stragi di persone che per puro caso si trovano nel loro raggio d'azione. È il caso degli individui che oggi si mettono improvvisamente a sparare sulla folla per la strada, nei supermercati, nelle banche, nei cinema o negli stadi, oppure appiccano incendi o fanno scoppiare bombe e provocano la morte di decine o centinaia di persone. In questi casi, a stento si riesce a concepire che possa esservi un motivo personale; il male si presenta senza ragione e senza scopo; si resta, puntualmente, sbalorditi e si finisce per pensare alla follia, come produttrice del male, ma esso non può essere mai ascritto alla follia, come sua produttrice. Di fronte ad una piena che ci travolge, non esiste altro che la piena stessa. Tutto il resto scompare. L'individuo, investito da questa piena, scompare. Solo dopo che la piena ha fatto il suo corso e i suoi danni, l'individuo sarà trovato, semi o completamente distrutto e abbandonato tra i resti di quel paesaggio devastato, sul quale la piena è passata. La follia in tutto questo non c'entra niente. L'individuo che spara sulla folla e poi si spara non è affatto un folle. Se fosse folle non si sparerebbe, perché la follia è data proprio come scappatoia della mente a salvaguardia del corpo.

Né, per converso, è necessariamente un folle colui che spara sulla folla e poi non si spara, e si prepara ad affrontare tutto il resto. Semmai costui sarà l'uomo che silenziosamente inizierà e continuerà ad interrogarsi per tutta la sua vita restante, come il Raskolnikov. Ma i giudici e le giurie sono più clementi solo con chi mostra di sentire pentimento (pentirsi di che? Di essere stato travolto da una piena?) e sono, invece, implacabili con i Raskolnikov, che mostrano assoluta impassibilità e freddezza, i mostri, le belve umane!

Più avanti si vedrà il ruolo che la follia può avere in ciò che porta a compimento il male, ma di una cosa ho reale certezza ed è che il male non trova la sua causa nella follia. È sì follia, il pensare e credere che il male possa essere imbrigliato da parte della società con una serie di divieti e di pene. Si possono imbrigliare i pesci in una rete, ma non l'acqua del mare.

La tensione individuale repressa e finita per il troppo pieno nel recipiente collettivo, si ingigantisce, perché si mescola a tutto il resto, e quando il singolo esplode, in realtà è una parte della tensione collettiva che esplode attraverso di lui e nella misura in cui egli è aperto a questo sfogo. Ogni apertura di sfogo, piccola, media, grande o grandissima, è buona per quest'acqua che bolle nel recipiente Ogni sfogo arreca beneficio alla tensione, al vapore accumulato. E un individuo che cova in sé molte rabbie represse, rappresenta generalmente un'ottima apertura. Egli è un importante inquilino di questo condominio; è un buon conduttore del "cosiddetto male", ma questo è una forza che esiste ormai in sé e per sé, una forza che le morali, le leggi delle civilizzazioni umane e le rabbie di ogni natura hanno creato e continuano ad alimentare. Tutto questo non esiste nel mondo animale, dove i meccanismi istintivi funzionano ancora in massima parte secondo natura, cioè secondo le finalità per le quali sono dati.

Nel mondo animale, si ammazza e si sbrana, in piena regolarità, ma solo per mangiare e, quindi, per conservarsi, oppure per difendersi dall'essere mangiato, o si lotta secondo regole precise per difendere il proprio diritto a procreare o il proprio diritto allo spazio. In questo regno, il male ha sempre una chiara, evidente, funzione conservatrice dei sistemi viventi, ha sempre uno scopo immediato e definito. Onestamente non conosco un animale che ammazza per ammazzare, che ferisce solo per ferire, per scaricare aggressività, ma anche se ci fosse, sarebbe comunque una rarità. Questo nel loro ambiente naturale, ma già se consideriamo gli animali domestici quali il gatto e il cane, già si può vedere, a volte, come l'istinto perda il suo carattere conservativo e diventi male senza scopo, aggressività pura. I nostri grassi gatti domestici, che hanno completamente perso il gusto dato dall'appetito, si divertono a volte ad ammazzare uccellini che non mangeranno, ma che ci porteranno davanti la porta di casa semplicemente per farci capire che un istinto naturale, non utilizzato non può mai essere completamente eliminato, ma solo messo da parte e proprio perché si è accumulato, finisce per liberarsi come gratuita aggressività.

Proviamoci, poi, a maltrattare continuamente un animale domestico. Sopporterà e sopporterà, reprimerà e reprimerà il suo istinto di morderci o sferrarci un calcio, ma alla fine questa energia repressa scoppierà e l'animale più fedele e più vicino all'uomo potrà diventare strumento di gravi ferite o addirittura di morte per l'uomo stesso: che sia questi il torturatore o un innocente provocatore. Così dal male con scopo chiaramente conservativo contro il torturatore si passa all'aggressività pura contro l'innocente provocatore, la quale aggressività pura quando si libera non ha altro scopo che quello di liberarsi. Il passo tra il male conservativo e l'aggressività pura è brevissimo. Ciò che non si è prodotto nel primo modo potrà, prima o poi tradursi nel secondo, ma lo dovrà necessariamente quando avrà raggiunto il massimo limite di accumulo di questa energia inutilizzata.

47. I Pupazzi della Guerra

L'accumulo di energia collettiva, quando la pressione diventa elevata, trova, dunque, un reale beneficio solo in una liberazione di una certa consistenza, come nella violenza di massa, nelle guerriglie e nelle rivoluzioni e, quando la pressione diventa insostenibile, allora c'è l'esplosione di tutto il recipiente e si ha la vera guerra. Non ci sono mai motivi reali per la guerra; è la guerra che si crea le sue giustificazioni, le sue ragioni spesso nobilissime, per poter armare la mente di chi la decide e la mano del soldato per uccidere. I responsabili della guerra sono "pupazzi" utilizzati da questa Forza che si libera, allorché si creano le condizioni adatte: la tensione della repressione alla quale è stata sottoposta è diventata intollerabile, oppure, eventi planetari si producono nel Cosmo e producono una tensione fra masse planetarie che influisce su questi accumuli di energie. "… Si produce una grande marea quando la Luna e il Sole si ritrovano sulla stessa linea; per noi è l'evento storico Forse gli astrologi e i profeti possono dire più di me sull'argomento". Jünger-

Il passato storico mostra che, per il popolo, la dichiarazione di guerra ha sempre rappresentato la promessa di un'orgia, una salutare liberazione: una enorme energia accumulata si dà - essa stessa - il permesso di liberarsi in piena legalità, proprio perché deve liberarsi pienamente e completamente. I protagonisti della guerra non c'entrano, sono semplicemente bottoni da premere e alla fine far saltare in aria. "… anche nell'ambito della grande politica, in cui sono in gioco milioni di teste, salta agli occhi la pochezza degli attori. In base a quali principi vengono scelti?". Jünger-

Questi attori, pupazzi o bottoni, non solo vengono scelti dalla Forza che deve liberarsi, in base al principio della massima conduttività o conducibilità, usando questi termini per estensione e poter così rispondere alla domanda di Jünger, ma vengono anche protetti fino alla fine, fino a quando tutto ciò che doveva essere scaricato, lo è stato totalmente. Come mai falliscono tanti attentati contro i signori della guerra, mentre la prima raffica falcia sempre gli avvocati della pace?

I bottoni adatti, che una forza distruttrice preme, dalla stessa Forza vengono infine distrutti. Non diversamente da come opera una professionale criminalità: usa per distruggere e poi distrugge il distruttore. Costui non è il forte per eccellenza, anzi è il debole in assoluto, una macchina che non è capace di accorgersi di essere usata dal gioco delle Forze che, alla fine, in questo gioco lo faranno a pezzi.

Un gas qualsiasi, compresso in un recipiente oltre la misura di resistenza dello stesso, alla fine lo fa scoppiare, e il recipiente scoppia, squarciandosi nel punto più debole della sua struttura. Ogni struttura ha il suo punto debole. La "pochezza degli attori" si giustifica proprio in questo modo: essi rappresentano i punti deboli nella struttura sulla quale preme la forza repressa o sulla quale si esercita la tensione astrale. Sono gli uomini, più macchina di qualsiasi altra macchina, che si fanno usare da questa forza, che in realtà, è il bacino di raccolta di energie che provengono da milioni e milioni di individui. Da tutti i mari e gli oceani e gli specchi di acqua e i fiumi evapora l'acqua che forma le nubi che viaggiano e si accumulano e si rovesciano laddove si presentano le condizioni adatte.

In questo senso, se si può parlare di responsabilità della guerra, si può solo parlare di responsabilità collettiva e per le guerre mondiali, di responsabilità planetaria. "... L'uomo non deve mai dimenticare che le immagini che ora lo terrorizzano sono la proiezione della sua interiorità. Il mondo di fuoco, le case in fiamme e le città in rovina, le tracce della distruzione sono come la peste, i cui germi a lungo hanno proliferato all'interno prima di colpire in superficie. È la materia rossa dell'uomo che si rispecchia nell'immagine del mondo ... bisogna tenerne conto, specie a proposito della punizione dei colpevoli. A far ressa attorno alla carica di giudice saranno proprio quelli di forte volontà ma deboli di giudizio". Jünger-

Lo scoppio di questa materia rossa, che colpisce alla cieca e a raggiera intorno a sé come quello di una bomba, lo scoppio di questa forza naturale, che non è stata utilizzata per quei fini per i quali essa è data istintivamente, è ciò che, come già detto, propriamente riveste il carattere di male, assoluto ed obiettivo, indipendentemente da qualsiasi valutazione morale o sanzione legale, ma già per il fatto che diventa privo del suo scopo naturale, diventa aggressività pura. Scoppia solo perché deve scoppiare e in tal modo persegue un proprio scopo artificiale, disancorato dal suo primitivo scopo naturale.

La pulsione aggressiva umana, senza il beneficio calmante di una adeguata valvola di sfogo, diventa ipertrofica - dice Konrad Lorenz - essa aumenta di volume, si gonfia, supera tutti i livelli di guardia e si libera scoppiando. Proprio perché, essa si libera indipendentemente dal servire l'originario scopo in natura, uno scopo naturalmente giusto, come è quello conservativo, essa diventa male anche per l'individuo alla cui conservazione essa era principalmente diretta e per cui costituiva in realtà un bene. Allora costui "… finisce per fare come lo scorpione e rivolgere contro di sé l'aculeo avvelenato". Nietzsche-

Lo sbilancio, fra accumulo di questo tipo di energia e liberazione, che produce il male puro, è dovuto al movimento completamente cieco e meccanico che ancora muove l'umanità. Fino a quando questo movimento procede a zig-zag, per estremi, niente potrà mai cambiare: questo procedere non può creare niente di diverso, il male sembra far parte integrante e necessaria di tutto il gioco. Tuttavia, il male sembra avere sempre una ragione ed una giustificazione. Se il bene è l'avanzata della Vita sonnolente, verso il suo risveglio, il male sembra proprio dato per spingerla avanti, attraverso la paura dell'annientamento che esso desta. Lo sbilancio è necessario al movimento, affinché il movimento sia, ma il movimento diventa creatore, nelle vicinanze del centro, non agli estremi. Al di fuori di una situazione di dinamico equilibrio, tutte le forze creatrici diventano forze distruttrici.

48. Crisi della Guerra e preoccupazioni della Luna

Dalla fine della seconda guerra mondiale con l'uso della bomba atomica, l'intera umanità ha sentito l'immenso pericolo di eliminare sé stessa e ha preso coscienza della necessità di dominare l'istinto di guerra "… oggi, (negli anni '80) la guerra … registra una situazione di acutissima crisi, subisce per la prima volta un processo di riduzione ideologica. Fino ad oggi ... è stato possibile giustificare, seppure, si badi bene, senza alcuna reale legittimità, l'esplosiva insorgenza dei conflitti fra popoli e le nazioni come uno dei fattori essenziali dell'evoluzione dell'uomo e delle sue cultura: la guerra, come ‹necessità biologica›, ‹falcetto potatore› della Natura. Oggi, la possibilità di una conflagrazione su scala planetaria, cui la presenza di armi atomiche conferirebbe il carattere di una totale autodistruzione dell'umanità, e forse perfino della vita, annulla ogni tensione problematica all'interno della ideologia della guerra identificandola rigorosamente con l'assoluto male. La guerra non può più essere considerata la ‹sola igiene del mondo›, a meno che, osserva Fornari, non si voglia con ciò suggerire che la suprema operazione igienica consista nell'eradicazione dell'uomo, pervicace parassita della terra". G. Celli-

Vi sono certamente delle ragioni, nell'ambito dell'evoluzione meccanica della terra e della sua umanità per cui la guerra ha assunto dapprima carattere mondiale e infine quello di guerra atomica e, come tale, è diventata il male supremo da combattere. Proprio perciò, questo male si combatte da sé stesso, per il semplice fatto di essere diventato assoluto. Forse Konrad Lorenz riconoscerebbe in questa situazione, l'originarsi di un meccanismo inibitorio, all'interno di una funzione vitale, per impedire i suoi effetti divenuti altamente nocivi. Che le prime due guerre mondiali abbiano avuto una funzione specifica, che sfugge allo sguardo di molti, è per alcuni, invece, un fatto indiscutibile: "... La storia è colma di necessità superiori. La necessità storica della Prima

Guerra Mondiale fu di portare alla scomparsa delle monarchie. Le monarchie sono scomparse tanto presso i vincitori quanto presso i vinti. La necessità propria alla Seconda Guerra Mondiale fu di far scomparire gli stati nazionali. Non ci sono più che grandi imperi come la Russia, L'America, la Cina; è la forma in cui si presenta oggi la potenza". Jünger-

Una terza guerra mondiale, il cui prevedibile orrore ha pesato e continua a pesare come un cattivo sogno su tutte le anime della terra, non sembra possa avere altra necessità superiore che quella di liberare la terra dai suoi parassiti, dal momento che "... la terra...ha una pelle; e questa pelle ha delle malattie. Una di queste malattie si chiama, per esempio, 'uomo'". Nietzsche- A meno che una terza guerra mondiale abbia, come sua necessità superiore quella di eliminare la potenza e le sue divisioni dall'interno del pianeta e di trasferirla al suo esterno, in un contesto interplanetario, che, come si vedrà più avanti, è proprio di un processo tendente a formare di un insieme di pezzi una unità reale ed organica, trasferendo il potere all'esterno.

Se oggi anche una piccola guerra può rischiare sempre di diventare una guerra atomica mondiale e se questa guerra dovesse auto-negarsi, trovando nell'assolutezza del suo male il rimedio risolutivo, che ne è, intanto, della nostra pulsione aggressiva repressa che continua ad accumulare un enorme quantità di energia nei grandi recipienti collettivi? La tensione collettiva circonda il pianeta come fosse un interrotto mantello di nubi, che lascia un po' liberi solo i due poli, non diversamente dalla coltre provocata dall'inquinamento atmosferico.

Oggi l'umanità non vive più per la gran parte saldamente ancorata a stabili agglomerati, com'era nel passato, quando pochi erano i viaggiatori, e la maggior parte delle persone spendeva in un solo luogo tutta la propria vita, oggi essa è in continuo spostamento, in continuo movimento, copre, senza interruzione tutta la superficie della terra con il suo immenso frenetico formicolio del va e vieni senza sosta e tutto ciò ha creato una modificazione nella mappa degli accumuli di energia repressa. Questi accumuli non sono più distanziati, come un tempo, ma si presentano in forma ininterrotta, e, in tale forma, sono tanto più pericolosi, perché tendono alla liberazione completa e, quindi, planetaria.

Non c'è modo di far sparire, vanificare questa energia che, se non trova liberazione nelle guerre, deve pur sempre liberarsi in un'altra forma. Come sempre, è solo il singolo che, in un quadro così fatalmente impossibile da eludere, può trovare la via di uscita che, pur essendo personale, è la sola in grado di portare ad un cambio generale. Ogni qual volta un individuo torna, vittorioso e risvegliato, dal proprio viaggio entro sé stesso, con questa sua personale vittoria egli si libera della pulsione aggressiva, cancellandosi, conseguentemente, dall'elenco dei contribuenti all'accumulo condominiale di energia e da quello dei buoni conduttori, se egli era uno di questi. Rispetto a lui si interrompe il circolo vizioso di accumulo e liberazione di energia repressa. E se questi individui diventassero migliaia di milioni?

Che lo vogliamo, o no, questo accumulo di aggressività repressa, questo mantello che copre la terra, non può sfuggire alle influenze planetarie. Secondo l'insegnamento di Gurdjieff, che si è rifatto ad una somma di antiche conoscenze, l'uomo-macchina è soggetto a tutte le influenze astrali. In questa meccanicità delle forze, "... tutto dipende da tutto, tutte le cose sono collegate ... la guerra è un risultato di influenze planetarie ... Su grande scala, tutto ciò che avviene è regolato dall'esterno, sia da accidentali combinazioni di influenze, sia da leggi cosmiche generali ... In qualche punto, lassù, due o tre pianeti si sono avvicinati troppo, ne risulta una tensione ... sulla terra le persone si mettono a massacrarsi ... per anni ... sembra che sia loro dovere massacrarsi per qualche sublime ideale ... ma in realtà tutte le loro azioni sono il risultato di influenze planetarie".

Secondo questo insegnamento, la guerra serve lo scopo della luna, che è quello di crescere a spese della vita organica sulla terra. "... La parte principale spetta alla luna ... La vita organica ... uomini, animali, piante, serve di nutrimento alla luna ... La luna non potrebbe esistere senza la vita organica sulla terra, così come la vita organica sulla terra non potrebbe esistere senza la luna ... Tutti gli esseri viventi liberano, nell'istante della loro morte, una certa quantità di energia che li ha animati ... questa energia viene attirata verso la luna come da una colossale elettrocalamita ... (e) ... serve alla sua crescita ... Tutta la gente addormentata è sotto l'influenza della luna ... Ma se noi sviluppiamo in noi stessi la coscienza e la volontà e sottomettiamo ad esse la nostra vita meccanica e tutte le nostre manifestazioni meccaniche, sfuggiremo al potere della luna ... Libertà, liberazione. Questo deve essere lo scopo dell'uomo ... sfuggire alla schiavitù ... e per l'uomo la possibilità di liberarsi gradualmente dalle leggi meccaniche esiste. Ma non può cessare di essere schiavo esteriormente finché resta schiavo interiormente ...

La prima ragione della schiavitù interiore è soprattutto l'ignoranza di sé stesso ... del moto e delle funzioni della sua macchina ... ecco perché negli insegnamenti antichi la prima richiesta a chi si metteva sulla via della liberazione, era <Conosci te stesso> ... Quante volte mi avete domandato se non sarebbe possibile arrestare le guerre? Certamente sarebbe possibile, basterebbe che la gente si svegliasse ... Quante volte leggiamo nei Vangeli: "svegliatevi" "vegliate", "non dormite" ... Svegliarsi, morire, nascere sono tre stadi successivi ... L'uomo può nascere, ma per nascere, deve prima morire, e per morire deve prima svegliarsi ... Quando un uomo si sveglia, egli può morire; quando muore, può nascere ... Se un uomo muore senza essersi svegliato non può nascere". Ouspenski-

Quando l'uomo nuovo nasce dalla morte di sé stesso come macchina, dalla morte operata su stesso, egli inizia la sua liberazione non solo dai suoi meccanismi interni, ma anche da molte influenze esterne che su questi meccanismi si esercitano. Mircea Eliade ricorda come la Cristianità "... among many other liberations ... effected liberation from astral destiny. 'We are above fate' Tatian writes, summing up Christian doctrine". Ma la Cristianità non può liberare il singolo, se il singolo non passa sulla via del Cristo.

L'uomo nuovo, l'uomo liberato non potrà più dominare altri per il suo fabbisogno di energia, né potrà servire ad altri per la stessa ragione; perciò la legge del potere dell'uomo sull'uomo cessa, per lui, di operare. Egli non sarà più padrone, né schiavo; né succhiatore, né succhiato, ma solo sé stesso, volontariamente al suo posto nell'ambito di una gerarchia che egli riconosce, e attingerà energia direttamente dalla fonte e non per via mediata. Soprattutto non sarà mai più un 'lunatico', un meccanismo manovrabile dalla Luna. A questo proposito, un consiglio mi permetto di dare all'uomo liberato, all'uomo nuovo: agire con una certa prudenza e riservatezza, meglio non fare sapere troppo alla Luna, che già è abbastanza preoccupata per come vanno le cose, per tutta questa pubblicità che si sta facendo al 'New Age'. Non si sa mai, potrebbe correre ai ripari e scaraventarci in qualche colossale guerra!

49. Ridirezione dell'aggressività

Che l'aggressività sia ineliminabile dall'attuale natura umana, è un fatto risaputo. Eliminando l'aggressività - dice Konrad Lorenz- cesserebbe all'incirca tutto quello che un uomo fa dal mattino alla sera. Questo scienziato suggerisce, come possibile rimedio, la "... ridirezione dell'aggressività su oggetti sostitutivi", e si augura comunque che i grandi principi, che presiedono all'evoluzione, salvino la civiltà dell'uomo dal pericolo dell'autodistruzione, creando un particolare meccanismo inibitorio, senza smobilitare del tutto questa pulsione necessaria.

Se la guerra mondiale, come guerra atomica, si autoelimina, in questo caso si può considerare realizzato l'augurio di Lorenz, circa la sopravvivenza della nostra civiltà, ma per quanto riguarda la "ridirezione dell'aggressività", a ben vedere, questo rimedio ha sempre funzionato in tutta la storia dell'umanità civilizzata e funziona tuttora (si pensi solo all'aggressività liberata attraverso il movimento del corpo nello sport, nelle danze, nella musica rock e alla competitività che accompagna queste attività) senza mai riuscire, però, ad eliminare il nostro problema. "... Così parla il giudice rosso: <perché questo delinquente ha ucciso? Voleva rapinare> Ma io vi dico: la sua anima voleva sangue, non rapina, egli era assetato della gioia del coltello! Ma la sua povera ragione non capiva questa demenza e lo convinse:< Che importa il sangue! disse; non vuoi almeno commettere una rapina? Ed egli ascoltò la sua povera ragione ... e così rapinò, quando uccise. Non voleva vergognarsi della sua demenza". Nietzsche-

Oggi questa demenza nascosta genera ansia, molta più ansia che crimine, fatti gli opportuni raffronti. L'ansia che, a sua volta, non si risolve in crimine individuale o in crimine collettivo, genera confusione, disorientamento e malattia mentale. L'energia accumulata dalla repressione dell'aggressività, che non può liberarsi nei modi tradizionali della violenza individuale o collettiva, o nei modi sostitutivi della ridirezione, si scarica infine sulla mente e ne distrugge l'organizzazione, creando così via libera al male. Sempre ché il folle sia un buon conduttore di male, perché non tutti i folli possono esserlo. Non tutte le macchine sono realizzate allo stesso modo, con gli stessi pezzi, o con le stesse materie prime.

Il male non è mai ascrivibile alla follia, come originaria causa del suo prodursi, ma attraverso certi folli, il male entra ed esce come attraverso una porta aperta. In questi casi, il male non deve bussare ripetutamente per farsi aprire o usare l'inganno o sfondare la porta con la forza. La follia, dunque, si limita ad aprire la porta, ma per il demone che voglia entrare in una casa, non fa molta differenza se la porta sia aperta o chiusa. Folle o non folle che sia questa casa, il demone entra lo stesso, tutt'al più si tratta di sfondare la porta. Una cosa è certa: il demone si serve ed entra solo nelle case che sono buone conduttrici di male. Il demone non entra nelle case dei santi, anche se la porta rimane aperta, giorno e notte. Evidentemente al concetto di energia pertiene quello di qualità o tipo. Esisteranno tanti tipi diversi di energia e ciascuna richiederà il suo diverso tipo di conduttore. Il santo e il criminale sono buoni conduttori di energie di qualità diverse. Sotto questo aspetto non hanno tutti i torti quelle teorie che parlano del "criminale nato", nel senso appunto di persona strutturata come buon conduttore di questo tipo di energia.

Se è vero, allora, che la follia non genera mai di per sé aggressività, è vero anche che essa può essere causata dall'aggressività repressa: nati sani per la natura, diventiamo delinquenti o malati mentali per la società. Oggi, più malati che delinquenti, anche se il crimine sembra in prima linea. Se è vero, però, che per tutto ci sono ragioni apparenti e ragioni nascoste (necessità superiori - direbbe Ernst Jünger), ci deve essere una ragione profonda anche per la malattia mentale. La ragione apparente, che è quella di salvare il corpo dal suicidio, mettendo la mente fuori gioco, non è l'unica ragione della follia.

Questa è la sua funzione naturale, che noi osserviamo facilmente, perché sappiamo che la Natura vuole conservarsi a tutti i costi, ma di sicuro la malattia mentale avrà una ragione vitale, nel senso che la Vita, non solo la Natura, è ciò che essa si propone di portare avanti. La follia vuole essere osservata, essa si mostra sotto i nostri occhi con la misteriosità del simbolo che racchiude una conoscenza molto importante; ci vuole introdurre nei misteri della mente e le sue divisioni, come in uno stato di fermo. Questo fermo, come una immagine di film fermata sullo schermo, vuol portare la mente a conoscere sé stessa, le sue limitazioni attuali e le sue immense possibilità future. La follia, osservandosi e facendosi osservare, permette il viaggio della mente entro sé stessa, per potersi conoscere e superare, per poter diventare una mente nuova. Come potremmo osservarla, osservarci, se tutti i folli si uccidessero, ci uccidessimo.

Non sarà che la funzione vitale della follia si crea una funzione naturale per potersi attuare essa stessa?

Se noi riuscissimo a comprendere la natura e lo scopo nascosto della malattia mentale, e da questa fossimo capaci di trarre le necessarie indicazioni per il futuro umano, avremo fatto passi importantissimi su quella via che conduce all'eliminazione di tutti questi fumi tossici esalati dall'aggressività repressa: ansia, crimine e la stessa follia, e, soprattutto sulla via che conduce ad una nuova mente.

Perché ci possa essere questo futuro, bisogna che noi cominciamo ad entrare nell'ordine di idee per cui l'aggressività non può essere dimessa come fosse un abito buono, che buttiamo via - come fanno le signore dell'alta società - questo in natura è impossibile, ma come un abito vecchio e stretto che il nostro corpo più grande non riesce più a indossare, un abito superato, perché comunque non possiede una sostanza interna che si può usare per allargarlo.

Non potendo essere buttata via, né modificata, l'aggressività può diventare semplicemente l'abito smesso, irrimediabilmente consunto, al cui posto si dovrà indossare un abito nuovo, da acquistare. Questa appare essere la sola cura per il nostro male attuale: superare, salire ad un gradino della Vita dove questa pulsione, questa nascosta demenza diventa semplicemente inutile nella nuova organizzazione. Se l'aggressività è una legge naturale del nostro livello evolutivo, che non possiamo né eliminare, né cambiare, né ridurre, né efficacemente ridirigere, noi, però possiamo diventare l'espressione di altre e superiori leggi, salendo ad un più alto livello.

Non posso condividere l'augurio di Konrad Lorenz, che, ancora una volta, vorrebbe avere il Nuovo, senza demolire il vecchio. Non possiamo tagliare l'aggressività umana a metà, lasciarne una parte e buttare l'altra nel cestino. Ci è dato solo di poterla superare completamente o di restarvici dentro immersi fino al collo.

L'aggressività è un pezzo centrale della nostra macchina attuale, come fosse il motore a scoppio di un'automobile, disegnato per bruciare petrolio. Certo chi disegnò il motore a scoppio non poteva lontanamente immaginare quanto i fumi potessero diventare inquinanti, ma l'inquinamento del pianeta è dovuto ai miliardi di motori a scoppio, quindi ad un eccesso, ad uno sbilancio. Allo stesso modo la sovrappopolazione fa diventare l'aggressività umana altamente inquinante, se mette a repentaglio l'esistenza stessa della razza umana o l'incolumità del pianeta e delle sue altre creature.

Pensare di risolvere il problema modificando il motore a scoppio, per emettere meno fumi, è tempo perso, perché il problema sta nel carburante che fa andare questo motore. Bisogna che cambiamo carburante e quindi tipo di motore. Siamo stati nell'era del petrolio, come ad un livello su cui valeva la legge del motore a scoppio. Nell'era dell'energia solare generalizzata saremo ad un livello in cui la legge del motore a scoppio sarà sostituita dalla legge di un motore diversamente concepito. A noi – ripeto - non è dato cambiare le leggi naturali del nostro livello, perché si tratta di pezzi insostituibili del meccanismo, ma è data la possibilità di andare oltre di esse, progredendo di livello in livello e assoggettandoci alle leggi proprie di ciascun livello.

In fondo è proprio un altro livello di Vita ciò che i nostri poveri giovani e non giovani cercano, quando si affidano alla droga. Così anche questo enorme problema mondiale della droga, oltre la sua ragione apparente, legata al denaro e al potere, ha una sua ragione nascosta e si rivela come un male necessario, nel grande quadro. Si capisce così perché, nonostante tutte le apparenti guerre alla droga, questa fiorisce e rifiorisce e stra-fiorisce. Un tempo certe segrete cerimonie di iniziazione avevano lo scopo di convincere l'iniziato che la sua coscienza poteva separarsi dal suo corpo, e, quindi, gli davano la prova della propria immortalità. Oggi i giovani e non giovani di tutto il mondo si affidano ai propri viaggetti per scoprire e convincersi della stessa cosa. La funzione nascosta della droga sarebbe di permettere una iniziazione generale, ma il dramma sta nel fatto che ognuno è solo in questo esperimento altamente pericoloso, mentre nelle antiche iniziazioni l'iniziato era sempre nelle mani di un maestro. Nessun viaggio nell'ignoto è sicuro, senza una guida. Ecco perché troppi si perdono. Ecco perché si deve uscire dalla droga. Si dice che la droga renda dipendenti, ma la dipendenza non è solo un fatto fisico, è che si ha bisogno di quel mondo oltre il quotidiano di cui la droga apre le porte: un mondo, però che si può raggiungere attraverso altre vie meno pericolose.

In verità non abbiamo più bisogno di prove, per convincerci della nostra esistenza fuori del corpo; quello di cui abbiamo bisogno è di lavorare alla soluzione del nostro compito umano. Il compito è nostro, non ci serve sfuggirgli, ed è planetario. Il nostro compito attuale e improrogabile è quello di riconoscere globalmente ed accettare che il male si produce non per causa nostra, ma attraverso di noi, e, quindi, tutto l'apparato della legge e della Giustizia dovrà essere ripensato dalle sue fondamenta. Non abbiamo bisogno di tribunali e di carceri, ma di scuole, che, della condizione e dello sviluppo umano, facciano l'oggetto principale dell'insegnamento, e ciò a cominciare dall'asilo.

Se di male si può parlare rispetto a noi, questo è rappresentato solo dal fatto che siamo addormentati e come tali subiamo passivamente tutte le tensioni e tutte le influenze che ci mettono meccanicamente in moto, come fossimo delle marionette. In realtà il senso di colpa che accompagna l'Umanità non è senza ragione, solo che non siamo colpevoli del male, potremmo essere solo colpevoli di essere addormentati, ma anche dell'essere addormentati non siamo, in realtà, colpevoli: il senso di colpa è dato solo per darci irrequietezza e questa è data solo per spingerci a interrogarci e cercare risposte.

Per liberarsi globalmente di quelle leggi naturali che mettono gli uomini in moto, gli uomini-macchina, l'Umanità dovrà prima conoscere queste leggi ed accettarle. E verso la conoscenza di queste leggi l'Umanità dovrebbe dirigersi con tutti i suoi mezzi e con tutte le facoltà associate dell'intelletto, dell'anima e dello spirito, riunendo nello stesso libro scienza e magia, sapere razionale e sapere intuitivo, Occidente e Oriente, senza nulla escludere, e senza beffarsi di nulla. "… La parola della Torah si rivela solo a colui che l'ama. E noi abbiamo cercato di parlare di libri senza amore, ma per irrisione … siamo stati sviati dal pensiero razionalista … Si tratta ora di riscrivere il libro e senza paura che l'autore venga ‹ucciso per farlo tacere su ciò che fingendo rivelava›". Eco-

Un libro che sia compendio di scienza e sapienza è la sveglia che in questo momento dovrebbe contar le ore su tutti i tavolini da notte di quelli che ancora dormono sulla terra. E la compilazione di questo libro è l'immane compito assegnato alla Facoltà Universitaria Internazionale delle Connessioni Intuitive. A proposito di connessioni intuitive, mi viene in mente, in questo momento, una considerazione sulla differenza fra Natura e Vita, (anche se credo di averlo già detto prima in qualche modo. Se dovesse essere una ripetizione, per me va bene lo stesso. Ripetere serve a non dimenticare). La Natura è, dunque, il complesso delle leggi che devono assicurare la produzione incessante delle repliche della forma. Dato il modello, la Natura, come una brava sarta, si occupa solo di non perderlo mai, e lo ripete, adattandolo continuamente al corpo da vestire e cercando di migliorarlo sempre, ma il modello non cambia nella sua linea essenziale e, naturalmente, la sua applicazione non è mai senza un qualche difetto. A volte, nuovi difetti emergono proprio come risultato dell'adattamento forzato del modello ad un tipo di corpo molto diverso da quello per il quale il modello era stato originariamente concepito. Il male conservativo che diventa aggressività pura sembra proprio il risultato dell'adattamento del modello <uomo primitivo> all'uomo divenuto morale e sociale e poi moderno e poi tecnologico. Al contrario, e come ho già detto, l'aggressività pura non si osserva generalmente nel modello animale, che non ha subito tanti adattamenti forzati. La Natura mostra che i modelli possono essere forzati nell'adattamento, ma fino ad un certo punto critico, oltre il quale il funzionamento originario non è più assicurato e il modello finisce per abbruttire e deturpare il corpo vestito che intendeva originariamente mettere in risalto.

La Vita, invece, è la modellista, la creatrice, l'ideatrice di modelli nuovi, la Fashion Designer. Se il vecchio modello non funziona più, essa ci invita a guardare ad un modello nuovo, per vestirci. Usciamo dalla Natura, entriamo nella Vita, come hanno fatto gli eroi, i santi e gli innamorati. La Natura ci seguirà in questa scelta, appunto come una brava sarta che si appresta a realizzare il nuovo modello scelto dal cliente fra quelli ideati dalla Fashion Designer. Sempre ché ci sarà bisogno ancora della sarta o se, nel mestiere di sarta possiamo far rientrare compiti che vanno molto oltre il concetto attuale. È facile che ad ogni livello di Vita corrisponda un livello di Natura. E come la Vita, anche la Natura si spiritualizza, fino a quando non ci sarà più alcuna distinzione fra le due.

PARTE QUARTA

IL CORPO, GRANDE MAESTRO

50. Un lieve tocco di mano

Le esperienze importanti sono sempre le stesse, si ripetono, sono 'tipiche', nella loro essenza, al di là del loro modo sempre diverso di realizzarsi. Ecco l'inizio di un'esperienza romanzata da Junger.

"Così... la domanda di Phares approdò sulla mia scrivania solo dopo aver percorso molte istanze ... Al quesito della nazionalità rispondeva la parola <cosmopolita>. Residenza: <Albergo dell'Aquila>. Durante la lettura, o piuttosto ancor prima, vidi che quella lettera era indirizzata a me personalmente. L'impressione era quella dell'immagine postuma: chiudiamo gli occhi e appare il testo interno ... Alcuni dettagli potevamo saperli solo Bertha e io, altri io solo ... Il mio incontro con Phares fu preceduto da un'inquietitudine, da un turbamento crescente ... Del fatto che viviamo in un deserto, alla cui monotonia e dimensione la tecnica contribuisce in misura crescente, sono convinto da anni ... Comunque fosse, l'incontro con Phares doveva essere stato preparato, sia pure come in sogno. Già salutandolo, ebbi la percezione di un intenso déjà vu ... L'incontro in un simile ambiente, con una persona dotata di cultura letteraria e storica fu per me un dono di Dio. Si tocca timidamente un tasto e si sente ciò che non si osava sperare, il suono. Un sorriso d'intesa quasi impercettibile segue ... l'affinità spirituale può rivelarsi in una strizzata d'occhi, in un silenzio ironico ... Come avvenne che gli istanti di felicità nel giardino di Phares aumentassero? Quasi avrei detto: <si prolungassero> - ma non è la parola giusta; la beatitudine non conosce un tempo misurabile ... Intuivo un mondo in cui Phares mi avrebbe portato e sentivo la sua voce: ‹Presto apprenderai quel che non sai ancora› ... Avrei dovuto stupirmi che vi fossero lì alberi e fiori, ma non animali. Phares disse: ‹Potremmo inserirli, ma li lasciamo in pace›. Ma chi intendeva con questo ‹noi›? Sé stesso e i suoi pari o forse sé stesso e me? ... Lo sforzo di Phares mira probabilmente, se non a superare il dualismo, almeno a colmarlo e a gettare un ponte attraverso le divisioni – anche quelle tra piante e animali o tra i sessi ... Già sentivo come quell'incontro appagasse il mio nichilismo". Jünger-

Nonostante che l'arrivo improvviso e inatteso dello sconosciuto Loris fosse stato sentito anche da me come "un dono di Dio", tuttavia la mia onestà mi impose di dissuaderlo immediatamente dalla sua idea di voler rimanere, e mentre facevo questo e gli porgevo intanto una tazzina di caffè, la sua mano, prendendo la tazzina, sfiorò lievemente il mio avambraccio e non ha nessuna importanza se ciò fosse stato intenzionale o meno da parte sua. Così come premendo un tasto sul telecomando produciamo una visione a distanza, accendendo il televisore, così il mio corpo rispose all'impulso di quel lievissimo tocco, producendo una visione immediata.

Sentii di, mi vidi, attraversare il tempo, come fosse un tunnel buio, semi- buio, composto di una serie infinita e successiva di stanze, come nei palazzi antichi, dove ogni stanza si apre nella successiva, e in fondo, remotissima, ma attuale, la stanza in cui brillava una piccola luce. Era come il Ricordo di qualcosa che Durava, attraverso tante stanze buie in cui fossimo insieme passati, senza più memoria: il ricordo della nostra reciproca appartenenza da sempre, un ricordo così fievole che se io lo avessi potuto toccare con le mani, l'avrei spento, eppure duro e tagliente, come la punta di diamante, che tracciò dentro di me un segno impossibile a cancellare, come un segno di marchiatura a fuoco.

Trasalii, atterrita e affascinata. Loris non accettò il mio consiglio di partire subito e rimase, ma "... ora dovevamo essere ancora più cauti, perché queste ambasciate sono punti nevralgici; anche i muri hanno orecchie, ogni frequentazione viene sorvegliata. La parola <amicizia> non è sentita con piacere. Come negli antichi seminari religiosi, si preferisce che negli intervalli i compagni passeggino a tre a tre piuttosto che a due a due". Jünger-

Quella esperienza visiva fu ciò che inconsciamente avevo aspettato per tutta la vita fino a quel momento, un punto terminale, in relazione al quale si giustificavano tutte le vie istintivamente percorse e gli strani passi fatti, e allo stesso tempo, un punto iniziale.

In uno spazio, che si era fatto, via via, sempre più arido e desolato per me, più deserto di rinfrescanti forme vitali e che alla fine era diventato assolutamente vuoto, arrivò l'esperienza che segnò l'apparire di questo punto fermo, e si sa che la comparsa del punto è essenziale affinché ogni geometria, ogni creazione possa iniziare e compiersi. Da questo punto iniziò la mia conoscenza e la mia cultura.

Di ciò che avevo visto, ma non con i miei occhi, avevo assoluta certezza.

Per la prima volta io avevo certezza di qualcosa, una certezza assoluta, ed era stato il mio corpo a darmela. "È decisivo per la sorte dei popoli e dell'umanità, che si dia inizio alla cultura nel posto giusto ... non nell'anima ... il posto giusto è il corpo". Nietzsche-

Per dirla con Henry Bergson, la mia sonda aveva pescato "nella durata pura", eppure non fui io a calare la sonda, ma fu l'invisibile Altro, un Dio o Demone potente, una Forza. Questa fu la prima percezione di me e dell'Altro che era in me o fuori di me e in qualche modo sembrava di possedere molta più forza e mi muoveva. Il Ricordo, quella piccola luce - punto certo, il centro - aveva irradiato fuori di sé due punti opposti, aveva creato una divisione: me e l'Altro. Io percepivo l'Altro, al mio completo opposto, però percepivo che il mio 'Io' era l'insieme di me e dell'Altro. Non ero più 'una', ero diventata paurosamente 'due', e quel che era peggio dovevo rispondere non solo di me, ma anche di tutto quello che all'Altro piaceva fare, attraverso di me.

La prima sensazione fu appunto quella di essere sfaldata su due piani: io conducevo il gioco e sentivo la mia volontà nel condurre il gioco, eppure sentivo che il gioco conduceva me; io iniziavo l'esperienza, ma sentivo anche che era l'esperienza ad iniziare me. "... adesso mi muovo su due binari, nelle curve del mio sogno febbrile e poi nella realtà". Jünger- Da una parte una volontà nuova ed accanita di entrare per la prima volta nel vero cuore della vita sembrava superare gli stessi tempi della vita e io galoppavo verso di essa, dall'altra il destino galoppava verso di me per impadronirsi di me al più presto possibile. La mia volontà volle il mio destino. Ma il mio destino mi volle con una volontà ancora maggiore. Dei due esso era senz'altro il più forte. "La vita la si vive o la si scrive" - ha detto uno scrittore famoso. "La vita prima la si scrive, poi la si capisce" - sembra abbia detto un grande filosofo. "L'ascolto dell'esperienza è la via vincente per la scrittura" - ha detto uno scrittore contemporaneo. Da una parte io ho vissuto la vita e non l'ho scritta; dall'altra l'ho scritta e non l'ho vissuta, l'ho scritta poeticamente e poi l'ho capita, ora scrivo, ascoltando l'esperienza, per poterla fermare. Una esperienza infine completa di vita vissuta/non vissuta/ non scritta/scritta/capita. Quando una Vita si vuole completare, attraverso un'esperienza culminante, non c'è possibilità di sottrarsi a questa e la forza che attira è così grande che ci sembra di essere noi a correre verso l'esperienza, più che essere attirati. Tanto più se si tratta di pura esperienza psichica e spirituale, che - ahimè! - deve necessariamente usare il corpo per esprimersi e attuarsi. Solo il corpo possiede gli strumenti di ricezione e trasmissione e questi sono soggetti ad essere usati ed abusati, quando una Forza se ne vuole servire per i suoi fini!

Da lungo tempo ero fuggita via da me stessa e adesso qualcuno mi aveva ritrovata. Quello sbirro che galoppava verso di me, a cui la Vita aveva ordinato di acciuffarmi, e che era il mio destino, mi travolse letteralmente, anche se io mi ero già arresa. Il mio corpo divenne immediatamente il campo di battaglia tra la Poesia che ritornò, con il suo uncino spietato, per cavarmi fuori dalla gola del Nulla, e costui, che non mi avrebbe mai rigurgitata se non per i suoi scopi profondi. La Poesia spaccò e fece saltare in aria ogni mia protezione. La corazza, costruita in tanti anni con duro sacrificio e sotto la quale tutto il mio corpo era protetto e sicuro dal Dolore, fu ridotta a pezzi in un attimo ed io mi sentivo ormai completamente indifesa. Nella mia carne, debole e bianca, come quella di una pianta, cresciuta per lungo tempo all'ombra, affondò i suoi artigli nuovamente il Dolore, un dolore elevato ad una potenza che non potrò mai descrivere, né mai dimenticare. Il Dolore di vivere - vivere e non sapere - messo al bando dalla mia corazza, ritornava in una dimensione impossibile a vincere.

Sentivo mancarmi l'ossigeno. Sentivo la beffa di questo grande gioco: ridarmi la possibilità di respirare ancora, attraverso la Poesia, e non darmi l'aria da respirare. Fu come risvegliarsi dopo un sonno indotto da calmanti, per calmare appunto il Dolore di vivere, e ritrovarsi in una prigione. Immediatamente mi arrivò il puzzo di morte, una morte diversa dallo svanimento e diversa da una morte meramente fisica. Tutto mi preannunciava questa morte tremenda e non capivo di più.

51. Profonda Divisione

Lo Sconosciuto Loris era in realtà un naufrago spinto sulla mia riva da onde tempestose: stanco, eppure riposato, disorientato e confuso, eppure lucido e cosciente della sua volontà e del suo scopo, turbato e incantato, eppure impassibile e cinico. Disorientato. Uno che ha perso la via dell'Oriente? L'indirizzo del sole? Il sorgere dalla notte?

Era perso in un labirinto, quello di una Profonda Divisione di sé, mascherata così bene da sembrare, a prima vista, quella che si dice una persona normale. Era, invece, una voragine senza fondo e aveva percorso la distanza di mezzo pianeta, senz'altra ragione reale che quella di portare la sua voragine fino a me, di cui, ovviamente, ignorava l'esistenza. Il suo problema mi fu consegnato come un bellissimo pacco speditomi da chissà chi, da un posto molto lontano. Si resta attratti dal disegno e dai colori della bellissima carta, nella quale è avvolto. Si resta per un bel po' a guardarlo, a rigirarlo fra le mani, a interrogarsi, ma quando finalmente si apre il pacco con grande curiosità e trepidazione, si trova che esso contiene una sostanza esplosiva. Dapprima si resta inchiodati, come per una fascinazione; poi, per disperazione, si diventa artificieri o alchemisti. Si pensa di poter aiutare a trasformare la sostanza. Si sogna questo sogno: aiutare un uomo a conoscere sé stesso e a superarsi. Era sempre stato il mio sogno di bellezza umana.

E così avvenne che io mi buttai, a capofitto, nella profondità oscura e slittante di quella Divisione e, dopotutto, non per mia volontà, ma per volontà dell'Altro che mi muoveva e mi spingeva di prepotenza giù. In quel profondo, era come aggirarmi tra i rottami di una nave affondata: tanta ferraglia, tanta bruttura, ma anche tanti tesori, nascosti, coperti di melma grigia, che a tratti le mie mani, trasalendo, svelavano. Un disastro provocato dal sonno - dal non esserci - del capitano!

Di me stessa feci un uso quasi impossibile, mi allungai come un ponte tra la sua emozionalità e l'intellettualità, che erano state come rescisse tra di loro, tra il suo cuore e la mente. Di quel cervello diviso e confuso, cercavo di riagganciare ancora l'emisfero destro all'emisfero sinistro che andavano alla deriva, ognuno per proprio conto. E lo facevo, facendo del mio corpo, della mia mente, della mia anima, della mia vita, una corda di salvataggio, annodando insieme tutte le mie disponibilità e tendendo la corda di tutti miei averi fino all'inverosimile, fino allo sfilacciamento, fino al punto di lacerazione. Io verbalizzavo le emozioni dell'emisfero destro del suo cervello che il sinistro non poteva più verbalizzare e riconferivo l'emotività e il calore al linguaggio divenuto arido e cervellotico dell'emisfero sinistro che l'emisfero destro non poteva più conferire. Per fare questo ci volle una quantità di energia pazzesca, tonnellate e tonnellate! E quando io non bastavo più, era la Poesia soltanto che poteva tentare di riagganciare questi due mondi che si allontanavano sempre più l'uno dall'altro. Capivo ora perché la Poesia era tornata all'attacco, dopo così tanti anni, o, perlomeno, questa doveva essere stata la scusa buona! In quel quadro così complesso ogni forza operava per fini insondabili, ma tutto si indirizzava verso lo scopo di ripercorrere tutte quelle stanze verso la piccola luce dove insieme eravamo già passati. Insieme? O lui mi aveva portato solo la chiamata, come se la luce fosse stata in realtà anche una piccola voce per il mio orecchio soltanto? Ma il segreto di quella luce, di quella voce me lo aveva portato lui e questo viaggio a ritroso dovevamo farlo insieme. Da sola non vedevo e avevo anche paura e avevo bisogno di un compagno, un compagno 'uno', non un compagno 'mille'!

Durante questo lavoro estenuante, mi divenne improvvisamente chiaro che il mio sforzo sovrumano e la mia ostinata, testarda volontà di aiutare a ricostruire un'unità da un insieme di pezzi così diversi fra loro e contrari l'uno all'altro, in realtà rappresentava solo una proiezione sul piano della mia esperienza concreta, di un qualcosa di dimensione molto più ampia: era tutta la condizione umana quella che si presentava in Loris ed era l'Umanità che bisognava aiutare a costruire la propria unità, anzi era una Forza o un complesso di Forze di cui l'Umanità rappresentava solo il piano di proiezione: la Vita stessa? Un Principio di Vita, ammalato di 'Profonda Divisione' fra le sue Forze? Il messaggio veniva, allora, da lontano, molto lontano; e arrivava attraverso passaggi, trasposto di piano in piano, di segnale in segnale.

Nella mia infanzia, spesa a ridosso di una locale linea ferroviaria, in un paesaggio dove la piccola stazione era l'unico centro di vita, mi affascinava l'improvviso iniziare del ticchettio del telegrafo, perché era l'unico, insostituibile segnale e mezzo concreto di ricezione e decifrazione di un messaggio altrimenti consegnato al silenzio e all'indecifrabilità. Il messaggio veniva da lontano, viaggiando sui fili, disposti come onde del mare capovolte, onde che, a passarci accanto, sentivo vibrare, come fossero colme di un carico ben più ricco e diverso da quello che il ricevitore poteva segnalare. Cosa portavano quei fili, al di là di messaggi di treni partiti o arrivati, cos'era quella vibrazione, quella tensione, quel sibilare che sembrava annunciare lontanissimi spazi siderali e che suscitava in me quello strano malessere, come una nostalgia, una malinconia, il malessere del sentire altri mondi sconosciuti, a distanza, a tanta distanza? E poi quel tracciato di fili che seguiva il tracciato ferroviario, l'uno esistendo in funzione dell'altro, quel viaggiare l'uno accanto all'altro e quel dividersi, quando il treno scompariva sotto terra e i fili si arrampicavano, solitari, di palo in palo, di collina, in collina, nella campagna silenziosa, assente, ed esistevano solo a dimostrare che sottoterra sciami di anime transitavano con le loro speranze, i loro dolori, le loro miserie, le loro storie, le loro immortalità irrisolte.

Il messaggio che la Profonda Divisione di Loris mi aveva portato, non direttamente, ma di segnale in segnale, mi hanno fatto tornare alla mente quelle sensazioni legate ai fili del telegrafo, appunto perché gravidi di messaggi non ricevibili direttamente, ma solo simbolizzati, intermediati, annunciati. Il ticchettìo del telegrafo annunciava arrivi e partenze, ma il treno che arrivava o partiva, non portava solo i viaggiatori, ma attraverso l'intermediazione dei viaggiatori portava i mondi delle loro città, e attraverso l'intermediazione di questi mondi, altri mondi più sottili: il Dolore, lo Spirito che avvolge ogni città! Eppure il ticchettìo si limitava solo a trasmettere il segnale di 'Giunto' o 'Partito'. Tutto il resto veniva portato di onda in onda, di segnale in segnale, in un cammino alla rovescia. Si parte dal ticchettìo del ricevitore del telegrafo e si arriva alla sostanza spirituale di una città o di tante città e mondi sovrapposti.

Così, attraverso quella vita singola, 'persa dentro sé stessa', che io potevo vedere da vicino e che si rifiutava di aprirsi ai messaggi della Poesia: "non mi arrendo alla Poesia!", ero arrivata a percepire che la Vita era persa in sé stessa! Di conseguenza, mi agitavo, su tutti i piani possibili, per riunire quei pezzi che intanto, appena io li avvicinavo, mi mordevano, come vampiri, per succhiare la mia energia, un'energia di cui non potevano nutrirsi con immediatezza e che selvaggiamente distruggevano, sputandola, dopo averla succhiata. Cercai di esercitare la mia volontà nel senso di non sentire il dolore provocato da quei morsi, perché se avessi permesso al mio dolore di urlare, questo mi avrebbe ammazzata e, soprattutto, cercai di non farmi dissanguare. Dovevo resistere, umiliandomi fino a trascinare il mio corpo per terra, sperando, con la mia umiliazione, di poter accendere una luce in quel vuoto di direzione. Dovevo far funzionare a volte solo la mente e, a volte, solo il cuore. "… Vi sono nella vita delle situazioni nelle quali non possiamo cavarcela se non con l'aiuto del pensiero, e soltanto di esso". Ouspensky- Dovevo, però, stare attenta e far funzionare la mente al posto del cuore, quando era in gioco la mia sopravvivenza, e il cuore al posto della mente, quando erano in gioco i bisogni di quei pezzi arroganti e fieri della loro anarchia. Ma queste necessità erano in gioco contemporaneamente e dovevo fare salti mortali per evitare che la macchina del mio sistema vivente saltasse in aria o fondesse.

Mi ero sottoposta ad un dare oltre l'umano e, come dice Jünger, maneggiavo il mio "corpo come un puro strumento" e gli strappavo, "oltre i limiti dell'istinto di conservazione" tutta "una serie di complicate prestazioni". Da questo agire eroico ricavavo, però, tanta energia che io versavo volontariamente e completamente dentro quella divisione e che si perdeva attraverso le maglie di quel colabrodo. E più davo energia, più ne ricevevo dalla Fonte che avevo scoperto dentro di me e più ne rimanevo senza. Ero diventata un immenso canale di energia, ma le acque che passavano sempre più in abbondanza dentro di me, corrodevano, scavavano, trascinavano via, anche ciò che io ero e mi riducevano a zero. Paradossalmente, di tutta quell'abbondanza di energia, niente era per me, io ero assetata, affamata di energia vitale, ridotta all'estremo limite delle mie forze, completamente sfinita.

Più aiutavo, più quell'unità in frantumi, divideva la mia propria unità e mi distruggeva. Per volontà di quell'Altro che mi o ci muoveva, in questa esperienza eravamo, senza possibilità di scampo, avvitati o attorcigliati insieme come i fili di una fune. Evidentemente, nei nostri rispettivi sistemi genetici c'erano inscritte le informazioni per cui ognuno dei due si era messo alla ricerca inconscia dell'altro per operare la reciproca, finale distruzione di tutto ciò che era destinato ad essere distrutto. Sul piano della realtà, sembrava però che ero solo io a muovere tutto e solo per mia personale, libera volontà, e questo diveniva motivo di scherno, d'insulto, derisione, ricatto beffardo, ricalcando parole menzognere e truffaldine sulle mie parole sofferte ed oneste, sulla Poesia! Questo fu il dono di Dio che Loris fu per me.

Perché fu durante questa esperienza che scoprii quanta bruttura e quanta bellezza si nasconde in questa forma-uomo, che annaspa per elevarsi al di sopra della sua divisione, ma fu anche allora che iniziai a conoscere veramente il male-malattia che io chiamo 'Disamore' e la sua funzione, nell'economia complessiva della vita. Attraverso le maglie di quella Profonda Divisione vedevo affiorare il male-malattia e nonostante tutti i miei sforzi per ricacciarlo indietro o per arginarlo, esso si riversava fuori. Bisognava avere molto coraggio e molta forza per sopportare la nausea che quel male provocava. Ma quel male-malattia che volevo così tanto curare mi permise appunto di capire che la Profonda Divisione, è la condizione normale dell'Uomo. Siamo ancora fatti di tanti pezzi e non siamo mai stati 'uni', come prima credevo; quel male che mi distruggeva, distruggeva in me quello che doveva essere distrutto e liberava in me quello che doveva essere liberato; quel male mi donava la grande occasione di dolore che avrebbe portato al mio risveglio completo, alla conoscenza delle mie parti e a superarle, trascendendole in una nuova unità. Così il male diventò per me "... la migliore energia dell'uomo ... le cose peggiori sono necessarie per il meglio del superuomo". Nietzsche-

E così come il chirurgo, sfinito e barcollante dalla stanchezza, dopo un intervento durato un tempo lunghissimo, congeda da sé il suo paziente, lasciando alla sua responsabilità e alla sua decisione e volontà il resto della cura, così io congedai Loris, affinché iniziasse in proprio il lavoro su di sé, se avesse voluto. Si era beffato della Poesia, aveva calpestato l'amore della mia medicina, aveva mancato l'unica occasione della sua vita di sorgere, di trovare l'indirizzo del sole insieme a me, di divenire altro da quello che era. Il suo divenire era stato il mio sogno, la mia ossessione con la quale lo avevo inseguito, senza dargli un attimo di respiro. Eppure, quando lui si fermò un attimo dall'essere inseguito e stranamente mi chiese: "tu che hai deciso?", io lo congedai, ma prima che il tempo fosse stato maturo non avrei potuto farlo, fosse pure stato un solo minuto prima dell'istante in cui lo lasciai andare. Mi ricordo a questo proposito che in gioventù presi una forte scarica elettrica, mentre tenevo in mano un cavo elettrico già inserito nella presa, ma la cui spina carica andava inserita in un'altra presa. Immediatamente, io e il cavo divenimmo impossibili da separare. Una forza molto potente ci teneva legati e mi faceva urlare come un animale preistorico. Arrivarono due coraggiosi, in cerca dell'animale, ma trovarono me e presero a tirare il cavo con forza. Non so cosa avvenne esattamente, sentii solo che metà della corrente elettrica passava agli altri. Ricordo vagamente che il cavo si spezzò o io credetti che si spezzò, ma forse venne solo via dalla presa. Immediatamente fui scaraventata a terra.

La stessa sensazione ebbi quando congedai Loris: uno stacco immediato seguì un lungo tempo a-temporale, in cui niente e nessuno avrebbe potuto separarmi da lui: il tempo sufficiente a capire chiaramente il messaggio di quella esperienza. Un'esperienza in cui la distanza di migliaia di chilometri fra noi era divenuta presto la condizione normale, perché dopo pochi mesi dal suo arrivo, Loris era poi partito, ma si trattava di una distanza che io non avevo mai avvertito assolutamente. La potenza di quel legame non potrebbe essere mai adeguatamente descritta, se non in termini di potenza elettrica che lega a sé, senza via di uscita. Senza vita e senza morte.

E quanto al mittente di quel pacco, "... compresi che non potevo convocare il mittente nel mio ufficio, dal momento che ero io il convocato - perciò lasciai subito il lavoro e mi recai, traversando il giardino zoologico, all' <Albergo dell'Aquila>. Era un mattino di primavera, e senza motivo ero lieto - placato". Jünger-

Infine si, anch'io ero lieta e placata e anch'io lasciai il lavoro – subito e definitivamente e anch'io, salii all'<Albergo dell'Aquila>. Qui abitavo ovviamente solo io, ma la solitudine umana, anzi della mia anima e della mia mente, che precedette e seguì l'esperienza con Loris, si arricchì presto di una Moltitudine, una folla gioiosa, festante di Spiriti!

Loris mi era stato spedito solo per farmi da specchio, un piano di riflessione della mia immagine, e per farmi chiaramente osservare, attraverso la mia immagine, quella della condizione umana. Come avrei potuto vedermi senza uno specchio! L'Altro, di sicuro ne sapeva qualcosa! Ero io il convocato! Specchiandomi in Loris e soffrendo di quell'immagine riflessa, e attraverso il dolore conoscendomi, ritrovai l'appartenenza a me stessa!

Dopo un viaggio a vita, in questa vita, fattosi alla fine veramente pauroso, la mia anima si ricongiungeva per sempre a quella piccola luce, il mio me stessa, l'Essenza! oscuratasi, di stanza in stanza. Ecco: il Ricordo della Reciproca Appartenenza da Sempre, la prima certezza! Ecco a che cosa voleva portarmi il dolore di vivere, il cercare senza sapere cosa, la nostalgia di casa di cui non ricordavo l'indirizzo, il continuo e silenzioso pianto dell'anima! Ecco a che cosa mi aveva portato l'incontro con Loris che l'Altro aveva certamente architettato.

La necessità dell'oblio che deve esistere fra una incarnazione ed un'altra, rendendo la vita così penosa per chi cerca, era stata alla fine redenta. "… Conseguito il ricordo … essi diventano liberi, vanno senza vincoli, coronati celebrano i 'misteri' e vedono sulla terra la folla di coloro che non sono iniziati e che non sono 'puri' schiacciarsi e spingersi nel fango e nelle tenebre". Da una citazione di Eco- E di questa folla essi hanno compassione e in mezzo a questa folla iniziano a camminare, camminando la via da altri già camminata, sulla quale altri inizieranno a camminare. E tutto questo non senza essere prima morti.

52. Unità Reali e Fittizie. Gravità-Potere e Amore - Gerarchia. Separazione in pezzi e Malattia

La Vita arresta il suo cammino, rispetto ad un sistema, quando in esso si crea una Profonda Divisione di una 'Unità Reale' o quando la Profonda Divisione è la condizione normale di un sistema, il suo essere ancora un insieme fittizio di parti, il suo non essere ancora maturato ed elevato alla dignità dell'Unità Reale. Quando ciò si verifica, il futuro si fa stagnante e poi viene a mancare, come una strada che scompare prima alla nostra vista e poi sotto i nostri piedi. Non possiamo che fermarci, ma in questo fermarsi si annida il più grande pericolo per la Vita. Quanto più a lungo la Vita rimane ferma, tanto più rischia di perdersi. Essa può procedere solo attraverso le Unità Reali, come fossero i gradini di una scala, sui quali può appoggiare saldamente i suoi piedi. Una Profonda Divisione è, nel primo caso, come un gradino di legno marcio e, nel secondo, come un gradino apparentemente fissato alla scala, ma in realtà non ancora saldamente inchiodato. In entrambi i casi, un passo avanti è vietato. La Vita rimane ferma sul gradino raggiunto, ma quanto a lungo può rimanere ferma, questa è la questione cruciale. Ciò che non può avanzare su una scala, non può rimanere fermo eternamente sul gradino raggiunto.

Le Unità Reali del nostro mondo fisico, sono tutti i sistemi organici, sono i corpi, tutti i corpi, anche i corpi delle piante, oltre che quelli degli animali, e dell'uomo, e naturalmente, il corpo del pianeta. È il funzionamento di questi corpi, che rappresentano saldi gradini della scala, che dobbiamo osservare per capire.

L'uomo è un sistema complesso. Il suo corpo è una unità reale, ma la sua mente, la sua anima, il suo spirito, cercano ancora un centro attorno al quale raccogliersi organicamente, per formare una Nuova Unità Reale, nella quale il Principio di Vita da lungo tempo anela a trasferirsi.

Un sistema organico è tale, perché, come la terra, possiede un asse, intorno a cui tutto si sviluppa e cresce. Se non ci fosse un asse - un punto centrale che crea due punti ad esso diametralmente opposti e complementari - attraverso i quali circola l'energia cosmica attirata dalla Forza di Gravità esercitata dal centro, niente si sarebbe mai potuto formare e sviluppare. Al concetto di ogni creazione e sviluppo pertiene la formula del tre o il principio trinitario. Questo lo sanno tutti - o quasi.

L'Unità reale è un insieme organico di parti, un sistema, all'interno del quale, tutti lavorano per il tutto e in cui vige il principio della 'Naturale Gerarchia', per cui ogni parte spontaneamente riconosce e lavora per il suo superiore gerarchico; un sistema dove tutto si costruisce, a partire dal basso. Un sistema in cui non esiste un capo in senso tradizionale, ma un 'Principio Leader', per il quale anche un eventuale capo apparente o eventuali capi lavorano. La Piramide è un buon esempio di gerarchia naturale.

Nell'unità, le parti non hanno una coscienza autonoma di sé, ma solo una coscienza di sé integrata nell'unità, parte indispensabile dell'unità, di quella unità, al di fuori della quale, esse non troverebbero quell'unica attribuzione di valore, che sola può giustificarle. Ecco perché il trapianto degli organi umani è così difficile e soggetto al rigetto. La medicina insiste nel trattare il corpo come somma di pezzi intercambiabili e non come unità unica, della quale, invece medico e paziente dovrebbero avere un rispetto religioso, come fosse una deità. Il trapianto è una delle conseguenze più aberranti della confusione mentale in cui è caduta la nostra epoca. La vita a tutti i costi! Il paziente e la medicina non sanno che il corpo che si ammala ubbidisce ad un comando iscritto nel suo DNA e non vuole in sé parti che non sono sue.

Se ognuna delle parti rivendicasse la propria autonomia rispetto all'unità e non si sottomettesse spontaneamente alla gerarchia naturale, non vi sarebbe più unità organica, reale, ma eventualmente solo una unità fittizia, apparente, nella quale opera il principio opposto del Potere e nella quale si inizia a costruire dall'alto.

Nessuna costruzione fondata sul Potere e dal Potere può durare, semplicemente perché si tratta di costruzione fittizia. Nessuna Piramide può essere costruita, a cominciare dall'alto.

L'Unità reale sa di essere un tutto, un uno unico, e solo come tale è capace di attrarre a sé energia per il suo sostentamento e la sua crescita.

Più cresce, più il suo centro acquista Forza di Gravità e più attira energia, ma la crescita massima è sempre data a priori per ogni sistema, attraverso il suo centro, proprio come il seme che contiene in sé tutto il possibile sviluppo della pianta.

All'interno del sistema esiste un'altra Forza ed è quella che, usando l'energia catturata all'esterno dalla Forza di Gravità, costruisce, tiene insieme e lega fra loro, nel suo interno, tutti i pezzi che formano ogni corpo organico. Questa è la Forza di Amore, quel particolare fluido e cemento, della cui natura sappiamo ancora poco o niente, e di cui solo farnetichiamo.

Esistono, dunque, due forze all'opera: la Gravità-Potere, la cui funzione naturalmente giusta si dirige solo verso l'esterno, catturando energia, e l'Amore-Gerarchia Naturale, che opera solo all'interno, organizzando e spendendo unitariamente l'energia catturata. L'Amore sta dentro le unità e il Potere sta fra le unità. Una Nazione Ideale usa il Potere solo nei rapporti con le altre nazioni, mai al suo interno. Quando il Potere appare insediato all'interno di una Nazione, è segno che l'Unità Nazionale non esiste più o non esiste ancora.

Quando un asse si forma e il centro comincia a catturare energia, immediatamente la Forza di Amore la organizza, all'interno, per formare un'unità organica. Il potere, come Forza di Gravità, procura mattoni, cemento e sabbia e l'Amore si mette subito a costruire: architetto e costruttore e curatore della casa. Quando il processo di crescita è compiuto, la Forza di Gravità acquisita, tende, in condizione normali, a rimanere la stessa per tutto il tempo della maturità. La maturità segna la pausa fra una direzione del movimento, che è quella della continua crescita e quella opposta del continuo declino. Quando inizia il declino, il centro perde forza di gravità, perde, progressivamente la capacità di attirare e catturare energia. Quando il declino è compiuto, l'asse si disfa perché il centro riassorbe in sé i suoi due punti opposti e complementari e viene a sua volta riassorbito da ciò che lo ha originato.

Quando l'asse-centro perde completamente la sua forza - non fa differenza che questo processo avvenga lentamente o velocemente o istantaneamente - il sistema vivente, qualunque esso sia, che intorno ad esso si era organizzato in unità, come uno sciame di api intorno alla regina, diventa una molteplicità di pezzi separati, e come conseguenza, immediata o meno, un cadavere. Ogni molteplicità di pezzi può solo andare in dissoluzione, si 'dis-fa', si 'dis-forma', rientra nel crogiolo dell'energia indifferenziata, che altri assi-centro tenteranno di catturare. Energia indifferenziata, in quanto in-forme, ma estremamente diversificata, in sé stessa, per qualità o livelli o piani di appartenenza.

Non è la morte a ridurre un'unità, nel suo declino o nel suo pieno vigore, in una molteplicità di pezzi: la morte è la conseguenza necessaria della separazione in pezzi e questa è la conseguenza necessaria del disfacimento graduale o del tranciamento istantaneo dell'asse-centro. In tal caso le due Forze abbandonano il sistema organico, si ritirano. Lentamente o velocemente o istantaneamente. Esiste, in ogni sistema organico, una linea che passa attraverso punti vitali, e nel caso di un corpo animale o umano questa linea è appunto l'asse-centro che può essere logorato o tranciato istantaneamente attraverso una causa violenta. Quando questa linea viene irrimediabilmente logorata o spezzata, la Gravità si ritira, il corpo si affloscia definitivamente, appunto perché non c'è più l'asse-centro come il tronco dell'albero, a tenere il corpo in piedi, o insieme. Il sistema non cattura più energia, di conseguenza anche la Forza di Amore si ritira. Adesso non c'è più nulla che tiene insieme il tutto.

Ovunque l'Amore si ritira, lì è sopraggiunta la separazione in pezzi, e dovunque è separazione, lì non è più Amore.
La morte dell'Unità reale segue come effetto immediato e ineluttabile.

Nel declino, per vecchiaia, il sistema che non riesce più a procurarsi sufficiente energia dall'esterno, non va più tenuto insieme dall'interno. La perdita progressiva della Forza di Gravità dell'asse-centro costringe l'Amore ad abbandonare progressivamente l'unità, e questo abbandono, quando è definitivo, produce la definitiva separazione in pezzi, la morte e la dissoluzione.

Al contrario, quando per qualsiasi ragione, ma la ragione è sempre una sola! è l'Amore a perdere il suo potere legante, all'interno del sistema, allora anche la Forza di Gravità dell'asse diminuisce progressivamente, perché diventa inutile catturare energia se questa poi non può essere spesa per il sistema unitario. La Vita è solo interessata a mantenere in piedi sistemi unitari, non dei pezzi. L'Amore ha orrore delle rivendicazioni di autonomia di uno o più pezzi e dell'ulteriore separazione in pezzi che il suo stesso ritirarsi dal sistema vivente produce, ma di cui non è la causa. Questa sta sempre nella innaturale rivendicazione di autonomia di uno o più pezzi del sistema organico. Quando, nel matrimonio, ognuno dei coniugi rivendica la propria individualità, rispetto alla superiore unità dei due, allora non ci troviamo più davanti al matrimonio, ma ad un caso di degenerazione di questo in mera convivenza che l'Amore non riesce più a legare: una unità reale ammalata.

Ogni rivendicazione separatista in una unità produce una chiusura e ogni chiusura nel sistema impedisce all'Amore di liberamente fluire e lo costringe a ritirarsi dove può ancora fluire, se possibile. Se si immagina l'Amore come fosse il sangue, si può ben immaginare quali effetti possa produrre la parziale o totale ostruzione di una vena. L'Amore non ha natura aggressiva, al contrario del Potere. Esso ha bisogno che tutte le porte siano sempre aperte. Questo spiega perché alcuni corpi possono essere guariti 'miracolosamente'. Ciò che li guarisce è la fede, la completa apertura di tutto il corpo alla ricezione di una energia che ha il potere di sanare, proprio e in virtù di questa apertura. Quando, sempre nel matrimonio, l'Amore si ritira, anche la forza di Gravità del matrimonio diminuisce, di conseguenza l'asse-centro del matrimonio perde capacità di catturare energia per alimentare il comune patrimonio e tutto ciò che riguarda la vita in comune. Ognuno dei due coniugi comincia a pensare e aver cura solo di sé stesso. E quando il ritiro dell'Amore dal matrimonio è definitivamente compiuto, i coniugi chiedono il riconoscimento legale della separazione in pezzi, quindi la morte legale del matrimonio, cui segue la dissoluzione.

Esistono molte idee sbagliate sul matrimonio e queste sono anche le cause del suo fallimento. Il matrimonio, nella sua essenza più vera, è un'unità reale, cioè qualcosa di più della somma dei due coniugi; è "... la volontà di creare in due quell'uno, che è qualcosa di più dei due che lo crearono". Nietzsche- Il principio caratteristico dell'unità è proprio questo: essa è di più della somma dei suoi pezzi, e questo di più, nel caso del matrimonio, è creato proprio dal sacrificio della propria individualità che ognuno dei coniugi fa a favore dell'unità. Mai le originarie individualità separate dei due, che vanno ad unirsi in matrimonio, potranno coesistere, così come sono, entro il vero matrimonio: o le une o l'altro. Perché il matrimonio nasca come unità, due individualità devono morire come sistemi unitari e rinascere come semplici organi di un sistema nuovo che li comprende. "... Marriage is not a single love affair, it's an ordeal and the ordeal is to sacrifice the ego to a relationship, in which two have become one ... the sacrifice to unity in a relationship, not to each other". J.Campbell-

L'Unità Reale sana non ha mai coscienza dei suoi pezzi, ma solo di sé.

Quando un'unità prende coscienza di uno o più dei suoi pezzi, per il fatto che questi si impongono come parti in sé stesse, allora essa è malata, è divisa. La malattia è divisione, e la divisione è malattia. Un corpo si accorge di un suo pezzo, solo quando avverte che questo gli fa male. Quando la malattia occorre è perché la Forza di Amore trova ostacoli al suo naturale scorrimento nel sistema e questi ostacoli gli fanno perdere il potere legante. Il pezzo che fa male è quello che resta isolato dalla Forza di Amore, e ciò avviene tutte le volte che un pezzo si impone all'attenzione dell'Unità con una rivendicazione di esistenza autonoma, di parte.

Con la malattia - ogni malattia - con il male - ogni male, si intende sempre denunciare un problema, portandolo all'attenzione dell'Unità e del suo asse-centro, affinché venga risolto. Il male-malattia è il solo linguaggio efficiente di ogni sistema, è il mezzo con cui un sistema avverte il proprio asse-centro che entro sé stesso si è verificato un guasto, uno squilibrio, una rottura o una situazione da superare e perciò non può più andare avanti nei vecchi termini e un cambiamento è urgente, pena l'aggravamento della situazione. Quando nulla viene fatto, la malattia può durare a lungo e anche diventare mortale in tutti quei casi in cui il cambio o la riparazione era essenziale. L'Amore, quando non può più legare il tutto, finisce per ritirarsi completamente dal sistema, che va, quindi, attraverso la morte, in dissoluzione.

L'attributo più importante di ogni sistema organico, di ogni Unità Reale, è quella di poter generare, a propria volta, organicamente. Da un sistema organico soltanto si genera un altro sistema organico, da un insieme di pezzi non si genera niente. Un insieme di pezzi può solo fare da concime. Nel regno vegetale, le piante producono semi che per maturità e per azione del vento o degli insetti vengono presto sparsi sulla terra pronti a produrre nuovi simili sistemi organici. In questo modo la natura proietta in avanti il suo desiderio di durare organicamente. Tuttavia, questo desiderio non è sufficiente a far procedere la Vita in avanti, ma solo a soddisfare la Natura, a cui è affidato il compito di conservare la Forma, il modello consegnatole dalla Vita, fino a quando un nuovo modello non venga creato e con questo una nuova stagione di moda non venga inaugurata. Impariamo, vivendo, che la Natura è un sistema di leggi molto forte: ci fa desiderare di generare figli - quasi ci costringe - promettendoci, in cambio, di sanare tutte le nostre angosce giovanili e così pacificarci con la Vita, dandole senso e scopo. Ma è una promessa illusoria e le angosce ritornano e ci fanno capire che la nostra creazione, per sanarci davvero, deve realizzarsi su un altro livello, più alto del nostro corpo.

Così è avvenuto che il corpo dell'uomo ha creato altri corpi solo per conservare il modello e in ciò viene continuamente forzato dalla Natura, che promette in cambio il piacere, ma per desiderio di Vita, alcuni hanno creato anche ad un livello superiore al proprio corpo. Su questo livello hanno proiettato il proprio desiderio di Vita Ulteriore di sé stessi. Così come solo il corpo sano, in quanto unità, e non un insieme di pezzi ha il potere di creare organicamente, così anche, solo il corpo, come unità e non un insieme di pezzi, ha il potere di proiettare i propri desideri su un livello più alto del suo. Su questo livello le proiezioni hanno preso forma, ma di esse, il corpo non ha coscienza chiara, non ha certezza. Questo crea una dipendenza delle proiezioni dal corpo proiettante e quindi un blocco all'ulteriore sviluppo organico di queste entità, in Unità Nuove di Livello Superiore.

L'anima, la mente, lo Spirito umano richiedono da sempre e ora più che mai un'appropriazione da parte di un Centro. Finora si è sempre trattato di un processo che ha interessato l'individuo e che ha creato i santi, gli eroi e gli innamorati. E solo quando questo centro emerge per ogni individuo, e attorno a sé organizza unitariamente queste proiezioni, allora la Vita può lasciare, ma solo rispetto a questo individuo, il corpo umano e affidarsi saldamente a quest'altro gradino della sua scala. Tuttavia questi casi isolati non permettono alla Vita di abbandonare il modello-corpo che dovrà sussistere fino a quando la Natura non avrà smesso di generare freneticamente, fino a quando i corpi generati non saranno tutti santi, eroi o innamorati.

Un centro che si appropria della sua anima, risolve immediatamente, una volta per tutte, il problema della propria immortalità, con tutte le conseguenze che ne derivano. Fino a quando non c'è questa appropriazione, l'anima continua a vagare, legandosi e slegandosi dai corpi umani di cui prende le sofferenze e le speranze, in una continua e smarrita ricerca di senso. L'anima, quell'energia che si è cristallizzata, e solo quando si è cristallizzata, anche se si lega ai corpi, allo stesso modo si slega senza perire. Allo stesso modo lo spirito di Nazione, che è legato ad uno stato, un territorio, una popolazione, una volta che si sia cristallizzato, e solo se cristallizzato, non viene spezzato in nessun caso, neanche dalle lotte interne dei partiti. "… In an emergency … the pull … of the nation is stronger than party membership". Neumann- Esso è come l'anima cristallizzata. Sopravvive al suo corpo fatto a pezzi.

Adesso, come ho già detto in altre parti di questa scrittura, sento che non è più in gioco lo sviluppo individuale, ma si tratta della condizione umana che vuole assurgere alla dignità di Unità Reale, prima 'Planetaria' e poi 'Spirituale'.

Il corpo fisico dell'Umanità vuole creare, attraverso questi due passaggi, un corpo planetario e spirituale in cui trasferirsi. Un nuovo modello aleggia da tempo nella mente della Fashion Designer, che è la Vita, e in attesa che questo modello possa concretizzarsi, la sarta- Natura, come una forsennata, realizza sempre più capi del vecchio modello, rendendo a chi lo veste sempre più odioso il modello stesso, per il fatto che ormai viene indossato da un numero enorme di persone, da una straripante massa, e questo solo fatto, a sua volta, spinge sempre più verso la realizzazione del modello nuovo.

La sovrappopolazione della terra ha una funzione chiara: rendere all'uomo sempre più odioso, sempre più insopportabile il modello- uomo.

Come la Televisione ci ha riferito, la Funzione della Moda consiste nel creare il modello per una Elite e la Funzione del Modello consiste nell'essere copiato dalla Massa. La Vita ha creato il modello del Santo per una Elite di Santi. Adesso questo modello desidera di essere copiato dalla massa, ma la massa dovrà farsi prima planetaria, per poterlo copiare.

L'anima e lo spirito di Nazione, così come l'anima della terra e lo Spirito umano, rappresentano creazioni verso l'alto, in attesa, ognuna, di un proprio centro per organizzarsi in sistemi organici. Quando questo centro emergerà per ognuna di queste due creazioni, le Nazioni in quanto corpi, guidate da Principii Leaders, spontaneamente, sacrificheranno la propria individualità e diventeranno semplici organi dell'Unità Planetaria terra, mentre l'anima della terra e lo spirito Umano planetario diventeranno organi di quella Città Celeste così tanta annunciata: una Città di aria? Una volta Loris mi disse: "E se fosse solo questione di chimica?" Quando tra il gradino del corpo e il gradino dello spirito sarà finalmente realizzata la continuità al posto della sutura, del taglio, della netta separazione e questa continuità diventerà la nuova cultura planetaria, così anche le stesse diverse religioni diventeranno organi di una nuova Unità Religiosa possibile solo per la sua relazione con lo spazio planetario e viceversa.

Attraverso le proiezioni di sistemi organici su un livello superiore al proprio, e poi, attraverso l'organizzarsi di queste a loro volta in sistemi organici, la Vita di questo Pianeta costruisce l'andamento scalare delle forme, e sarà così in tutto l'universo o gli universi, perché il modello si ripete su tutte le possibili scale.

Ci tranquillizzerà sapere che solo quando ogni nuova forma è diventata stabile gradino della Vita, inizia il declino della forma precedente, proprio come avviene per i nostri corpi organici che generalmente iniziano a declinare, quando i corpi che abbiamo generati, non solo sono diventati stabili, ma hanno generato a loro volta. Ricordiamoci sempre di questa semplice verità nei momenti più bui in cui la nostra vita e la Vita di questo pianeta potranno ancora passare. Ricordiamoci sempre che:

non c'è niente del vecchio che perisce definitivamente, prima che il nuovo sia emerso, perché il vecchio è solo una forma tras-forma-ta

53. Identità Fittizie e Identità Reale

Se il virus della Profonda Divisione, che è presente ed attivo nell'uomo addormentato, a volte diventa molto più attivo, ciò vuol dire che una difesa, una protezione è crollata e con questo crollo, si creano le condizioni perché la malattia fiorisca, nel senso che la divisione diventa chiaramente visibile. Gli specialisti del settore parlano di crollo dell'Identità, dovuto ad un disordine della Personalità. L'Identità si rivela, quindi, come una difesa psicologica naturale, come un anti-corpo la cui funzione è di garantire la sanità mentale, che potrebbe essere appunto minata dalla mancanza di un centro di tutto ciò che l'uomo è ancora o crede di essere.

Benché unità soltanto fittizia, l'Identità dà all'uomo l'illusione del proprio centro e della propria unità. Essa rappresenta il risultato di uno sforzo incosciente o cosciente che l'uomo fa, oppure qualcosa che trova già fatto e di cui egli si appropria quando viene su questa terra, per costruire un centro stabile di riferimento di ciò che egli è. Evidentemente questo sforzo si spiega proprio per il fatto che l'uomo si percepisce, inconsciamente, come un sistema fluido, ma la propria mente, esige, per mantenersi sana, quanto meno l'illusione dell'unità. Le identità sono, perciò, sempre unità fittizie, anche dove appaiono molto forti e molto stabili. Il centro che regge le identità è sempre un centro di potere, il potere di un 'Io' più forte o di un gruppo di Io' più forti sugli altri 'Io'; un potere che si esercita ingiustamente all'interno, come all'esterno, un potere che cattura energia fuori di sé per ingrassare i polli del suo allevamento di cui si nutre. Quando l'ultimo pollo è stato divorato, il potere muore di fame e crolla. Le identità fanno molte vittime, fuori e dentro sé stesse. Una di queste vittime è il corpo fisico al quale sono legate.

Questi centri di potere, che sono le identità, devono avere una loro vita su un piano loro proprio, sul quale esse nascono, si sviluppano, durano e poi muoiono.

Essi hanno la funzione di assoggettare, legandola fittiziamente insieme della materia mentale, psichica e spirituale e di farla transitare attraverso un corpo umano, per operare sul pianeta. Ciò che lega un corpo fisico ad un'identità è una relazione matematica fra due forze di gravità che si esercitano in modo incrociato e stabiliscono una stretta relazione energetica fra l'uno e l'altra. È possibile che una identità si appropri di un corpo, di una vita umana e, viceversa, che un corpo si appropri di una identità già esistente.

Esistono identità semplici e identità complesse. L'uomo primitivo e l'uomo semplice vivono meglio, perché le loro identità sono semplici, e quindi più vicine all'unità reale ed hanno lunga durata, ma l'uomo che progressivamente si civilizza, cioè si snatura, e l'uomo che diventa sempre più cervellotico hanno identità molto complesse e perciò molto fragili che rischiano di rompersi per ogni nonnulla. Questi ultimi hanno represso molte necessità vitali o istinti conservativi, che sono diventati tutti dei piccoli 'Io' in fermento, ciascuno all'opposizione di tutti gli altri e soprattutto dell'Io dominante o di quello, di volta in volta, dominante.

Assistiamo allo spettacolo di identità deboli e identità forti. Ci sono alcuni che costruiscono la propria identità come Napoleone e muoiono come Napoleone. Queste sono le identità comunemente ritenute forti, sono gli esempi a cui guarda l'uomo debole, sono i modelli che passano alla storia. Ma è possibile costruire un Napoleone in una sola vita? Ci sono altri, invece, le cui identità nascono come Pinco Pallino e muoiono come Napoleone, dentro o fuori di un manicomio, o viceversa. Paradossalmente, si scopre che le identità più deboli sono proprio le più forti, perché possono sopportare meglio il proprio crollo, o i propri crolli, parziali o totali. Uno che è stato Napoleone per tutta la sua vita non potrebbe mai sopportare bene il crollo della propria identità e vede la salute solo nel ritornare ad essere Napoleone, ma si tratta di una illusione ottica, perché proprio in questo voler riacquistare l'identità perduta si annida, non la salute, ma la fonte di ogni futura sofferenza e ulteriore caduta.

Allo stesso modo, alcuni ammalati di cancro, che dalla medicina hanno già ricevuto sentenza di morte, possono con la loro volontà, che non si arrende, vivere per lunghi anni, ma alla fine soccombono, dopo aver sofferto le pene dell'inferno. Essi prolungano la propria vita, pagando con la moneta del dolore. Il rimedio che questi ammalati trovano, per vivere più a lungo, è in genere la loro volontà di essere quelli che erano prima. I Napoleone crollati, che non si arrendono al crollo, possono solo dare a sé stessi e agli altri sempre più dolore fino a quando crollano definitivamente. All'opposto, altri vedono la salute solo nell'entrare in un'altra identità. Ed è per questo che ci sono ammalati di cancro che miracolosamente guariscono, ma sono quelli che hanno diretto la loro volontà ad essere diversi da quelli che erano, quelli che hanno lasciato l'universo di prima e sono entrati in un nuovo mondo attraverso un completo cambio mentale e di vita. In un certo senso, meglio di tutti stanno, a spese degli altri, quelli che un giorno si sentono Pinco Pallino, e il giorno dopo Napoleone. In questi casi il cambio di guardia delle diverse identità si è fatto più elastico, meno drammatico, meno soggetto a rotture irreparabili.

Quando nell'identità percepita sempre come unica, sorge un problema e quindi la malattia, il senso (fittizio) di unità cessa e l'identità si accorge di essere formata da un altro pezzo o da altri pezzi. Un uomo può nascere, vivere una lunga vita e morire come identità unica, senza mai sapere che in lui c'è stata una molteplicità di pezzi.

Una forte identità unica, un Napoleone, è ancora lontana dalla possibilità di fare dei passi decisivi su quella via che conduce al proprio risveglio e se la Vita fa un tentativo, in questo caso, sa di fare un tentativo sbagliato e perde. Quando, invece, l'identità non è così forte e salda, allora la percezione della propria molteplicità può spingersi fino a determinarne il crollo totale di tutti gli 'Io' e solo così può creare quella situazione di vuoto, che è indispensabile per rendere possibile la conoscenza di sé e, quindi, un cambio, l'acquisto di una identità nuova, reale, una trasformazione, dall'essere-macchina all'essere cosciente. Questo solo però nei casi ben riusciti. Infatti, il crollo completo dell'Identità percepita come unica, benché fittizia, provoca la completa separazione in pezzi e la scomparsa completa della forza del potere. Non c'è più un 'Io' più forte o un gruppo di 'Io' più forti che si impongano agli altri. Si crea un vuoto di potere centrale, che viene riempito dalla forza di Anarchia. Il potere si è frantumato in ulteriori piccoli 'io', che a loro volta si frantumano ulteriormente. Tra questo crollo totale - che rappresenta la morte dell'identità fittizia - e il possibile formarsi di una Identità Nuova, in vista della quale la Vita tenta il suo gioco, c'è un abisso profondo ed un mare di dolore che solo un'anima matura abbastanza può tentare di superare. In questo vuoto doloroso, dove il Potere non è più, dovrà, se il tentativo riesce, insediarsi la Forza di Amore, che non è mai stata. Altrimenti è la dissoluzione. Quello che la Vita vuole, quando determina un crollo completo dell'identità, è che i sistemi, che nell'incoscienza sono tenuti insieme dalla relazione fra le reciproche forze di gravità e quindi sono separati e solo fittiziamente uniti, vengano organizzati dalla forza di Amore in superiori e più grandi unità organiche e perciò reali. La Vita vuole trasformare le identità fittizie, incoscienti in unità reali, coscienti. Per gli scopi della Vita, tutto ciò che la società teme, come disordine mentale, è per la crescita di un Nuovo Ordine Mentale.

54. Crollo dell'identità fittizia: l'intimo teatro dell'uomo e la forza di Anarchia

Terribile è lo scenario che il crollo dell'identità, fittiziamente unica, scopre. In genere chi ne è colpito, crede di essere diverso da tutti gli altri e "... chi si sente diversamente va da sé al manicomio". Nietzsche- Costui, infatti, corre a nascondersi per non fare accorgere gli altri del suo stato, come se fosse un lebbroso; oppure si copre il viso con le mani, come un delinquente acciuffato dalla polizia, che non vuol farsi vedere dalla folla; oppure, se tra la folla è costretto a stare, indossa costantemente gli occhiali neri, anche con il buio pesto. Costui è costretto ora a guardare sé stesso e non riesce a guardarsi senza provare orrore di come realmente è, perciò si nasconde e si isola, ma "... fintanto che un uomo non si fa orrore, non sa niente di sé stesso". Ouspensky-

Se, in mezzo alla folla, può essere importante "… conservarci i nostri trecento prosceni; e pure gli occhiali neri: giacché esistono casi in cui nessuno deve guardarci negli occhi e ancora meno nei nostri <fondali>" Nietzsche, noi, però, dovremmo avere il coraggio di alzare il sipario del nostro intimo teatro e vedere i nostri pezzi e il loro gioco, ma anche, e soprattutto, cercare di capire il senso che questo gioco vuole indicare. A questo "… magic theatre" (che non è) for everybody … but … for madman only " Hesse, vale la pena di entrare solo dopo essersi spogliati della propria personalità - consiglia Herman Hesse - cioè solo quando la personalità unica è andata in pezzi: "… This little theatre of mine has many doors into as many boxes as you please, ten or a hundred or a thousand, and behind each door exactly what you seek awaits you … but it will be quite useless for you to go through it as you are". Una personalità ancora molto forte non può entrare in questo teatro a meno che sia disposta a pagare il prezzo di entrata che in questo caso è la sanità mentale: "… Price of admittance your mind". Hesse- Ma chi si spoglierebbe volontariamente della propria personalità solo per guardarsi dentro? Il terrore di diventare matti ce lo impedisce, sicché non rimane che guardare dentro coloro che matti sono già diventati, fino a quando non diventeremo forti abbastanza da osservare il nostro intimo teatro, senza ammattire. Nel teatro del malato mentale, senza più un direttore di scena, ognuno dei pezzi, che il malato sente come 'i pezzi separati del corpo', fa assolutamente quel che gli pare. Qui vi sono pezzi che vagano allo stato libero, perché non esiste Amore, né Potere, ma solo Anarchia, il cui compito è dividere sempre di più, sminuzzare, polverizzare, dissolvere. Qui regna la più completa confusione e la più assoluta mancanza di informazioni e di direzioni. Ma questo stato, in fondo, in fondo è anche lo stato di chi appare mentalmente sano, anche di chi possiede una forte identità. "… Lo stato dell'anarca è infatti lo stato che ogni uomo nasconde in sé". Jünger- Solo è mascherato da una apparente identità unica.

"… Il primo errore … è credere che l'uomo abbia un'unità permanente. Un uomo non è mai uno. Continuamente egli cambia … Ogni pensiero, ogni umore, ogni desiderio, ogni sensazione dice 'Io'. L'uomo non ha un 'Io' individuale. Al suo posto vi sono centinaia e migliaia di piccoli 'Io' separati che il più delle volte si ignorano, non hanno alcuna relazione, o al contrario, sono ostili gli uni agli altri, esclusivi ed incompatibili … Noi pensiamo che un uomo che si chiama Ivan sia sempre Ivan. Ma non è così. Ora è Ivan, in un altro momento è Pietro, e un minuto più tardi Nicola, Sergio, Matteo, Simone … si chiamano tutti 'Io', ossia si considerano come padroni e nessuno di loro vuole riconoscerne un altro. Ciascuno di essi è il califfo per un'ora, fa ciò che gli piace senza riguardi per nessuno: saranno poi gli altri a farne le spese. Nessun ordine regna fra loro. Colui che si impone è il padrone. Distribuisce frustate da tutte le parti senza tener conto di nulla. Il momento seguente, però, quando un altro avrà preso la frusta, toccherà a lui riceverne i colpi. E così vanno le cose per tutta la vita. Immaginate un paese in cui ciascuno possa essere re per cinque minuti, e durante questi cinque minuti fare del suo regno ciò che vuole. Ecco la nostra vita". Ouspenski-

> *"Legione è il mio nome, perché noi siamo in molti".*
> *Il Vangelo secondo San Marco-*

"... every ego, so far from being a unity is in the highest degree a manifold world, a constellated heaven, a chaos of forms, of states and stages, of inheritances and potentialities". Hesse-

La perdita dell'identità fittizia non fa che portare alla luce questo caos e per scopi ben precisi. Alla vista di questo caos non può non nascere il disgusto che solo può spingere verso la creazione di una nuova identità, una identità reale che si ponga nel giusto rapporto con l'unità reale che è il corpo umano, premessa, questa, indispensabile alla creazione della nuova forma, oltre l'umano. Fin che dura questo stato di cose, è sempre il corpo, infatti, quello che fa le spese di tutte le tempeste che agitano il mare dell'identità. Un corpo, la cui identità si trova in uno stato di profonda scissione, appare come una sedia su cui una fila interminabile di persone aspetta di sedersi: ognuna si siede per un certo tempo, senza rendersi conto delle altre, ognuna a suo modo cerca di danneggiare quanto più possibile la sedia, segnandola e cercando di farla a pezzi e viene poi scalzata da un'altra che si 'insedia' al suo posto e così di seguito.

Certo tutta questa sofferenza è necessaria, per darci conoscenza, ma non ne abbiamo avuto già abbastanza da esserne ormai dotti? In un corpo, in una identità, in un sistema sociale, la malattia ha sempre la funzione di portare qualcosa alla nostra conoscenza in un momento in cui questa conoscenza è necessaria. Ogni malattia dimostra la divisione e ogni entità divisa è malata.

Il nostro modo di conoscere razionale è analizzando i pezzi, sicché la richiesta di pezzi che pone questo tipo di mente è enorme. Dove non ci sono malattie, esse vengono create proprio dalle esigenze di questo mercato mentale. La mente razionale ha rotto molto ed ha innescato un processo per cui ciò che essa non ha ancora rotto si spacca da sé e mostra i suoi infiniti pezzi. Nella nostra epoca assistiamo ad un processo di enorme frantumazione: dentro di noi e fuori di noi tutto si rompe, si spacca, mostra i suoi pezzi. Come dei melograni maturi, le nostre identità si spaccano, mostrando la loro intimità molteplice, ma se questo avviene è perché siamo chiamati non solo a conoscere la nostra divisione interna, ma soprattutto il prodursi del male.

Attraverso la lente di ingrandimento posata sul disordine mentale, vediamo che il male si produce liberamente e sfrenatamente e attribuirlo all'esercizio di una qualsiasi facoltà umana di scelta, o ad una colpa per mancato controllo, è un'ingiustizia spaventosa. Quell'uomo unico che si vuole responsabilizzare per il suo male, non esiste, non è mai esistito.

Esiste sì, come una Presenza, un qualcosa che dentro l'uomo assiste al suo proprio disordine, ma questa Presenza è priva di ogni possibilità di controllo della situazione. Il male puro, assoluto, tutto ciò che non serve o non serve più uno scopo naturalmente giusto, esiste ormai in sé, come un sistema energetico, e non può mai essere attribuito all'uomo, né quando è considerato sano, né quando è folle. L'uomo è solo un veicolo per il male puro, ma, ripeto, non tutti gli uomini sono buoni conduttori del male, come non tutti i pazzi lo sono. Ci sono pazzi che ridono soltanto, e pazzi che uccidono e poi tagliano corpi umani a pezzettini e li ricuciono: questo ci dice che attraverso la malattia mentale entra ed esce più facilmente ciò che il tipo di veicolo permette di trasportare. Allo stesso modo ci sono ubriachi canterini e ubriachi rissosi.

Malattia mentale e ubriachezza non solo da alcool, sono da temere, perché ci riducono a puri strumenti, molto di più di quanto lo siamo in stato normale, strumenti che noi stessi non conosciamo. In quegli stati la nostra meccanicità normale diventa assolutamente meccanica e può venire azionata da qualsiasi demone. Non dimentichiamo mai che esiste un regno in cui il male si è organizzato.

Conoscere il nostro meccanismo diventa sempre più un compito improrogabile, dacché il male si fa sempre più sofisticato, più mascherato, più crudele.

Tra le quinte di quel palco dove i pezzi del malato mentale-uomo, recitano la loro scena nefanda, la Presenza assiste a quello sfacelo e soffre maledettamente per il male che viene fatto fuoriuscire. Pur non avendo alcun potere di intervenire e far cessare quello scempio, gli effetti di questo le vengono di volta in volta addebitati. Ogni addebito di responsabilità, va ad ingrossare il suo senso di colpa, anche se non ha colpa. Il senso di colpa è come un grosso roditore che si mangia una persona svenuta, credendola un cadavere. Alla fine resta il roditore, soddisfatto del suo pasto, ma non c'è mai stato un cadavere. La vita, in questo modo, si riduce a senso di colpa, si disorienta completamente ed inizia ad affondare.

Solo un'anima evoluta al punto giusto può impedire l'affondamento e può rovesciare la situazione. Ben venga la perdita dell'identità, quando una grande svolta è necessaria, ma guai a colui la cui anima non conosce ancora abbastanza!

In effetti, sul palcoscenico dove i pezzi si esibiscono, può accadere di tutto. A volte, la Presenza non aspetta a farsi divorare dal senso di colpa, ma corre subito ai ripari, cercando di ricostruire il proprio 'Io' perduto o di costruirsene uno qualsiasi, di vecchio tipo. Se ci riesce, anche con l'aiuto degli psicoanalisti, in questo caso la Vita ha fatto un passo inutilmente anticipato e quindi ritorna sui vecchi binari, senza deragliare. "... Sono necessari colpi di fortuna, nonché molte specie di cose incalcolabili, perché un uomo superiore ... riesca ad ... <esplodere> ... Talvolta ... la voce del risveglio giunge troppo tardi, quel caso che dà <il permesso di agire>". Nietzsche- Altre volte, invece, la Presenza è troppo debole per tentare di aiutare sé stessa e accecata dalla paura si elimina, eliminando il corpo che rappresenta. A volte, cerca una via di disimpegno e di fuga e la trova nella follia pura e totale, che la libera definitivamente dalla necessità del movimento che esige trasformazione. In questo modo, l'anarchia, anziché servire a spingere il movimento verso una nuova forma, lo arresta, invece, completamente, sicché Follia e Nulla minacciano e pervengono allo stesso risultato: un immenso buco nero dove i pezzi - i pezzi a cui manca ogni visione di movimento - vengono definitivamente ingoiati.

A volte, infine, la Presenza, tenta una nuova via, completamente sconosciuta. Non cerca di crearsi ancora una identità di vecchio tipo, né di eliminare il corpo, né di svignarsela, inoltrandosi nei meandri della follia, ma si fa coraggio e anche nel buio più completo, si mette a viaggiare dentro sé stessa, e in questo viaggio c'è chi cerca ad ogni passo un segno che si ripeta per poterlo seguire (la guida), e c'è chi s'avventura senza neanche guardarsi in giro e si butta a capofitto nelle tenebre.

Ahimè! Come poco sappiamo ancora, dopo aver letto tanti libri! Leggiamo la 'Divina Commedia' fin da bambini e poi nel mezzo della vita non abbiamo ancora compreso che, senza un Virgilio, il nostro Dante non può avventurarsi nel suo viaggio e, senza una Beatrice, non può sognarsi di portarlo a compimento e conoscerne il senso. Loris, invece, ovvero quella Presenza, orgogliosa del suo sapere intellettuale e sociale e del suo libero arbitrio, che quel sapere gli aveva fatto credere di possedere, aveva lasciato la sua nave in mano ai suoi marinai, che intanto cercavano in tutti i modi di fare affondare, e di notte, senza nessuna provvista di cibo, né bussola, si era avventurata da sola nell'ampio e oscuro mare, su una piccola barca da salvataggio, in cerca dell'ignoto. In questa situazione perdersi era più che prevedibile, era certezza assoluta. Se, invece, "... lo sfrenato orgoglio dell'uomo ... di portare in sé stessi l'intera e ultima responsabilità per le proprie azioni", avesse ceduto il posto al "... genio del cuore che fa ammutolire ogni voce troppo sonora e ogni compiacimento di sé e insegna a porsi in ascolto ... ed è una bacchetta magica per ogni granello d'oro che a lungo sia restato sepolto nel carcere di molto fango e sabbia" Nietzsche, allora costui avrebbe avuto diritto ad una guida, in quel viaggio che di per sé è impossibile senza che un Maestro avanzi nell'intrico di "... esta selva selvaggia e aspra e forte". Dante-

Il Maestro non può apparire e guidare un uomo ancora posseduto dall'orgoglio sfrenato del libero arbitrio; ovverosia, il Maestro che appare non viene visto e riconosciuto, quindi non appare a chi si è perduto. Una cosa è certa, a questo proposito, il Maestro è sempre in attesa di essere riconosciuto ed è l'unico che offre la possibilità del vero movimento. Chi si è perduto e non riconosce il Maestro, rimane fermo; o, se si muove senza guida, si perde ancora di più.

Senza un Maestro, non poteva, il viaggiatore Loris, tornare indietro perché la nave intanto stava affondando e non poteva andare avanti, sulla sua barca di salvataggio, perché non vedeva niente e non sapeva comunque che cosa avrebbe dovuto cercare di vedere. Così stava fermo. Intanto, attraverso di lui si produceva quel tipo di male del quale era idoneo vettore e il senso di colpa si ingigantiva, assottigliando quella presenza e risucchiando la Vita. Questo spettacolo superava in orrore e pena qualsiasi immaginazione. Un orrore e una pena che io assorbivo, e soffrivo in proprio, per ridare, in cambio, energia e sangue a quella vita, nella speranza di salvarla, facendole intravedere una direzione. In quella vita era la Vita, ed io volevo salvare la possibilità di luce che può accendersi o inabissarsi in quell'intervallo, dopo che una identità è crollata. E mi chiedevo perché la Vita fa passi che non può camminare ancora, perché non aspetta a che l'anima sia più vicina possibile al risveglio, ben sapendo, essa, che l'anima "nobile" corre, più dell'anima "rozza", il pericolo "... di incorrere nella sventura e di andarsene in rovina". Nietzsche-

Di questo infatti si tratta: il risveglio è ciò che la Vita cerca attraverso il crollo completo di una Identità. Ma non si può tentare di svegliare chi non vuole svegliarsi, perché non può, perché non è maturato abbastanza per la via della sofferenza. "... sino a quale profondità possano soffrire gli uomini è un fatto che quasi determina la gerarchia". Nietzsche- Il risveglio può solo provenire da un dentro molto dentro e da un alto molto alto sulla scala della sofferenza. "... Il risveglio è possibile solo per quelli che lo cercano lo vogliono ... Il risveglio di un uomo ha inizio dall'istante in cui si rende conto che non va da nessuna parte e che non sa dove andare". Ouspensky- Ma per questo è necessario liberarsi dall'illusione del libero arbitrio e della possibilità di scelta, dall'illusione di avere uno scopo. "... Se un uomo si rende conto che non ha uno scopo ... è segno che si avvicina ad un risveglio: è segno che il risveglio diventa realmente possibile per lui". Ouspensky-

Di fronte a me c'era solo una grande sofferenza che andava perduta; un'occasione unica non andava sfruttata; le ali d'oro che qualcuno aveva costruito per Icaro, venivano buttate via prima ancora di tentare il volo; una insperata, ricchissima eredità non veniva accettata. Un uomo che butta via tutto questo è solo un grande disastro, perché forse non avrà mai più questa possibilità o se l'avrà, l'avrà solo a prezzo di una sofferenza moltiplicata cento volte tanto. A chi era addebitabile questo disastro, chi era il colpevole di così tanto danno? - mi chiedevo. Alla società, all'educazione a valori sbagliati, alla corruzione generale dei valori, a una civiltà in declino ... cosa o chi era il maledetto artefice di tanta sofferenza perduta e dello svanire della Vita in quella vita? Solo più tardi mi sarei resa conto che l'evento traumatico e la distruzione dei valori che avevano causato il crollo di quella Identità, non erano addebitabili agli altri, alla società, al male che è fuori del sé, ma solo al suo proprio essere profondo, essere oscurità che cerca oscuramente - ma non abbastanza - di indirizzarsi verso la luce. "... Non vi è niente al di fuori dell'uomo che, entrando in lui, possa contaminarlo; ma è ciò che esce dall'uomo che contamina l'uomo. Chi ha orecchi per intendere, intenda!" Il Vangelo secondo San Marco- Edipo che andava in cerca del colpevole dovette accorgersi alla fine che era lui il colpevole e si accecò.

Oggi, dopo qualche millennio, non possiamo più accecarci quando scopriamo che il male è fuoriuscito da noi, dobbiamo solo guardarlo in faccia, guardarlo bene in faccia, per poterlo finalmente conoscere e per potercene finalmente liberare. Come possiamo superare qualcosa che non conosciamo, perché neghiamo che possa prodursi attraverso di noi? L'idealismo che ci porta ad eludere il nostro male, inteso sempre come conduttività soltanto, è il nostro primo nemico! E ben pregheremo: "liberaci dal male!" quando ben lo avremo conosciuto, ma per arrivare a questo, occorre che "... l'uomo si pianti dinanzi all'uomo ... con gli occhi impavidi di Edipo e con le orecchie sigillate di Odisseo". Nietzsche- La nostra deve essere una Edip-o-dissea, per produrre un risultato. Solo dopo aver continuato a viaggiare dentro di noi, ignorando tutte le sirene che vorrebbero farci fermare, come Ulisse, potremo scoprire quanta e quale conduttività di male esiste ancora in noi e solo dopo esserci conosciuti, potremo operare su noi stessi, come Edipo. "... Dopo potrebbe anche cadere la barriera tra uomini e dei". Jünger-

E in tutto questo ci assista questa verità, come guida: fino a quando non ci saremo risvegliati e fino a quando non avremo iniziato il lavoro su noi stessi, siamo tutti dei filtri meccanici del male. Non esistono solo buoni e cattivi conduttori del male, esiste anche tutta la gamma intermedia; la differenza fra gli uomini, a questo proposito, è come la differenza di porosità tra vari filtri. Ci sono dei filtri che lasciano passare solo l'aria e altri che invece si fanno attraversare da densi e nauseanti liquami. L'augurio che dobbiamo farci tutti è di sapere iniziare una scuola per il futuro che abbia, come scopo primario, quello di educare i bambini a conoscere la struttura e il grado di porosità dei propri filtri, e solo come scopo secondario l'educazione su tutto il resto.

55. Uomo-Umanità - Ruolo della psicoanalisi - Anima spirituale.

Il mio processo di identificazione, fra l'essere umano diviso in sé stesso e l'Umanità divisa in popoli separati, continuava a guidarmi in quella esperienza. Vivevo quella storia – l'avevo vissuta così fin dall'inizio - contemporaneamente su diversi piani. L'Umanità era diventata, ora, come uno specchio che rifletteva chiaramente l'intima e più difficilmente visibile divisione del singolo, e viceversa, in modo diverso e uguale allo stesso tempo.

Il singolo, diviso in sé ha un 'Io' fittiziamente unico; l'Umanità non ha ancora mai acquistato un 'Io', neanche fittizio, per lo meno nella storia della nostra civilizzazione, a meno che si consideri il ruolo svolto dall'America, come di un 'Io' dominante inteso a realizzare l'unione fittizia dei popoli, una fittizia identità dell'Umanità. Ma può darsi che all'inizio dei tempi, anche l'Umanità abbia avuto una identità unica che poi è crollata. La Genesi ci racconta che c'è stato un tempo in cui tutta la terra aveva un medesimo linguaggio, tanto che gli uomini pensarono di costruirsi una città ed una torre alta fino al cielo, come "segno di unione", ma il Signore scese dal cielo a confondere il loro linguaggio, "… in modo che non s'intendano più gli uni con gli altri … e li disperse sulla faccia di tutta la terra".

Divisi dal crollo dell'identità o dal Signore, i pezzi dell'uomo e dell'Umanità vanno alla cieca; sono in cerca, ma non sapendo cosa cercare, - "… c'è qualcosa, ma non sappiamo cosa sia" Eco, vanno alla deriva, si disintegrano per effetto della forza di Anarchia. La Vita è sospesa in attesa di una trasformazione, che assicuri il movimento o dello sprofondamento che lo arresti. Dove opera l'Anarchia, questa forza di dissoluzione, non siamo più di fronte alla morte, che inverte soltanto il movimento della Vita, alternato e necessario, ma siamo di fronte al Nulla che minaccia l'arresto di ogni movimento. "… Non insolita considero … quella stazione del nichilismo in cui sto indugiando come in una sala d'aspetto, per metà annoiato, per metà in attesa del campanello d'allarme. Gli individui si trasformano in passeggeri … quasi ciascuno dovrebbe conoscere l'atmosfera in cui si comincia a dubitare della ragione … La paura accresce il turbamento. Per il singolo … questa condizione è sempre esistita, ma le misure titaniche non ci sono ancora familiari. Quando una malattia si fa seria e incombe l'annientamento, cadiamo in preda alla disperazione. Per le sofferenze spirituali ciò è ancor più vero che per quelle fisiche". Jünger-

Se la Vita è quel Principio, che attraverso una serie di trasformazioni, si porta avanti, in movimento circolare, verso il suo punto di origine, "… Ricurvo è il sentiero dell'eternità" Nietzsche, la confusione mentale è l'arma a doppio taglio, che da una parte può auguratamente portare alla trasformazione verso un più alto e dall'altra, invece, al suo degenerare estremo, rappresentato dalla follia, ad un fermo o alla sua dissoluzione. Quando la confusione mentale degenera in follia, il fermo che ne consegue non restituisce energia alla vita, ma la sottrae definitivamente. La risucchia. Il cosmo si impoverisce, si riduce. Deve essere nella necessità delle cose, come ho detto, che vi sia una lotta continua tra la Vita che è movimento e il Nulla che sembra negarlo, fra la Vita che trasforma soltanto energia, creando e dissolvendo unità e il Nulla che sembra divorarla, appropriandosi dei pezzi che non riescono più a riorganizzarsi in unità. Tuttavia, deve essere nella stessa necessità che vi sia sempre un equilibrio dinamico fra queste due forze. Il segreto sta nel bilancio - dice il mio amico Daniele e, con lui, tutta la cultura esoterica che Daniele ignora, e la scienza e la letteratura e la politica e la storia. "… Now what we call <bourgeois>, when regarded as an element always to be found in human life, is nothing else than the search for a balance. It is the striving after a mean between the countless extremes and opposites that arise in human conduct". Hesse-

Tuttavia, il segreto del Movimento, che è Vita, sta proprio nello sbilancio -dice sempre il mio amico Daniele - che spinge a cercare un nuovo punto di equilibrio tra gli estremi, un equilibrio che dovrà ancora sbilanciarsi e che spingerà a cercare un nuovo punto di equilibrio, e così di seguito, all'infinito. Ci si muove per il gioco degli estremi, ma si crea solo in mezzo ai due, quando i due diventano brevemente uno. Lo sbilancio è necessario per evitare il fermo, ma il bilancio è necessario per evitare che da un estremo si salti all'altro estremo in continuazione, senza poter creare. Il bilancio è quindi solo uno sbilancio bilanciato e fugace.

Per noi che siamo Vita, il problema del Nulla, non è tanto che qualcosa venga da questo sottratto ad essa e alla morte che lavora per la Vita, ma 'quanto', rispetto al tutto. Mi ha colpita, all'inizio di questa estate, la fine dei semi di prezzemolo che ho seminato quando era già troppo caldo. Sapendo che questi semi richiedono molto tempo per germinare, credevo che il calore li avrebbe fatti germinare più in fretta, invece essi, proprio a causa dell'eccessivo calore, non hanno visto una direzione sicura per la vita e non sono nati. Lo sbilancio termico è stato eccessivo e ha messo la vita del prezzemolo, nel mio orto, in stato di fermo assoluto. "… In verità vi dico: se il granello di frumento caduto in terra non muore, rimane solo, se invece muore, produce molto frutto". Il Vangelo secondo San. Giovanni- Il prezzemolo che ho seminato non è nato, perché non è morto, e non è morto, perché non ha visto una direzione di vita futura, perciò si è sottratto al circolo, arrestando così il movimento della sua vita e della sua morte. Analogamente, quando una vita umana non vede una direzione per la Vita, si elimina con il suicidio. Il suicidio è sempre un atto obbligato, perciò è assurdo condannarlo. Non si può condannare il fatto che una lampadina o una luce si spenga, quando non arriva più corrente o carburante. Il suicida è un sistema che è rimasto completamente privo di energia, quindi di movimento, e si è arrestato. La vita, che non vede niente avanti a sé, non può vivere neanche attraverso la morte. Il folle e il suicida sono una molteplicità di pezzi che il Nulla divora.

Il Nulla è il Signore assoluto dei pezzi.

C'è, nel rapporto tra Movimento e Nulla - come in tutto - un punto che non deve essere superato. Che il Nulla divori movimento, mentre lo spinge in avanti proprio per la paura che ingenera, sembra nella natura delle cose, ma quando il pericolo di uno squilibrio si fa grave, allora, che lo vogliamo o meno, diventiamo tutti degli 'operai' a servizio della Vita e lavoriamo - anche senza saperlo - per raddrizzare la situazione. Ogni malattia vera è segno di uno squilibrio, più o meno grave, ma anche una sorgente inestimabile di informazioni che non potremmo avere altrimenti.

Nel mezzo della malattia mentale c'è tanto da raccogliere, ma se non vi sono operai che raccolgono le informazioni, tutto si può perdere. Purtroppo, "... la messe è veramente grande, ma gli operai sono pochi". Il Vangelo secondo San Matteo- E "... bisogna che noi compiamo le opere ... quando è giorno, poi viene la notte quando nessuno può operare". Il Vangelo secondo San.Giovanni- La notte del Movimento, della Vita, la fine di un ciclo della terra?

Se gli psicoanalisti vogliono solo guarire degli ammalati 'sociali' reintegrandoli nella società, essi non hanno ancora riconosciuto il loro grande compito. "... Il mio male non abita nel cervello. Si annida nel corpo e poi nella società - è di questa che sono malato. Solo quando me ne sarò separato potrò intervenire". Jünger-

Oggi, la malattia mentale individuale è la denunzia di una malattia che di cerchio in cerchio ha colpito l'intera società umana planetaria e tutte le sue istituzioni; è il segno che occorre un superamento di forme ormai consunte. Gli psicoanalisti dovrebbero essere i grandi medici della società planetaria, se vogliono guarire i loro pazienti, perché questi non guariranno realmente, fintanto che quella non sarà guarita. La psicoanalisi dovrebbe avere la funzione di indirizzare lo sviluppo umano verso la direzione che proprio la malattia mentale ha lo scopo di indicare con chiarezza; essa dovrebbe smettere il suo stretto abito di scienza e indossare un abito nuovo, più ampio, un abito spirituale. "... All I shall do is to make you love science in a Christian way". P. Teilhard de Chardin-

"... ci si è spinti fin qui con la nostra nave, ebbene! avanti! ... navighiamo ... compiamo e osiamo il nostro viaggio laggiù – ma che ci importa di noi! Mai sino ad oggi un più profondo mondo della conoscenza si era dischiuso a navigatori e avventurieri temerari, e lo psicologo, in tal modo <compie il sacrificio> - non il sacrifizio dell'intelletto - al contrario! - potrà per lo meno pretendere che la psicologia sia nuovamente riconosciuta signora delle scienze, al servizio e alla preparazione della quale è destinata l'esistenza di altre scienze. La psicologia è infatti ormai di nuovo la strada per i problemi fondamentali". Nietzsche-

Questa nuova psicologia dovrà essere ancora di più della psicologia con l'anima, introdotta da Jung, dovrà essere una spiritologia. Dobbiamo riconoscere che la stessa anima, la quale sola può permettere ad una mente divisa di riorganizzarsi in una nuova forma, è essa stessa in via di trasformazione da anima psichica ad anima spirituale. Solo come anima spirituale essa avrà le qualità numinose di un principio leader e potrà così guidare il processo attraverso il quale l'Umanità diventerà una e il singolo guarirà della propria intima divisione, superandola. Nessuna reale unità sarà possibile costruire finché l'anima si aggira nei regni dello psichico, che è ancora il regno della nebulosità, dell'incertezza, del fittizio, del potere, della paura.

Il potere va finalmente dimesso, se vogliamo creare al di sopra di noi, la nuova forma.

"… Qualcosa arriva in volo, la ricchezza affluisce. Devo decidere come dominarla. Ma non deve essere alla maniera di Aladino … Il problema di Aladino era il potere coi suoi godimenti e i suoi pericoli, ma a me sembrava che Phares non avesse niente in comune con il genio della lampada". Jünger-

56. Democrazia mentale, culturale e politica come ponte e non come spazio vitale

Come ci possiamo muovere, nei meandri della nostra normale confusione mentale, quale segno dobbiamo cercare che ci indichi la direzione per l'uscita dal labirinto, quale potrà essere il primo passo giusto? In ogni cosa che si vuole superare c'è sempre un solo primo passo da fare e qui non c'è possibilità di sbagliare: Accettare, Accettare, Accettare. Accettare la nostra divisione, accettare di essere una molteplicità di pezzi, come condizione normale. "… Allora, invece di andare alla ricerca della parziale identità di un paziente, sempre uguale a sé stesso, o di un analista, si potrebbe aiutare l'uno e l'altro a riconoscere le sue multiple identità o la sua disidentità". G.Lai- Con questo atto mentale di accettazione, avremo superato l'ignoranza e la repressione, avremo conferito ad ogni nostro pezzo valore e legittimità, diritto ad esistere. Avremo realizzato dentro di noi la democrazia, il governo contemporaneo di tutti i nostri 'io', anziché il governo in cui ogni 'Io' lotta per il potere, per dominare in esclusiva. Nella democrazia il potere spetta a tutti, perlomeno in teoria. Tutti hanno diritto al voto.

Senonché la democrazia, dentro di noi, e fuori di noi in politica, non è punto di arrivo, è solo un passo iniziale e cruciale di un processo molto più vasto. Rispetto al cammino, il passo iniziale non ha alcuna durata apprezzabile, pur tuttavia ha un'importanza fondamentale, perché imbocca l'unica strada che porta ad un possibile cammino.

Il riconoscimento e l'accettazione della nostra molteplicità è solo un passaggio, un ponte. Sui ponti passiamo soltanto, e anche in fretta, su di essi non costruiamo la nostra residenza. Le democrazie sono un ponte, anche se un ponte necessario, una forma di passaggio, in esse non è consentito sostare a lungo. Dobbiamo muoverci in fretta. La nostra epoca è un ponte. "… L'uomo è un ponte per il Superuomo". Nietzsche- "… La condizione in cui ci troviamo somiglia all'intermezzo tra due atti, durante il quale il sipario resta calato e si compie la sorprendente mutazione dei personaggi e dell'arredo scenico". Jünger- Dobbiamo sapere, però, di essere in questa condizione di intermezzo alla quale seguirà un altro atto, altrimenti il pericolo è che usciamo tutti dal teatro, credendo lo spettacolo finito.

La riconosciuta molteplicità delle parti non è assolutamente uno spazio 'vivibile'. Anzi è uno spazio pericolosissimo per la Vita. È solo un passo iniziale, necessario proprio per iniziare il cammino, che implica passi immediatamente seguenti il passo iniziale. Nessuno inizia a camminare fermandosi immediatamente al primo passo.

Ricordiamoci sempre che il Nulla è il vero Signore dei pezzi.
E il Nulla è sempre in agguato, sotto i ponti.

Il nostro spazio attuale è un ponte dal quale possiamo avvistare l'avvento di un cambio necessario, che si profila sull'altra sponda, verso la quale siamo diretti, un nuovissimo 'Io', una nuova Unità, con una identità assolutamente diversa da tutte quelle che noi conosciamo sinora, Una Unità-Identità Reale, costruita dall'interno dalla forza di Amore. Il processo lavora contemporaneamente nel singolo e nell'Umanità e ogni progresso nell'uno provoca un progresso nell'altra e viceversa.

Il pensare di accettare la pluralità delle parti, come possibile 'spazio vitale', può appartenere ai sostenitori della democrazia, come fosse un punto finale di arrivo in politica, può essere la scoperta di un analista di avanguardia, può giustificare la politica del 'multiculturalismo' come democrazia culturale, dove ogni cultura ha diritto ad esistere sullo stesso spazio, ma io che osservo la Vita, attraverso il mio orto, so che la Vita procede solo per formazione e dissoluzione di unità, che non c'è niente che possa crescere che non sia un'unità; non ho mai visto progredire un insieme di parti, e quando per caso calpesto un pomodoro o con la vanga scempio involontariamente delle piantine, riducendo delle unità in pezzi, so che il posto reale dei pezzi è solo nel 'composto'.

Le parti, che hanno una grande necessità di essere riconosciute ed accettate non hanno, tuttavia, alcun diritto ad un proprio 'spazio vitale', per esistere così come sono, ma solo allo 'spazio composto'. Nel momento stesso in cui le parti sono riconosciute come tali, lo spazio composto preme per riassorbirle. Il Grande Divoratore che sta sotto I ponti comincia a leccarsi I baffi. La rottura del vaso è un segno indiscutibile che ci serve ormai un Nuovo vaso. Certo è un bene che noi riconosciamo ed accettiamo che ciò che una volta era – o credevamo fosse - un vaso ora é una molteplicità di pezzi, ma possiamo mettere l'acqua o il vino o l'olio in una molteplicità di pezzi? Possiamo andare avanti con la Vita? Dove si può trovare, dove si deve cercare un nuovo vaso, quale via si dovrà prendere oltre il ponte, oltre la democrazia che stiamo attraversando, oltre i nostri molti pezzi?

"... Sarà il poeta a redimerci" Jünger , il poeta che ha l'unico potere di 'fare', di 'produrre. "... Perciò è necessario che il pensare e il poetare ritornino là dove in certo qual modo sono sempre già stati, senza aver mai ancora costruito. Solo costruendo, tuttavia, possiamo preparare il dimorare in quella località". Heidegger- Non il poeta posseduto, ma il poeta veggente, il poeta cosciente, il 'Poeta Puro' potrà costruire e redimerci. E mentre il poetare puro si prepara a costruire, noi non dobbiamo mai dimenticare di essere in transito. La nostra epoca è pericolosa, proprio perché è un transito, ma il vero pericolo sta nel non saperlo o nel dimenticarlo e nell'indugiare oltre il necessario in uno spazio pericoloso. Ogni giorno, come passeggeri in un aeroporto, dobbiamo ricordarlo a noi stessi, per evitare che presi dalla stanchezza, ci lasciamo cadere addormentati sulle poltrone delle sale di attesa, oppure, presi dal cicaleccio con i nostri occasionali compagni di viaggio, non sentiamo al momento opportuno gli annunci d'imbarco sul nostro volo per proseguire il nostro viaggio. Non ci saranno altri voli per noi, se perdiamo quello che, unico fra tutti gli altri, porta alla destinazione giusta.

La pericolosità della nostra epoca non consiste nell'operare sfrenato di quella forza meccanica, in natura, che attacca le unità, che vanno superate, disgregandole nelle loro più minuscole particelle e che Ernst Jünger chiama "anarchia vitale", ma - ripeto ancora - sta soltanto nel fatto e fino quando noi non ci rendiamo conto che siamo in transito e ormai in transito veloce. L'anarchia vitale, 'vitale' perché allude al suo scopo di servire la Vita, deve fare il suo lavoro, lo ha fatto e lo sta facendo egregiamente, all'interno del singolo, all'interno della famiglia e delle istituzioni sociali via via più grandi, sta a noi riconoscere che questo non è male nella economia complessiva della Vita del nostro pianeta, mentre diventa male se noi continueremo a dormire e non ci accorgeremo del processo in atto. Solo quando ci accorgeremo di questo processo, potremo finalmente prenderne le redini e guidarlo. Allora, anziché continuare a dividerci, seguendo passivamente un processo che ignoriamo, credendo di essere noi a decidere, mentre siamo invece soltanto delle vittime-pedine dell'anarchia vitale, allora impareremo a costruirci in unità nuove.

Il cancro non è una malattia originaria del corpo, ma una malattia riflessa, ed è per questo che è impossibile guarirlo con i sistemi dei medici; il cancro è solo la proiezione sul piano organico del nostro corpo di una divisione che si è prodotta su larga scala su molti piani, per effetto dell'operare dell'Anarchia vitale. Analogamente, la scissione profonda di una personalità non è una malattia della mente, ed è per questo che è impossibile guarirla con i sistemi di una psicologia senz'anima, o con un'anima ancora troppo psichica. Queste malattie sono la conseguenza, rispettivamente sul piano fisico e su quello mentale del ritirarsi della forza di Amore dall'interno di quella forma da superare, che è l'Uomo divenuto Razionale e Scientifico. "… Sapere e cultura possono solo creare ostacoli all'amore". Jünger- La forza di Amore esce da una porta stretta e si dirige verso un portone a cui vorrà bussare. Se avremo orecchi, apriremo il portone del palazzo Uomo-Umanità planetaria, all'interno del quale Amore occuperà tutte le stanze.

Il cancro, malattia epocale, non solo del corpo ma di tutti i sistemi, sarà superato, quando questa forma, questa epoca, questo intervallo, questa transizione sarà superata, quando ci troveremo finalmente nella direzione del Nuovo. Le malattie epocali del corpo sono sempre segni, riflessioni, trasposizioni, denunce di squilibri che si sono creati in sfere ad esso sovraordinate. Ogni epoca ha la sua o le sue malattie. Avevo sempre creduto che la cellula cancerogena avesse in sé il potere di attaccare, invadere, divorare, ma l'esperienza della Poesia Pura mi mostrò come in realtà niente di tutto questo si verifica. In presenza del cancro qualsiasi forma di potere e di aggressività è del tutto assente, perché il corpo umano è sempre un'unità organica, con una sua identità organica di corpo. Il potere, dentro il corpo non esiste. Se il potere è potuto regnare nell'identità di un essere umano, non è mai potuto entrare dentro il suo corpo fisico. Questo è il regno di quella forza che lega tutti a lavorare per tutto, la forza di organizzazione basata sul principio gerarchico, che si chiama appunto Amore. Pur, tuttavia, ci possono essere situazioni per cui la forza di Amore perde per qualche ragione e in qualche misura la sua forza legante rispetto ad una parte del corpo, anche molto piccola.

In assenza di Amore, la cellula non sente più la sua appartenenza al Corpo, si divide nelle sue parti, entra in confusione mentale e si perde e più si perde più si divide, ingrossandosi in una moltitudine di 'io', e più si ingrossa, più "spinge" via ciò che le sta intorno, creando dolore, un dolore che essa però non è in grado di avvertire. Di fronte al Disamore, all'assenza del sentire organicamente e gerarchicamente, arretra e crolla infine tutto l'apparato del Corpo.

Fu un grande conforto per me, leggere qualche anno dopo la mia esperienza poetica, le parole che l'oncologo Carl Simonton aveva usato almeno dieci anni prima, in una conferenza, per descrivere il cancro: "… One of my main aim … is to reverse the popular image of cancer, which does not correspond to the findings of biological research. Our image of cancer is that of a powerful invader that strikes the body from outside. In reality the cancer cell is not a powerful cell; it is a weak cell. It does not invade: it pushes out of the way - and it is not capable of attacking. Cancer cells are big, but they are sluggish and confused ... cancer has to be understood as a systemic disorder ... that really involves the entire organism - the mind as well as the body ... cancer is not an attack from without, but a breakdown within". Da una citazione di F.Capra- "Spinge", "pushes": Poesia Pura e Scienza si erano servite delle stesse parole. La stessa conoscenza usa lo stesso linguaggio; per questo il linguaggio della conoscenza è universale, pur esprimendosi in tante lingue.

57. Le Quattro Fasi del Processo che portano al Nuovo

Nella Nazione in cui io vivo, Il multiculturalismo è un fatto ormai da tempo acquisito, nonostante qualche recente minaccia. Esso viene considerato generalmente come una conquista e un punto d'arrivo Le voci, che ultimamente si sono levate contro, andrebbero, però, prese sul serio, non per quello che dicono, ma per le ragioni profonde che a loro insaputa, le spingono a ribellarsi.

In genere, in presenza di una frammentazione di qualsiasi tipo, si fa strada da sé l'esigenza unitaria, ma, spesso, questa esigenza viene falsamente percepita come ritorno alla vecchia unità, anziché come spinta verso un'unità di nuovo tipo. Non solo, ma questa esigenza, viene, ancora più spesso, carpita ed utilizzata in esclusiva dal Potere Politico che attua una falsa unità sotto forma di dittatura.

In questo caso il processo di frammentazione non ha raggiunto lo scopo reale di dar vita ad una nuova unità, la forza di Anarchia perde il suo scopo 'vitale'.

Per quanto riguarda le culture trapiantate, il fenomeno del multiculturalismo, come riconoscimento e incoraggiamento a mantenere la diversità culturale, si risolve in un completo fermo evolutivo per queste culture, perché non si dà più come possibile il rapporto originale, esclusivo ed indispensabile di spazio-cultura. Le culture trapiantate sono culture senza spazio e per queste sono ferme e irrigidite sull'ultimo passo fatto sul loro spazio primitivo.

Di esse può sopravvivere solo quel tanto che riesce a contagiare lo spazio in cui sono trapiantate. In genere le culture dominanti restano sempre contagiate dalle culture trapiantate, ma sono le sole che restano in vita, seppure contagiate.

Tuttavia il multiculturalismo, come riconoscimento di legittimità di ogni cultura su un dato spazio nazionale è un fatto molto importante, perché riflette il fenomeno più ampio che si è venuto a creare su tutto il pianeta, a seguito della rivoluzione tecnologica. Un tempo le culture si dividevano lo spazio del pianeta e ogni singola cultura viveva sul proprio spazio. Una conflittualità culturale era possibile solo laddove lo spazio era conteso o invaso. Nonostante che questa conflittualità abbia caratterizzato permanentemente tutta la storia umana che noi conosciamo, determinando così un susseguirsi di nascite, incroci, morti o trasformazioni di sistemi culturali, pur tuttavia la relazione 'spazio-cultura' è sempre stato un dato insopprimibile. Ora, invece, la tecnologia ha eliminato la divisione del pianeta in ben definiti 'spazi-cultura' e tutto il pianeta è diventato uno spazio unico. Su questo spazio tecnologicamente ininterrotto si trovano, gomito a gomito, tutte le culture, anche quelle che prima quasi non si conoscevano tra di loro. La conseguenza è un conflitto non dissimile da quello esistente in una identità fittizia e visibile attraverso la malattia mentale. Considerando il pianeta come un corpo, le sue culture sono tutti gli 'Io' separati di una identità fittizia-terra, una terra vista dallo spazio come unica, ma in realtà profondamente divisa. Alcuni di questi 'io' si ignorano, altri collaborano per il potere, altri sono in aperta guerra fra di loro.

Con la tecnica, lo spazio planetario culturale diventa, quindi, 'spazio schizofrenico'. Il rapporto che la singola cultura ha avuto prima con il proprio spazio, ora non si dà più come possibile, negli stessi termini, e ciò le toglie la possibilità di mantenere la vecchia identità inalterata e percepita come unità. L'identità culturale di un paese degenera a qualità di 'parte' di un più vasto sistema, che però è ancora da costruire.

Lo spazio multiculturale non è spazio-vitale, ma spazio di transito.

Certo la diversità dei prodotti culturali, mantenuti intatti, è qualcosa di estremamente bello in sé, ma questa bellezza che ha tanto incantato l'esploratore del corpo della terra, e ancora incanta il turista e lo studioso, non può più incantare l'uomo del terzo millennio, perché questi la riconosce come fonte di malattia e di arresto evolutivo del pianeta. In mancanza di un rapporto esclusivo con lo spazio, che oggi non è più possibile in nessun angolo di tutto il pianeta, nessuna coltura-cultura può progredire e una pianta che non può progredire, se non riesce a morire, agonizza a tempo indeterminato. Per l'uomo del terzo millennio, tutte le culture sono destinate, prima o poi ad essere trascese in un'unica Cultura Nuova. Questo non vuol dire che le diversità saranno annullate, anzi saranno semmai potenziate, ma perderanno il loro vecchio 'Io' per diventare organi della Nuova Cultura, così come lo sono le diversità degli organi di un corpo fisico. La nuova cultura sarà una cultura planetaria, ricostituendosi così la relazione ora interrotta di spazio-cultura, e che si collocherà in una dimensione cosmica, accanto ad altre culture ivi possibilmente esistenti. Non sappiamo ancora se siamo soli o se siamo in compagnia nel mondo delle stelle più o meno vicine. Nessuno può escludere la possibilità di vita intelligente nel cosmo, anzi molti sono convinti del contrario. "… L'attesa di visitatori alieni e del loro atterraggio occupa da qualche tempo l'immaginazione. Dobbiamo prenderla sul serio, se non altro come sintomo". Jünger-

Chi vuole piangere sulla bellezza del passato, pianga pure, ma sappia che "… la schizofrenia è un tratto distintivo dei subalterni … I subalterni restano in pianura, non saltano oltre la loro ombra". Jünger- A chi vuol saltare oltre la propria ombra non resta che superare ogni emozione che la diversità culturale ancora susciti in lui e avventurarsi nel clima più gelido e grigio dell'uniformità temporanea, che costituisce il paesaggio di transizione verso la nuova forma culturale. Che cosa sia l'uniformità resta ancora da capire. Eravamo bellissimi quando eravamo vestiti nei nostri ricchi costumi tradizionali e lo siamo stati fino a poco tempo fa, fino a quando "... era ancora possibile distinguere con sicurezza un tedesco da un inglese o da un americano, basandosi sul modo di vestire; oggi questo è impossibile. Soprattutto i giovani dei paesi industrializzati si assomigliano tutti nell'aspetto esteriore". Lorenz- Oggi siamo brutti e semplici, perché siamo tutti in jeans. L'America, vestendo il pianeta di jeans, dissetandolo con la Coca-Cola e sfamandolo con i suoi McDonald e simili, può considerare di aver esaurito il suo compito di portare il costume, una volta vario e complesso, verso l'uniformità, un processo, accanto ad altri simili in altri settori, di livellamento necessario e preliminare alla futura costruzione: "... quando più gli atomi si sono smossi dalle loro strutture allentate, tanto minore è la resistenza che può opporsi a una costruzione organica del mondo". Jünger- Ora siamo tutti coinvolti nel processo di livellamento e questo porta necessariamente con sé la resistenza degli spazi culturali nazionali a questo processo. In questi spazi culture antiche che sentono la minaccia di essere annientate bruciano i simboli che portano in sé questa minaccia, ma nessuna area di questo pianeta potrà sottrarsi al processo in corso. Il livellamento ha lo scopo di far cadere le identità culturali, ma anche di scatenare la loro resistenza. Il traguardo finale sarà la loro nuova qualità di organi, cellule e vasi sanguigni della nuova costruzione organica, e quindi la diversità non sarà annullata, ma potenziata. Non dimentichiamo mai che tutto ciò che sembra riguardare solo noi umani, in realtà riguarda il pianeta nella sua interezza e sostanza di corpo e di forme che si è creato addosso, un pianeta in movimento non solo fisico, ma soprattutto spirituale. Noi siamo il pianeta, non ne siamo distinti.

Siamo parte integrante del suo corpo. Siamo i suoi occhi, le sue mani, i suoi piedi, la sua mente, la sua anima, la sua intuizione. Siamo la sua ultima forma, il suo ultimo modo di essere.

E non dimentichiamo anche che il livellamento non significa che si dovrà diventare tutti uguali, significa soltanto che le nostre differenze dovranno essere integrate. L'uniformità visibile verso la quale siamo sempre più spinti, in realtà vuole simbolizzare soltanto la necessità di una sostanziale uniformità nel sentire e negli intenti di tutti i popoli in relazione al futuro del pianeta e di tutte le sue forme viventi.

Le forze che spingono avanti il processo nel quale siamo coinvolti non hanno un linguaggio che noi possiamo intendere direttamente, ma solo un linguaggio mediato da simboli. I jeans, la Coca-Cola, il Computer, il Supermercato ci portano ad una uniformità esteriore che è solo il simbolo di una uniformità interiore che la razza umana deve conquistare, come punto di transito verso le altre fasi del processo.

È bene che ci accorgiamo del processo in corso.

Osservando da vicino il crollo dell'identità personale e riconoscendo il prodursi dello stesso fenomeno ogni volta che un sistema unitario – o apparentemente unitario - entra in fase di scissione in pezzi, ho potuto isolare quattro fasi principali di questo processo che porterà alla costruzione organica del nostro nuovo mondo. Si tratta di un processo-tipo, che interessa tutti i sistemi su tutte le scale.

Nella 'Prima Fase', tutto ciò che è unità o identità, reale o fittizia, vuole essere conosciuto. A questo scopo l'unità, l'identità si dividono, offrendosi all'analisi. Per questo motivo, la malattia nel corpo, il disordine nella mente, la divisione nella famiglia, il pluripartitismo nelle democrazie, la divisione nei partiti, e via dicendo, sono tutte situazioni importantissime che ci consentono di conoscere i pezzi che erano organizzati in unità o identità, reali o fittizie e che perciò erano inconoscibili fintanto che l'unità o l'identità perdurava. "... per cominciare l'osservazione di sé e lo studio di sé è indispensabile imparare a dividersi". Ouspensky- In questa fase il nostro compito è di imparare che la divisione è data solo come strumento di conoscenza e non come stato. Se noi la percepiamo come possibile modo di essere, allora dobbiamo sapere che "… the voice, that inward orientation which makes known the utterances of the self, will never speak in a disintegrated personality, in a bankrupt consciousness, and in a fragmented psychic system". Neumann-

La 'Seconda Fase' richiede che tutti i pezzi, che formavano un'unità vengano riconosciuti come tutti legittimi e tutti giusti nelle loro separate rivendicazioni di parte; richiede, in altre parole, che venga instaurata la democrazia, come forma mentale. In questo modo si elimina la conflittualità tra le parti, perché nessuna di queste parti è costretta a rivendicare la propria individualità al prezzo di una guerra contro le altre. Il riconoscimento della multi-identità, della multi-culturalità, del multipartitismo è, in questo senso, come fase di un processo unico, un riconoscimento importantissimo e indispensabile. Peccato che i politici e gli uomini di governo non riescano molto spesso a percepire i processi naturali che si impongono come 'destino' e li ostacolano, rallentandoli e macchiandoli di sangue, ma, evidentemente, nell'economia complessiva, questo è il loro cattivo compito. Peraltro, chi ancora ostacola l'avvento della democrazia in un paese, non si è accorto che gli stessi tempi della democrazia stanno per finire, che quasi ce li stiamo già lasciando alle spalle e le guerre e i morti sono perfettamente inutili.

La 'Terza Fase' richiede che tutte le parti, fra le quali è stata eliminata la conflittualità con il riconoscimento ad esistere, inizino a lavorare fra di loro per costruire una nuova unità. Questa fase è molto tempestosa. Il lavoro che tutte le parti fanno viene speso maggiormente per portare avanti la difficile relazione di spartizione del potere con le altre parti, mentre non si fanno progressi verso la costruzione della nuova unità. La democrazia porta ad un fallimento, perché alla fine si riconosce che le parti, così come sono, non riescono a costruire niente di organico. Ogni parte vuole per sé, proprio perché è parte, e legittimamente, proprio perché riconosciuta e non più negata o repressa. Il nostro compito è stato sì di raggiungere la democrazia, ma solo per poterla conoscere e per poterla superare. Non si può procedere senza il riconoscimento di legittimità di tutte le parti e senza un tempo di prova concesso alle stesse per portare avanti il lavoro in comune e convincersi che questo non è possibile. Questo tempo- Terza Fase- viene dato proprio per dimostrare alle parti che così come sono non vanno da nessuna parte. Senza questa prova, il processo non potrebbe continuare. Senonché questo tempo di prova, più dura oltre il necessario e più diventa pericoloso. Dalla multi-partità che non è riuscita a lavorare insieme, bisogna uscire in fretta, prima che il Potere sia tentato di farne un bocconcino tutto per sé, oppure L'Anarchia suddivida all'infinito le stesse parti, mediante un processo di atomizzazione o addirittura di sub-atomizzazione. Per questo si ha bisogno che qualcosa venga in aiuto per spingere avanti il processo, fuori della fossa democratica e questo può essere solo un pericolo avvertito come comune a tutte le parti, oppure una conquista di portata straordinaria che si profila all'orizzonte come possibile solo all'unità. Conoscendo la razza umana è più facile che sia un pericolo comune la spinta più efficace. Noi siamo in questa fase, alla fine del secondo millennio.

La 'Quarta Fase' inizierà quando, per una enorme pressione che si eserciterà dal di fuori o dall'alto, le parti saranno costrette a riconoscere che la rinuncia alla propria individualità, per il cui riconoscimento si è tanto combattuto e sofferto, è indispensabile premessa per ogni nuova costruzione organica, la quale sola può affrontare il pericolo avvertito come comune, di qualsiasi natura esso sia, se di pericolo si tratti. Questa rinuncia, quando viene effettuata, provoca l'apparizione di un nuovo centro e nuovo asse, intorno al quale le vecchie individualità, si raccolgono e vengono organizzate unitariamente dalla Forza di Amore che, in virtù di quella rinuncia, ha fatto il suo ingresso nel processo. Questa rinuncia è l'atto più cruciale di tutto il processo. È difficile, quasi impossibile, rinunciare alla propria individualità, specialmente se appena conquistata. È una morte operata su stessi. Questo, però, non è un atto di cancellazione o di repressione, ma è un atto di 'trascendimento'. Muore il soldato, ma nasce l'eroe. Con la rinuncia si sale ad un altro livello. In esso le parti perdono sì il loro intrinseco valore autonomo, ma vengono per così dire fuse in una totalità superiore. Niente viene buttato via realmente, attraverso il trascendimento, ma solo quell'attribuzione di valore assolutamente autonomo di ogni parte, che ha dimostrato di essere un ostacolo alla costruzione di livello superiore e può essere solo ragione di fermo evolutivo e di arresto vitale. Solo dopo questa rinuncia di tutti i piccoli 'Io', di tutti i partiti, di tutte le identità nazionali, solo dopo questo salto nel vuoto, il nuovo 'Io' può apparire, il Nuovo Uomo, il Nuovo Pianeta può prendere forma.

Questo è un processo necessario ed anche inevitabile, tuttavia pericolosissimo, perché il vuoto di informazioni sulla direzione da seguire, di volta in volta, è terreno di ricchissimo pascolo per il Nulla, il grande Divoratore, il quale ha sì una funzione importantissima per la Vita, come si è visto, ma solo fino ad un certo limite che non va superato, un limite oltre il quale la Vita viene risucchiata dal vuoto. Se noi non fossimo tutti degli 'operai' della Vita, non ci daremmo una pena eccessiva e lasceremmo che il tutto si vanifichi, sapendo bene che il vuoto è quel pieno da cui soltanto una nuova creazione può scaturire, ma se ciò facessimo, sarebbe come lasciare morire di fame una vita giovane, che per destino deve invece toccare la vecchiaia prima di morire. A noi, 'operai', tocca proprio tenere in vita la Vita, affinché diventi vecchia abbastanza da morire di morte naturale.

58. La Paura come il vero pericolo nell'Intermezzo

Il pericolo, contro il quale dobbiamo combattere, è grande: la lotta che in questo momento viene combattuta tra le due grandi forze della Vita e del Nulla è forse la lotta più grande di questa civilizzazione, e tra quelli a cui sta a cuore il 'Viaggio dell'Umanità', c'è chi percepisce che essa ce la farà a passare, al di là del vuoto, e c'è chi, invece, percepisce che si perderà e dal vuoto rimarrà inghiottita. Certo, fino a quando non ci siamo svegliati tutti completamente, o anche la maggior parte, questo vuoto atterrisce ma questo terrore ci può far andare avanti, ma anche precipitare. Mi viene in mente la descrizione dei 'buchi neri' di Stephen Hawking: "… quando la stella si è contratta fino ad un raggio critico, il campo gravitazionale alla sua superficie diventa così intenso che i coni di luce vengono piegati verso l'interno a tal punto che la luce non può più evadere nello spazio …Se quindi la luce non può sottrarsi ad un buco nero, non ci riuscirà nessun'altra cosa … tutto viene trascinato all'indietro dal possente campo gravitazionale … figuriamoci … uno sventurato astronauta che vi precipitasse dentro!"

Chi percepisce il vuoto e il suo pericolo, percepisce, come ho già detto, anche la catastrofe finale, naturale o causata dall'uomo, e c'è chi la percepisce come un rimedio e chi la percepisce come una risoluzione: "… Sarà il poeta a redimerci, oppure il fuoco". Jünger- "… Forse la linea zero comparirà improvvisamente davanti a noi nella forma di una catastrofe planetaria. Ma allora chi l'attraverserà ancora?" Heidegger- Stiamo attraversando - chi può negarlo? - un momento di grande vulnerabilità e la psiche umana è in preda a tutte le paure e questo è male per il divenire della Coscienza, perché è di questa paura che si nutre il Nulla. Noi della nostra epoca siamo molto vulnerabili, perché siamo, per dirla con Jünger "... nello stato del serpente prima della muta - la luce del giorno diventa fastidiosa; lui si ritrae nella sua tana", oppure, per dirla con Konrad Lorenz, nello stato di "... muta del granchio, che deve gettar via lo scheletro esterno, perché ne possa nascere uno più grande", e nel frattempo resta privo di protezione.

Ma da chi o da che cosa dovrà proteggersi il genere umano, nel momento di massima vulnerabilità, che si raggiungerà con la rinuncia prima descritta?

Non dalla catastrofe, ma sempre e solo dalla paura, dalla sua stessa paura "... Ciò che non è conosciuto fa sempre paura. Quello che è buio fa sempre paura. Voi avete paura della vostra stessa rabbia". Rajneesh- L'evoluzione umana sta soffrendo in questo momento il disagio di un sistema vivente che ha subito una vitale "… perdita di informazioni ... Forse il criterio migliore per misurare il grado di sviluppo di un essere vivente è quello della ricchezza di informazioni di cui dispone". Lorenz- L'Umanità, come il 'Sacculina carcini' di Konrad Lorenz, è diventata una "enorme ghiandola sessuale". È diventata una macchina per la riproduzione di qualcosa che non può vivere, come una cellula cancerogena; più essa perde informazioni, più si riproduce, più si porta verso la sua stessa morte. "… La Sacculina carcini adulta" - ripete Konrad Lorenz - "non possiede alcuna informazione su alcun elemento del proprio ambiente al di fuori dell'animale che la ospita, di qui la 'sacculinizzazione', l'evoluzione demolitrice, quella che si muove nel senso di una diminuzione, anziché di un aumento di valore".

Konrad Lorenz mostra di avere molta paura della pericolosità di questa situazione di mezzo in cui viviamo e raccomanda di non gettare via "i genitori insieme all'acqua sporca", perché per lui "è un errore ritenere che se si getta a mare una vecchia cultura nasca automaticamente una cultura nuova e migliore". Senonché, proprio nella muta del corpo dell'animale, il momento in cui si getta via la vecchia pelle coincide sempre con il momento in cui il processo di formazione della nuova pelle è ultimato. E, tuttavia la nuova pelle non può respirare e indurirsi e proteggere totalmente se noi non compiamo l'atto mentale di rinuncia alla vecchia pelle. E ci accorgeremo, a questo punto, che è ben poco ciò che buttiamo via della vecchia pelle, perché il molto di essa è servita a formare la nuova. Realmente:

niente del vecchio viene buttato via, viene solo trasceso.

Certo quando la vecchia pelle è rappresentata da una struttura completamente rigida, come lo scheletro esterno del granchio, è inevitabile che il gettare via il vecchio scheletro comporti un periodo di grandissima vulnerabilità, semplicemente perché il nuovo non può materialmente perfezionarsi nella forma più adatta, magari più leggera richiesta dalla Vita, prima che il vecchio scheletro sia buttato a mare, ma questo cosa vuol dire? Vuole dire che più rigida è la struttura della pelle da cambiare più pericolosità sussiste nel periodo intermedio, perché questo è più prolungato, ma ciò non toglie che questo atto di rinuncia al vecchio sia assolutamente indispensabile. Senza di questo non si dà crescita, non si dà movimento, non si dà Vita.

59. Compito del Femminile solo annunciato

Non è leggerezza, né cinismo, né irresponsabilità, se credo e affermo che la totale demolizione delle vecchie strutture mentali è necessaria e assolutamente indispensabile. Peraltro, questo è un processo che non dipende assolutamente da una qualsiasi volontà umana, ma solo da una Forza naturale, che è quella di Anarchia Vitale, una forza al servizio della Vita. Tutto ciò che deve cadere cade infine da sé. Non siamo noi a demolire, ma il vecchio si auto-demolisce. Non sforziamoci a puntellare ciò che vuole cadere, perché è maturo. Se puntelliamo un frutto maturo, per evitare che cada, diventerà marcio sull'albero. Perciò, "… Al nichilismo non deve seguire un nuovo Idealismo … La rottura deve andare fino in fondo". Jünger- Non facciamo perdere all'Anarchia la sua forza Vitale, riducendola ad un pasto per il Grande Divoratore!

Per affermare questo bisogna essere al di sopra di ogni possibilità di emozione, purificati e raffreddati una volta per sempre da un dolore che ci ha letteralmente consumati. E bisogna essere andati oltre, al di sopra della poesia, bruciati e rinati dal suo stesso fuoco. Bruciati e rinati, si è al di sopra della paura e quindi si è al di fuori del raggio di azione del Nulla. Chiunque si trova in questa situazione sa che quando più si riesce a superare la paura, tanto più si riduce la pericolosità dell'intermezzo, proprio perché sa - e lo sa, ripeto con Jünger, che l'intermezzo e "… la sorprendente mutazione dei personaggi e dell'arredo scenico", rappresentano una contestualità. Il sipario resta calato per la stessa durata di tempo in cui questa mutazione viene completata.

Ancora non riesco a capacitarmi del fatto che Konrad Lorenz, pur avendo affermato che l'evoluzione culturale umana può seguire lo stesso cammino a "zig-zag", percorso dall'evoluzione genetica delle specie animali e vegetali e che "... ciò che nel corso del tempo imprime un moto ascendente può essere la circostanza che durante l'evoluzione ogni organismo è di volta in volta costretto a conquistarsi nuove nicchie ecologiche, perché quelle esistenti sono già occupate ...", abbia poi potuto concludere che solo "... un certo equilibrio tra stabilità delle vecchie tradizioni e capacità di adattamento ..." può assicurare la conservazione della cultura e della vita.

Sarebbe come dire che la nuova pelle del serpente deve continuare a respirare attraverso i pori ristretti della vecchia pelle rinsecchita. Ma questo - lo sapeva benissimo questo scienziato e lo sappiamo anche noi - non è dato in natura. Solo la sua grande sensibilità, il suo grande e appassionato amore per la vita, ma soprattutto la paura della regressione possono avergli fatto augurare questa impossibile soluzione. Quando una tempesta si annuncia, molti suonano campanelli di allarme. Questo compito è importante: la gente sospende quello che sta facendo e tende l'orecchio, interroga, si fa domande, rimane in posizione di ascolto; ma occorre, poi, che vengano fuori altri, il cui compito sarà quello di spiegare come dobbiamo farci attraversare dalla tempesta e non per rimanervi indenni, ma per uscirne rinnovati. Senza queste istruzioni, potrà essere la nostra stessa paura a divorarci.

Il compito dell'uomo primitivo fu quello di liberarsi progressivamente della paura degli elementi e dei mostri che riempivano la terra. Il compito dell'uomo di questo nostro terzo millennio dovrà essere la conquista della paura del Nulla. Al di là di questa barriera terrificante, le possibilità dell'uomo, della Vita di cui siamo espressione, sono semplicemente immense. Ma – e di nuovo ripeto, "...bisogna che noi compiamo le opere... finché è giorno; poi viene la notte, quando nessuno può operare". Il Vangelo secondo San Giovanni- Il tempo a nostra disposizione è un tempo mentale, ma potrebbe essere anche un tempo ciclico che si avvia a conclusione.

Per aiutare sé stessa in questo processo di liberazione, l'Umanità dovrà far ricorso alla qualità più bella del principio maschile: quella di sapersi avventurare nell'ignoto, sprezzante del pericolo. È stato sempre il principio maschile quello che ha spinto l'essere umano a scalare le montagne, avventurarsi sopra e dentro i mari e nel sottosuolo, a volare nel nostro cielo ed oltre il nostro cielo. Adesso, però, l'esplorazione, da esteriore si fa interiore, ma in questa avventura, il principio maschile non potrà più lanciarsi da solo, e dovrà, invece, avvalersi dell'aiuto e della guida del principio femminile, che è il depositario della conoscenza interiore, di una conoscenza che non ha mai potuto condividere appieno con il principio maschile. Ragione ed intuizione finora non hanno mai lavorato insieme, come sistema, e comunque mai contestualmente. E si sa comunque che questi principii non necessariamente coincidono con il genere maschile o femminile dei corpi.

Qui si apre un'altra grande impresa della nostra epoca: quella del Principio Femminile, che per poter aiutare il Maschile, deve prima liberarlo dal proprio potere che lo tiene ancora in condizione dipendente. Liberando completamente il maschile, il femminile si libera. Attraverso questa doppia liberazione, La Grande Madre si trasforma finalmente in Sofia e si pone alla guida del grande processo di spiritualizzazione del pianeta. Nella nostra epoca e nei nostri corpi, assistiamo ad una grande confusione tra i ruoli assegnati a questi due principii. Il principio femminile sembra volere sempre più per sé le qualità maschili, mentre il maschile si femminilizza. "... Non occorre alla donna compiere la ricerca dell'uomo nel mondo. Se la donna trova il vero uomo, allora la donna diviene vera donna, senza bisogno di ricerca. Oggi il vero uomo non esiste, così la donna cerca persino di diventare un uomo, compie la ricerca dell'uomo che è sbagliata per la sua natura". Fritz Peters-

La confusione, però, è solo apparente e nasconde in sé il formarsi di un nuovo ordine. Solo apparentemente il cosiddetto 'femminismo' ha voluto liberare la donna dalla supremazia dell'uomo. In realtà questa apparente supremazia era solo il riflesso della paura che la ragione maschile ha sempre avuto dell'inaccessibile e oscuro mondo della conoscenza e dei poteri del femminile. Streghe e maghi sono stati bruciati, ma il femminile non ha mai cessato di tenere in pugno il maschile, non lo ha mai liberato e dopo i roghi, i suoi poteri sono diventati più sottili, più nascosti, più subdoli.

La ragione ha sempre cercato di dominare il femminile per la paura di essere ringoiata dal grembo dal quale si è distaccata, fino a quando la stessa ragione è entrata in crisi, perché si è accorta di essere approdata ad un punto cieco. A questo punto subentra il femminismo, quel processo storico che non intende, come sembrerebbe, liberare la donna dalla supremazia dell'uomo, ma che intende, invece, liberare il maschile nella donna dal potere del femminile, e fare accettare all'uomo il femminile che pure è in sé. Il femminismo è un processo che non è dovuto alla donna nel mondo, ma che è stato innescato e portato avanti soprattutto da una ragione confusa.

Il femminismo è arrivato in aiuto della ragione maschile confusa e vuole concludere il processo di separazione e maturazione del maschile. La madre si separa definitivamente dal figlio per farlo crescere. In ciò essa stessa cresce, dimettendo quelle qualità più negative del femminile (la voglia di ringoiare i suoi figli) e acquistando sempre più gli aspetti di un principio illuminante di conoscenza, a cui una ragione sempre più liberata, guarderà come ad una guida, una Beatrice per un Dante maturato abbastanza per seguirla. Una ragione illuminata dall'intuizione costruirà il nuovo cammino, passo, dopo passo, quel cammino che ancora non è stato costruito.

E si badi bene, la donna, cioè il principio femminile "… è chiaroveggente nel mondo del dolore …" Nietzsche-

APPENDICE

Questo testo è stato scritto nei primi anni del '90.

La costante preoccupazione è stata quella di sintetizzare al massimo e questo certamente a scapito di una, non dico piacevole, ma possibile lettura.

Nel mio intento originario era previsto che una parte sostanziale e finale del testo fosse dedicata al ruolo del Principio Femminile nel processo in atto, che riguarda il nostro pianeta, ma, alla fine, ho deciso che questo argomento avrebbe allungato di molto il testo, già più lungo di quello che avrei voluto, e pertanto l'ho solo annunciato in chiusura.

La mia convinzione, iniziando a scrivere, era, come ho detto nel testo, che a parlare fossi solo io, ma le pagine hanno cominciato a riempirsi di citazioni, come se una piccola folla di pensatori fosse accorsa, quasi precipitandosi e inserendosi di prepotenza nella scrittura.

Adesso, alla fine di luglio 1999, ho deciso di separarmi, finalmente, da questo scritto, la cui presenza nel cassetto per alcuni anni, mi ha pesato, come un cadavere nascosto nella mente dell'assassino. Me ne libero. Che il cadavere segua il suo destino e se deve andare verso la putrefazione, che vada pure; se, invece, finirà, per avventura, nelle mani di un esperto mummificatore, allora si prepari ad essere rovistato nella pancia, una pancia semplice come quella di un contadino che per avventura o per sbaglio ha preso una penna in mano.

E come in tutte le separazioni, mi attardo nei saluti, ritornando di nuovo su passate riflessioni e ripetendole, come uno che salutando un amico, continua a dirgli: ciao, ciao, ciao ...

Quando un'unità fittizia crolla, è perché la pluralità dei suoi 'io' non sopporta più l'imposizione di un 'Io' dominante, ma vuole il riconoscimento di legittimità ad esistere di ciascuno di essi, vuole che si instauri finalmente la democrazia, forzando il concetto di democrazia a includere l'indipendenza nazionale delle varie parti dopo il crollo di un insieme fittizio. Senza il raggiungimento della democrazia e senza un periodo di prova concesso alla stessa, non si può proseguire in quel processo che dal crollo delle 'Unità fittizie' porta gradualmente verso la possibile e augurabile formazione di superiori 'Unità Reali'. Quanto più il corpo di una parte, di un 'io' si offre allo strazio e alla morte per ottenere il riconoscimento del proprio diritto ad esistere, tanto più forte e sicura è l'urgenza di unità reali.

Non saranno tuttavia le guerre a promuovere il processo di formazione di unità reali, ma "Principii Leaders" che saranno chiamati ad avvitare intorno a sé, di cerchio, in cerchio, di realtà in realtà, tutti gli stati nazionali della terra. Che appaia di fatto il contrario non deve appannare la vista. Né si deve dare importanza al Tempo. Importante è vedere la direzione. Se si vede la direzione, ci si incammina verso la meta.

Per questo, sempre più assisteremo alla comparsa di 'Principii Leaders', e quelli che sono da tempo apparsi, inizieranno ad operare concretamente.

E mentre da una parte la realtà planetaria si trasforma per unificarsi, negli intenti, nella forma mentis, dall'altra la forma-corpo tende verso la propria spiritualizzazione.

I segni sono evidenti dappertutto: la vecchia forma-corpo

non cessa di essere torturata al solo scopo di farle ardentemente desiderare di elevarsi al di sopra di sé stessa. La spinta verso lo spazio la trascina addirittura fuori del pianeta, chiamandola a misurarsi con l'assenza di gravità: questo va interpretato solo come segno. La tecnica è il ponte sul quale la vecchia forma umana, la sua immagine sempre meno tangibile e la stessa Parola, segno sempre più incorporeo, transitano verso uno spazio cosiddetto virtuale, ma in realtà spirituale.

E a proposito dello spazio, mi sono provata a ripensare (come quando scrivevo questo testo e a rischio di annoiare prima di tutto me stessa con le ripetizioni) un regno nel quale si potesse collocare il Male, per così dire, e molto semplicemente ho visto di nuovo che il Male è spazio cosmico 'vuoto', mentre lo spazio occupato dai corpi celesti è il regno del Bene; spazio vuoto come Nulla e spazio pieno come Vita.

Ci sarebbe quasi da ridere sulla semplicità di questa conclusione, (alla quale ero già arrivata poetando a 15 anni!) che identifica il Bene come Vita e il Male come Nulla. Eppure non c'è niente di più vero e di più difficile da arrivare a capire. La lotta, che noi avvertiamo fra il Nulla e la Vita, è lotta fra spazio vuoto e spazio pieno, fra "Male" e "Bene". Lo spazio pieno, deve continuamente difendersi dalle forze, dalle quali è emerso, che vorrebbero ringhiottirlo e che, comunque, alla fine lo ringhiottiranno. Ecco, perché anche Dio non può eliminare il male. Lo spazio vuoto, vuoto per così dire, perché è pienissimo, è l'unica realtà permanente, nella quale gli dei nascono vivono e muoiono. Il Nulla è l'eternità e gli dei (spazi pieni) sono il tempo.

Una lotta perenne si agita nel cosmo fra le Forze che tendono a formare e quelle che tendono a dis-formare. Ogni corpo celeste teme lo spazio vuoto, avvertendolo come Nulla e come Male, le cui forze dissolutive ubbidiscono alla necessità che il vuoto ha di appropriarsi dei pezzi. Allo stesso tempo forze creatrici serpeggiano nel vuoto seminando desiderio di vita. Ho imparato dal mio orto e dal mio frutteto che la Vita è permessa soltanto da una giusta oscillazione del fattore 'PH', fra i valori di acidità e quelli di alcalinità.

Il desiderio di Vita che sempre aleggia tra i succhi gastrici dello stomaco universale, indebolisce la loro forza volta ad elementiz-zare e fa salire il fattore 'PH' verso valori di neutralità; questo permette al seme, fatto sapientemente cadere dallo stesso desiderio, di germogliare. Da questo momento in poi, il desiderio funziona come un incantatore di serpenti, che, tenendo a bada la potenza acida della dissoluzione, permette al seme germogliato di crescere sempre di più, fino alla sua maturità. Nessuna unità così cresciuta potrà essere digerita, se prima non verrà corrotta, se prima non verrà ridotta in pezzi.

Il Nulla, seminatore dell'angoscia del vuoto, il Male, agitatore, spia, guerrafondaio, divisore, sono le due espressioni della stessa forza volta ad elementizzare qualsiasi forma.

La Vita, Il Bene, spazio riempito dalla forza volta a formare, galleggia, quasi un miracolo, sopra un oceano acido in ebollizione, ma non è espressione di una forza più debole, anzi!

Lo spazio vuoto, ma pieno, costretto a bollire senza tregua, alla fine evaporerà totalmente, anche se qualcuno potesse regolare il fuoco che gli sta acceso sotto, ma il vapore acqueo salirà in altro o anti-universo. La morte di un universo segna la formazione di un altro. Ogni universo contiene in sé stesso il suo erede e successore. Ogni male ha la sua funzione.

Il Nulla, Grande Divoratore, è, anche, Sommo Creatore. Spazio vuoto e spazio pieno di bollicine. Solo lo Spazio è l'Eternità.

Certo, per chi cercasse la pace eterna, aspirare al Nulla o a Dio sarebbe tempo perso, dacché prima o poi ci si rivede; meglio sarebbe aspirare ad una dimensione dove lo spazio non esiste con le sue alternanze di vuoti e di pieni e quindi di male e di bene, di Diavolo e Dio, di eternità e di tempo.

Adelaide, luglio 1999

INDICE

PARTE PRIMA
Viaggiando, Viaggiando Verso L'immortalità

1. Compito come Destinazione 3
2. Casualità e Destinazione 5
3. Scrivere come Compito e non come passatempo 9
4. Intuizione e Nuova Mente 17
5. Una Facoltà Universitaria Internazionale delle Connessioni Intuitive ... 21
6. Libro come Sveglia 32
7. La Parola 34
8. Compito del Libro-Sveglia 37
9. Libro-Autoambulanza e Libro-Ospedale 40
10. Questo libro come bicchiere d'acqua possibilmente indigesta 41
11. Tacere e parlare 45
12. Obbligo di parlare 47
13. Senza memoria e senza storia 50
14. Umana conversazione 52
15. Poesia come anticamera 54
16. Poesia per la Vita 57
17. Nausea e ancora più nausea 59
18. Viaggiando in aereo al di sopra delle nubi 63
19. La prima stanza della Coscienza 66
20. Ritorno del libro mai capito e perciò mai letto 68
21. Emozionalità recisa e gioiosa moltitudine 72
22. La Felicità e il mazzo di carte da gioco 75
23. Comunicare e Innamorarsi 78
24. Atmosfera e Bombardamento 83
25. Poesia Pura e Immortalità 85

PARTE SECONDA
A Scuola: Le Prime Parole Del Linguaggio Universale

26. Viaggio di ritorno a casa 93
27. Viaggio, come risposta alla domanda pericolosissima 96
28. Memoria e Oblio 100
29. Il problema del sonno periodico di Dio 104
30. Accettare il dolore 107
31. Cambio di forma 110
32. Metamorfosi e Trasformazione 113
33. La Scala e il Crocifisso 116
34. Reincarnazione e Trasformazione 120
35. Paura della morte come paura del Nulla 124
36. Immortalità relativa. Eterno ritorno e Templari 127
37. Desiderio e paura. Catastrofe e Nichilismo.
    Disorientamento e retromarcia 133
38. Regressione ed evoluzione - Costruzione dell'uomo planetario
    e fine del cancro 147

PARTE TERZA
Compito A Casa: Lavoro Come Discesa Agli Inferi

39. Azienda dell'Individualità e sua messa in liquidazione 163
40. Il Tipo Umano e la Trinità Mobile 167
41. Inventario aziendale e guerra fra le sue due partite 169
42. Confusione delle cifre del bene e del male 173
43. Irresponsabilità e Viaggio nella propria miniera 175
44. Male, Paura ed Aggressività 178

45. Come nasce la linea di divisione fra bene naturale e male sociale. Sbilancio come male propriamente naturale 184
46. Male sociale e Giustizia. Repressione ed Aggressività Pura 186
47. I Pupazzi della Guerra 194
48. Crisi della Guerra e preoccupazioni della Luna 197
49. Ridirezione dell'aggressività 203

PARTE QUARTA
Il Corpo, Grande Maestro

50. Un lieve tocco di mano 215
51. Profonda Divisione 220
52. Unità Reali e Fittizie. Gravità-Potere e Amore - Gerarchia. Separazione in pezzi e Malattia 230
53. Identità Fittizie e Identità Reale 242
54. Crollo dell'identità fittizia: l'intimo teatro dell'uomo e la forza di Anarchia 247
55. Uomo-Umanità. Ruolo della psicoanalisi. Anima spirituale 258
56. Democrazia mentale, culturale e politica come ponte e non come spazio vitale 264
57. Le Quattro Fasi del Processo che portano al Nuovo 271
58. La Paura come il vero pericolo nell'Intermezzo 281
59. Compito del Femminile solo annunciato 284

www.ingramcontent.com/pod-product-compliance
Lightning Source LLC
Chambersburg PA
CBHW030230100526
44583CB00013BA/640